近代中日關係史料彙編

一九三〇年代的華北特殊化（一）

Historical Documents on Modern Sino-Japanese Relations:
The Decentralization of North China During the 1930s Section I

黃自進／陳佑慎／蘇聖雄　主編

近代中日關係史料彙編
總序

呂芳上

民國歷史文化學社社長

一

日本是中國的近鄰，也是強鄰，中日之間一衣帶水，本應唇齒相依，共營孫中山的大亞洲主義，互助互榮；也大可以在一念之間，分出蔣介石所規勸的敵乎友乎，和睦共處，以臻東亞大同境界。但日本國力強大之後，不此之圖，選擇走向侵略、走向戰爭，對鄰邦由蠶食而鯨吞，結果釀成的是你傷我殘的悲劇。

中日關係的發展，遠的不提，辛亥革命時，日本原有干涉意圖不果，改採兩面外交，著重者在滿洲特殊權益。1914 年一戰爆發，次年日方即向袁政府提出二十一條要求，嚴重妨礙中日正常外交的推進。二十一條交涉甫告段落，日本又為洪憲帝制，蛇鼠兩端，迫得袁世凱含恨以終。其後復對北洋政府在參戰、借款問題及和會、山東問題上，施其詭譎伎倆，導致五四運動的發生。1921 年的華盛頓會議，九國公約中，日本雖在特殊利益上，沒獲多大斬獲，但日本遍及東北、華北的軍事部署，其有恃無恐、肆意在華擴張的野心，已相當明顯。

1926年，在南方的國民革命軍，揮師北指，很快的統一中國，這不是對中國抱持野心的日本所樂見的事，於是中日關係走入新的階段。

二

1920年代初期，在南方的國民黨勢力崛起，1926年國民政府開府廣州，接著北伐，1927年定都南京，於是中國對內、對外新局面形成。1927至1952年間，自北伐後中日談判重訂關稅、出兵山東開始，中經九一八、上海事件、華北事變、蘆溝橋事變，以迄戰爭結束、簽訂和約，具見日本以強國步步進逼，盛氣凌人，中國則以弱勢對應，先是退讓、容忍，終以干戈相見，最後日本以敗戰自食惡果。

1961年，逢中華民國建國五十年，民間各界特別組成「中華民國開國五十年文獻編纂委員會」，負責出版各類叢書，其中之一是1964年至1966年以「中華民國外交問題研究會」為名編印之《中日外交史料叢編》一套九種。這套《叢編》基本上以國民政府外交檔案為主，北京政府外交檔案為輔編成。雖不能對兩國從文爭到武鬥的材料，作鉅細靡遺的羅列，但對兩國關係的重大起伏，實已提供學界深入研究的基礎史料。本社鑒於這套《叢編》對近代中日關係具有很高的史料價值，除聘請學者專家新編「華北事變」資料專輯附入外，特別以《中日外交史料叢編》九種為基礎，重新增刪並編輯匯成《近代中日關係史料彙編》

（以下簡稱《彙編》），以方便學界利用。

三

這套《彙編》，共含十五個主題概分為十七冊，包含約四千種文獻、三百萬字：一、《一九三〇年代的華北特殊化》本社最新輯編本，分三冊，由黃自進、陳佑慎、蘇聖雄主編，除利用外交部檔案外，並加入國史館庋藏之蔣中正總統文物相關史料。主要內容，包括長城戰役與塘沽協定（1933）、通航、通車、通郵交涉（1934）、華北特殊化與華北自治運動（1933-1935）、河北事件與南京政府退出華北（1935）、宋哲元與冀察政權（1935）、中日國交調整（1933-1935）、全面戰爭的前奏（1936）等，這三本資料集希望以豐富史料，重新探索1930年代中日、內外各方勢力競逐下的華北問題。二、《國民政府北伐後中日外交關係》19世紀中葉以後，西方勢力進入中國，因國力懸殊，中國頓成列強瓜分角逐場所，不平等條約既是帝國主義勢力的依憑，也是中國近代民族主義油然而生的根由。廢除不平等條約既是國民革命目標，北伐後爭取國際地位平等是國民政府外交努力的方向，也是中國與列強爭執的焦點。這本資料集可以看出中日雙方為長期的、偶發的政策或事件，形成外交角力的過程。主要內容有：國民政府定都南京後外交政策宣言（1927）、日本退還庚款及運用交涉（1929-1931）及中日重訂關稅協定（1926-

1935）。三、《國民政府北伐後中日直接衝突》北伐進行過程中，發生若干涉外事件，本冊所輯南京事件（1927-1934）、漢口事件（1927-1931）、日本第一、二次出兵山東（1927-1929）、萬寶山事件與中村事件（1931-1932）均與日本有關。四、《九一八事變的發生與中國的反應》侵略滿蒙，進而兼併中國，是日本大陸政策的目標，甲午戰爭、日俄戰爭均是向外擴張的北進政策，1931 年的瀋陽事變是日本北進的高峰，更是二次大戰前奏。當時政府為應付嚴重變局，特在中央政治會議內成立「特種外交委員會」，自1931 年9 月至12 月，共召開五十九次會議，本冊收錄了這一重要會議的會議紀錄。五、《九一八事變後日本對華的破壞與侵逼》九一八事變之後，日本侵華腳步未曾停止，所謂「得寸進尺」差可形容，本冊所輯資料，重在日軍繼續挑釁（1932-1933）、日軍暴行與中國損失（1931-1933）、日本在東北破壞中國行政權完整（1932）。六、《日軍侵犯上海與進攻華北》1932 年，日本藉口上海排斥日貨，嗾使日本浪人及海軍陸戰隊滋事，毆人縱火、殺死華警。上海市府提出抗議，日領反稱日本和尚五人被毆，提出反抗議，要求中方道歉、賠償、懲兇、制止反日行動。1 月28 日，日方迫令中國軍隊退出閘北，隨即向中方開火，是為淞滬戰役。歷時月餘，5 月初始成立停戰協定。事實上，九一八事變後，日軍節節進迫，進攻熱河，侵擾察冀，無底於止；中方則忍辱負重，地方飽受戰火蹂躪，中央遭受輿論撻伐，中日關係瀕臨破裂。本資料集收錄日軍侵犯上海之一二八事變（1932）、進犯熱河（1932-1935）、侵擾察冀及河北事件致有「塘沽協定」，及所謂「何梅協定」（1933-1935）等文件的簽訂。七、《盧溝橋事變前後的中日外交關係》廣義的第二次中日戰爭，始於1931 年九一八事變，止於1945 年日本投降。十四年間又可分為兩階段：九一八至七七（1931-1937）中國是屬備戰、局部抵抗時期，日方是侵犯、挑釁期；七七之後中國是全面抗戰，日方則陷入戰爭泥沼期。前六年中日關係有戰有和，中方出於容忍、訴諸國際調停者多，後八年中方前四年獨立作戰，後四年與盟國協同作戰，對內對外，對敵對友的諸多交涉，交件中充分顯示戰前與戰爭外交的複雜面貌。本冊主要內容包含：（一）七七事變前的中日交涉（1934-1937），涉及廣田三原則、共同防共及滿洲國承認問題。（二）事變前日方的挑釁（1934-1936），又包括藏本事件、香河事件、成都事件、日人間諜行為等。（三）從七七到八一三（1937-1938），指的是全面抗戰爆發前後的中日衝突，例如蘆溝橋事變的發生、交涉、日本中國撤僑、八一三虹橋事件及戰事發展等。八、《蘆溝橋事變後中國向國際的申訴》七七事變後中日軍事衝突加劇，但鑒於雙方勢力懸殊，中國仍寄望透過國際干涉以制止日本侵華野心。本冊文件集中在中國向國聯控訴日本侵略（1937）。內容包括是年9 月13 日中國向國聯提出對日控訴始末。其間涉及國際間聲援、九國公約會議種種相關資料。九、《滿洲國的成立與國聯對日本侵華的處理》1931 年九一八事變後，因國聯不能有效制裁日本的侵略行動，日本乃放膽實施侵吞中國計畫，一方取速戰速決之策，以亡中國；一方為掩人耳目，實行以華制華之計，製造傀儡組織。1932 年滿洲國之成立到1938 年扶植汪偽，均此之圖。本集主要內容有偽滿洲國的成立經過（1932-1935）；中國控訴、國聯之處理（1931-1933）。十、《偽組織的建立與各國態度》本冊文件集中在華北自治問題（1935-1937）及南京偽政權（1938-1943）之醞釀與成立。十一、《抗戰時期封鎖與禁運事件》戰爭發生後，可注意的事有三，一是受戰爭影響的敵境及海外華人權益維護問題、敵僑處理及外僑保護，二是敵人對鄰近地區的禁運、控制，三是盟國以自身利益出發的措施如何影響中國。大抵言之，國民政府與同盟國結盟，提升了國際地位，也保障戰後國際角色的演出。不過，同盟關係也有摩擦和困擾，例如美國中立法案（1939-1941）、英國封鎖緬甸運輸通路（1940）對中國造成的損害。本集資料內容即包括：一、戰時中國政府的護僑、護產措施；二、日本對東南亞的控制，如越南禁運、封鎖緬甸、控制泰國；三、美國中立法案、禁運法案及與日使野村談判；四、1940 到1945 年間日蘇關係的轉變等。十二、《日本投降與中蘇交涉》1945 年8 月14 日，日本投降，上距七七有八年，距九一八為時十四年，距甲午之戰五十一年，「舉凡五十年間日本所鯨吞蠶食於我國家者，至是悉備圖籍獻還。全勝之局，秦漢以來所未也」。中國戰勝意義自是重大，但蔣中正委員長在當天廣播中，則不無憂慮的指出:「抗戰是勝利了，但是還不能算是最後的勝利。」顯然國共關係惡化、戰犯處置之外，東北接收與中蘇交涉等棘手問題，均將一一出現。本集資料重在日本投降經過，接收東北、接收旅大與中蘇交涉，張莘夫被害案（1945-1947）。十三、《戰爭賠償與戰犯處理》包含1943年同盟國準備成立戰爭罪行調查會至1948年中國戰犯處理委會工作報告相關文件。十四、《金山和約與中日和約的關係》交戰雙方和約簽訂，戰爭才算結束。中華民國對日和約，遲至1952年日降後六年又八個月才在臺北簽字，原因涉及戰後中國變局。1945年日本敗降，1949年12月，中國共產黨勢力席捲大陸，中華民國政府退守臺灣，這時蘇聯在東亞勢力擴張，國際局勢鉅變，戰勝的中、美、英、蘇、法五強，對東亞新秩序的建立，有複雜考量，同盟52國在舊金山召開對日和會，直到1951年9月8日，才有蘇、波、捷之外的49國參與簽訂的金山和約。當時中華民國未獲邀參加，次年（1952）4月28月在臺北正式簽訂中華民國對日和約，結束了中華民國與日本的戰爭狀態。由於戰後美國在東亞扮演舉足輕重的角色，因此也可看到中、美、日三方外交穿梭的足跡。本集資料主要有一、中國對金山和約立場表示

（1950-1952）與金山和約的簽訂；二、中日雙邊和約前的籌議，包括美方意向、實施範圍、中日雙邊交涉及名稱問題的討論。十五、《中華民國對日和約》二戰結束後，冷戰接踵而來，1949 年後中國形成一國兩府的分裂局面，蘇、英、美對誰能代表中國與日本簽訂和約有分歧看法，1950 年韓戰爆發，英、美獲得妥協，同盟國對日舊金山和會不邀中國參加，在美方折衝下，日本決定與中華民國政府商訂雙邊條約。1952 年2 月，日代表河田烈與中華民國外交部長葉公超在臺北磋商，最後雙方簽訂「中華民國與日本國間和平條約」，雙方互換大使，直到1972 年9 月，遷移臺灣的中華民國政府與日本維持了約二十年的正式外交關係。這本資料集彙聚雙邊和會的一次籌備會、十八次非正式會議及三次正式會議紀錄，完整呈現整個會議自籌備至締約的過程，史料價值極高。

四

如果說抗日戰爭是八年，那麼九一八後的六年是中國忍氣吞聲、一再退讓的隱忍時期，七七事變應是中國人吃盡苦頭、退無可退的情況下，為求生存而奮起的開端，此後的九十七個月，在烽火下的中國百姓，過的何止漫漫長夜。八年中前五十三個月，中國孤軍奮鬥，後四年才有盟軍並肩作戰，其間大小戰鬥無數，國軍確實是勝少敗多，即使勝利前多，說國命堪危也不為過。這次戰爭，日本固然掉入難以自拔的泥潭，中華民國政府也在獲得遍體鱗傷的「皮洛式勝利」（Pyrrhic Victory）後，隨即江山易色，勝利者反變成另一場戰爭的失敗者，其後政局的演變，似乎不容易給史家，從容寫出恰如其份的抗戰史來。

1970 到1990 年代，中研院近史所曾利用庫藏外交部檔案，出版過民國時期「中日關係史料」十五種二十一冊，選題時間範圍只限於北京政府時期（1912-1928）。本社出版這套《彙編》，正好延續了其後國民政府的時段。這個時段提供了局面更為複雜的交涉、戰鼓不斷、煙硝不熄的中日關係發展史料。

有了新史料，就會有新議題，就可期待史家新研究成果的出現。我們出版史料的初衷是如此。

導言

黃自進

中央研究院近代史研究所研究員

陳佑慎

國家軍事博物館籌備處史政員

（一）

本資料集選錄之文獻，聚焦於 1930 年代的「華北問題」，此議題可說是一幅牽動中日關係、中日兩國內部各種勢力的歷史圖景。1928 年 6 月，國民革命軍進佔北京，北京政府結束，南京國民政府宣言北伐告成。[1] 隨即北京易名為「北平」，終國民黨政權統治中國大陸的時代，不再是中國的政治中心。然而，整整 1930 年代，南京國民政府對華北地區的統治，仍舊極受限制。在 1937 年中日戰爭爆發前夕，華北地區的河北、察哈爾二省，且已形成所謂「特殊化」的局面，對南京中央政府實處於半獨立的地位。造成這一現象的原因，主要是基於日本的作用，以及中國內部各方勢力的角力，而這兩者之間又有交互的影響。

溯自北京政府時代，1924 至 1926 年間，北洋各軍

---

1 〈中華民國國民政府對外宣言〉，《外交部公報》，第 1 卷第 3 期（1928），頁 131。

頻繁混戰，離合擁拒，情勢已極動盪。特別是 1924 年第二次直奉戰爭的爆發，導致直系軍事集團的式微；原本較邊緣的國民軍（西北軍）、晉綏軍，乃至於奉軍，則擴大了影響力。後三支軍事集團，及其衍生的個別軍事單位，實為主導往後華北軍政格局的重要力量。[2] 1928 年，國民黨人發動「二次北伐」，與北洋各軍在長江以北的各省作戰。饒富意謂地，在二次北伐期間，國民革命軍的 4 個集團軍，即有 2 個分別出自西北軍與晉綏軍，並成為作戰主力。當時，參與會師幽燕的革命軍各部，僅有白崇禧所率領的桂系部隊是來自南方。[3]

國民革命軍北伐告成，西北軍與晉綏軍的領袖馮玉祥、閻錫山，儼然已是華北的軍政領袖。至於奉軍，在 1928 年底「東北易幟」後，改稱「東北邊防軍」，依舊是影響華北軍政格局的重要力量。特別是，中國首都雖然南遷，北平仍為華北重心。華北最大軍力掌握者，常為北平的主人。[4] 起初，北平落入閻錫山之手。但在 1930 年底中原大戰後，張學良即率東北軍入關，以全國陸海空軍副總司令身分開府北平；這時，距其父張作霖下令奉軍撤出北京，尚未及 3 年。

對主持南京中央政府的蔣介石而言，讓華北各軍

---

2 參見羅志田，〈北伐前夕北方軍政格局的演變，1924-1926年〉，《史林》，2003年第 1 期，頁 73-90。

3 〈社評：珠江流域之思想與武力〉，《大公報》，1928年 6月14日。

4 沈亦雲，《亦雲回憶》，下冊（臺北：傳記文學，1968），頁501。

系主導華北地區的軍政大權，似乎是無可如何的選擇。事實上，蔣介石在籌劃二次北伐的戰略之時，原本有意讓自己麾下的黃埔系軍隊進入北京。後者對其統治力的延伸，確屬重要。但是，蔣介石的戰略構想，遭受日本之扼止。1927 年至 1928 年期間，日本為阻撓國民革命軍進入華北，以「護僑」為名，曾三度出兵山東，並釀成震驚於世的「濟南慘案」。國民黨人處此逆境，雖決心將部隊繞道繼續北伐，然蔣介石不得不將直屬部隊的主力停留於山東。加之日軍在濟案後一度佔領了濟南，從徐州出發的蔣介石直屬部隊，亦已難再沿津浦路北上。於是，進軍華北之任務，只好委諸馮玉祥與閻錫山，以及沿京漢路北上的桂系部隊。[5]

日本的三次出兵山東，出於田中義一內閣扭轉前任若槻禮次郎內閣的所謂「軟弱外交」，但更是基於地緣政治的理由。在 1920 年代，日本首重中國東北、華北地區的經營，且有維持其「特殊利益」的決心。至於長江流域或華南沿海地域，日本雖有商貿利益，然重要性已在東北、華北之後。本諸前述的思考，田中內閣不欲見北伐軍進入華北，更不樂見東北的政權落入南京政府之手。而日本的政策雖未全然奏效，惟確已成功阻止北伐軍繼續向東北三省進軍。國民革命軍進入北京之初，

---

5 陳訓正編，《國民革命軍戰史初稿》，第 3卷（臺北：文海出版社，1966），頁 754-756。原先的戰略構想，參見同書，頁 480-481。國防部史政局編，《北伐戰史》（臺北：國防部史政局，1959），頁 1436。

南京政府旋對外宣告北伐成功，實即間接表達無進軍關外之意。

日本對華的進取政策，並未止於出兵山東，遂又釀成 1931 年 9 月的「九一八事變」，關東軍直接掌控了東北三省的廣袤領土。事變的前因後果，極為複雜，非本文主題。可以注意的一個重要現象是，面臨國土的淪喪，主持中樞的蔣介石竟揭櫫「不抵抗政策」，自是難孚國人之望。不過，在其看來，「收復東北，革命黨當然應負其責任；但失去東北，革命黨不負其責任」，因為「東北在九一八以前，僅名義上歸屬於國民政府，而軍權、政權、財權，儼然獨立，至少可說非革命勢力範圍以內之地」。[6] 其實，用同樣的邏輯析論之，同時期的華北地區何嘗不是如此？

九一八事變後，張學良失去了東北地盤，但依舊是總綰華北軍政的負責人。[7] 張學良在華北的地位，亦遭逢日本方面的挑戰。時關東軍既取東北，並於 1932 年炮製「滿洲國」，得隴望蜀，更冀進圖華北，熱河戰役

6 蔣中正，〈為日本打算說明僵局延長之利害〉，秦孝儀主編，《先總統蔣公思想言論總集》，第 4 卷（臺北：中國國民黨中央委員會黨史委員會，1984），頁 144。

7 1931年「九一八事變」之前，張學良的職稱是東北邊防司令長官兼全國陸海空軍副司令，指揮部設於北平。1931年底，陸海空軍總司令部撤銷，張學良於翌年元旦改就北平綏靖公署主任。1932年上海戰事爆發，南京當局決定成立國民政府軍事委員會，以應變時局。張學良是七位委員之一，惟專責仍在「督率原有各部，保護疆土，綏靖地方」，亦即仍舊是統攝華北軍政的領袖，見李雲漢編，《抗戰前華北政局史料》（臺北：正中書局，1982），頁 2。

於焉揭開序幕。蔣介石以為，中國欲保守熱河，勢須先解決畏戰不前，甚至署名於〈滿洲國建國宣言〉的熱河省主席湯玉麟，再以張學良所部精銳易之。這一計畫，未得張學良接受，遂不果行。蓋湯玉麟本為奉軍出身，與張學良也有隸屬關係，蔣介石不可能逕以南京政府的意志強加其間。幾經波折，1933 年 1 月，張學良終於同意派出嫡系部隊 5 個旅，開入熱河，但仍維持湯的地位。不過，關東軍隨即於 2 月下旬展開攻勢，3 月 4 日攻佔熱河省會承德。

（二）

熱河的淪陷，給予中國上下的刺激，更甚於九一八事變。蓋東北三省之失，猶可說是中國軍隊猝不及防。反之，熱河境內的中國軍隊號稱 31 萬人，實際開抵戰備位置者也有 8 萬人；而關東軍以兩個師團約計 2 萬人，竟能在十餘天之間，擊潰經過動員的中國軍隊。熱河之失，充分顯示了東北軍戰力的低下，及其士氣的低落。不過，蔣介石亦非無責任。在戰役前夕，其判斷只要增調東北軍進入熱河，即可嚇阻關東的軍輕舉妄動。這顯然低估了情勢。[8]

日軍既下熱河，北平、天津為之震動，長城戰役繼之而起。但值得注意的是，此戰役也加強了南京國民政

8 黃自進，《蔣介石與日本——一部近代中日關係史的縮影》（臺北：中央研究院近代史研究所，2012），頁 213。

府對華北軍政格局的介入。先是，1933 年 3 月 7 日，張學良迫於輿論壓力，引咎辭去北平政務委員會常務委員及軍事委員會北平分會代理委員長等職，交出軍權。11 日，南京政府明令准張學良之辭職，並派何應欽兼代軍事委員會北平分會委員長。同月 8 日至 25 日之間，蔣介石本人亦親往河北，部署長城各口的防務。期間動員的軍隊，除了東北軍、西北軍、晉綏軍系統的部隊，尚且含括徐庭瑤率領的中央軍第十七軍（以關麟徵、黃杰二師參戰）。這是黃埔系軍隊首度開抵平津附近，意義極為重大。

蔣介石雖命中央軍在華北對日本作戰，仍盼從速以談判方式解決華北危機。特別是，蔣介石的政略方針為「對內對外總以剿除長江流域赤匪，整理勢力範圍之政治為中心」，此即所謂「先安內後攘外」的國策。事實上，長江流域星羅遍布的共產黨根據地，可說是直接威脅著南京政府的權力核心地帶；反之，華北主權固然不可放棄，但究非南京政府直轄之地。對蔣而言，華北與華中孰執輕重緩急，當是不言而喻。這一點，應是檢視 1930 年代華北問題時，必須留意之點。[9]

除此之外，當時中國軍隊確非日本對手，蔣介石亦不欲輕啟事端。長城戰役期間，中國各支參戰軍隊頗有可歌可泣的英勇戰例，西北軍系統的宋哲元部第

9 黃自進，《蔣介石與日本——一部近代中日關係史的縮影》，頁 215-216。

二十九軍尤以「大刀隊」聞名於世。但大抵說來，中國軍隊僅有局部、有限的斬獲，何況各類戰績也不乏誇張的渲染與宣傳。[10] 5 月 7 日，中日會戰於灤東地區，勝負立見分曉。日軍第六師團向桃林、石門寨、建昌進攻，擊敗東北軍于學忠、王以哲兩部後，於 11 日強渡灤河。日軍第八師團再於 12 日突破中央軍在新開河的防線，13 日進佔石匣鎮。自此關內已無險可守，平津告急。蔣介石派義兄黃郛北上，收拾殘局。黃抵北平後，觸目所及，「前線支持已不能以日計，而以時計。宋哲元將軍言其兵在喜峰口進時如虎，退時如狗，此時則如綿羊，驅之不動。商震將軍允在某翼支持一日，為全場最能負責之人。形勢如此，已準備撤退，放棄平津矣。」[11]

1933 年 5 月 31 日，在北平、天津遭敵兵臨城下的壓力中，軍事委員會北平分會代理委員長何應欽委任的全權代表熊斌，與關東軍副參謀長岡村寧次簽署《塘沽協定》，正式劃下長城戰役的休止符。對中國來說，協定中頗有屈辱性的內容；特別是，條文規定「中國軍隊一律迅速撤退至延慶、昌平、高麗營、順義、通州、香河、寶坻、林亭口、寧河、蘆台所連之線以西、以南地區。爾後，不得越過該線，又不作一切挑戰擾亂之行

---

10 例見唐永良，〈喜峰口宋哲元大刀隊擄獲日本坦克之謎〉，中國人民政治協商會議全國委員會文史資料研究委員會文史資料選輯編輯部編，《文史資料選輯》，第 8 輯（北京：中華書局，1960），頁 140-141。

11 沈亦雲，《亦雲回憶》，下冊，頁 447。

為」，而日方得「隨時用飛機及其他方法進行監察，中國方面對此應加保護，並給予各種便利」。

南京政府承受屈辱，卻仍接受《塘沽協定》，重要理由是條文可視為臨時的軍事協定，並不涉及承認滿洲國的政治問題。然而，從後見之明看，《塘沽協定》的軍事協定之定位，也意味著關東軍、天津軍可名正言順地拒絕東京外務省的插手，以自身的意志在華北進行活動。後者情景，實令南京政府、東京外務省與陸軍省頭痛不已，從而建立起共同制衡關東軍蠢動的溝通管道。這一溝通管道留下的歷史文獻，散見於本資料集的各個篇章當中，值得研究者細加審視。

究其實質，九一八事變以後，日本關東軍、天津軍係以推動「華北自治運動」為新指標，尋求排除南京中央政府對華北地區的影響，次求扶植親日的地方領袖。惟日本的舉措，也牽動了遠東之國際情勢。蓋「滿洲國」的成立，侵犯了蘇聯在「北滿」的利益，從而使日蘇之間的緊張空氣升溫。在日蘇矛盾未得解決以前，東京中樞以確保「滿洲國」的邊界安全為要，尚無意向中國關內地區大動干戈。處此情勢，蔣介石一方面竭力避免軍事衝突的擴大，另一方面更因地制宜設置不同名義的華北統治機關。[12] 1932 年 9 月 1 日成立的軍事委員會北平分會，主要由何應欽主持，是為了應付長城戰役

---

12 黃自進，《蔣介石與日本——一部近代中日關係史的縮影》，頁 246-247。

而設。1933 年 6 月 17 日成立的行政院駐平政務整理委員會，由黃郛任委員長，是為了與關東軍對話，並促成了《塘沽協定》的簽訂。在華北危局中，黃郛隻身撐柱，負謗腐心，可謂已盡其力。[13]

耐人尋味地，某種意義上，南京政府也藉由華北危局之機，將其統治觸角更深入華北。軍事委員會北平分會、行政院駐平政務整理委員會分別由何應欽、黃郛主持，形式上取代了過去地方軍人主持華北軍政的情形。不惟如是，南京政府另於 1933 年 4 月派出以劉健群為首的「華北宣傳總隊」，進入華北各軍工作。蓋蔣介石在部署長城沿線軍事的同時，亦有意將華北各軍納入統一的軍政、軍令體制。當中重要的步驟為，在華北各軍師設立政訓處，並由南京派遣政工人員。惟蔣介石恐推行太驟，易招疑慮，乃決定先著手「宣傳總隊」的辦理，並向各軍派遣「大隊」、各師派遣「中隊」。果不其然，日本方面及華北地方軍人對之頗為疑忌，謂為「藍衣社」特務。蓋當時張學良、馮玉祥均處下野狀態，東北軍與西北軍群情惶惑，故而對南京中央不無隔閡。幾經波折，南京政府派出的政工人員仍是站穩腳跟。《塘沽協定》簽字後，宣傳總隊即於 8 月改組為軍事委員會北平分會政訓處，所屬宣傳隊亦改組為各軍師政訓處。一時之間，南京政府的威信大增，此為下一階段中日衝

---

13 參見謝國興，《黃郛與華北危局》（臺北：國立臺灣師範大學歷史研究所，1984）。

突的潛藏因素。[14]

以上，是 1930 年代中日華北問題的前因。至其後續發展，則可透過本資料集收錄的史料進行深入的討論。本資料集在結構上分為以下幾個主題：「長城戰役與塘沽協定」、「通航、通車、通郵交涉」、「華北特殊化與華北自治運動」、「河北事件與南京政府退出華北」、「宋哲元與冀察政權」、「中日國交調整」、「全面戰爭的前奏」等主題。不論是謀國者的苦心，抑或在地勢力的觀點，俱能稍見其一二。以下就其大要，進行介紹。

（三）

本資料集第一部分「長城戰役與塘沽協定」，即為前文所述 1933 年長城戰役及其停戰協定《塘沽協定》之相關史料，並上溯熱河戰役的歷史過程。其事件的經緯，於此不再贅述，讀者可自行從史料的字裡行間，尋索蔣介石、張學良、何應欽、黃郛諸人間面臨華北危局的應對之道。

其次，1933 年 5 月《塘沽協定》簽署後，中日兩國的交涉重點即轉為「戰區善後」以及「關內外通車及通郵」。此亦為軍事委員會北平分會、行政院駐平政務整理委員會主政華北期間，所面臨的要務。蓋在《塘沽

14 國軍政工史編纂委員會編纂，《國軍政工史稿》（臺北：國防部總政治部，1960），頁 432-433。

協定》所劃定的「非武裝地帶」中，中日兩國均須將軍隊撤出，但該地帶的行政權仍屬中國。中國政府重建區域內的警察、保安武力，並改編原由日方所扶持的「偽軍」，均須與日方洽商。而中國欲接收戰區，又需接收關內段的北寧鐵路。蓋自 1931 年九一八事變以來，北寧鐵路已告斷絕，中日雙方的列車均駛至山海關止。1933 年長城戰役爆發，關內段的北寧鐵路也無法正常運作，通車問題遂由此產生。再加上相關的通航、通郵等問題，構成了本資料集第二部分主題「通航、通車、通郵交涉」。

中日雙方針對通航、通車、通郵的交涉，可說是曠日廢時，牟能獲致初步成果。其主要癥結在於，通航、通車、通郵的成立，將使關內、關外正式恢復連結，從而有中國「事實承認」滿洲國之虞。後者正是南京政府亟力避免，但關東軍亟欲促成之事。以前述的通車問題為例，關東軍方面即力主北寧鐵路關內、關外段往來不必換車。以通郵事務言，亦因關東軍接收了原中國東北地區的郵政，南京政府遂於 1932 年 7 月 23 日宣告封鎖關內外的通郵。惟郵政牽涉國際，封鎖困難重重，而關內外貿易亦大受影響。在諸多考量下，南京政府不得不於 1934 年 9 月底起，與日本方面進行談判。[15]

面對前述的談判，南京政府備感壓力。從相關文獻

15 張季鸞，《季鸞文存》，上冊（臺北：文海出版社，1975，影印本），頁 136、218-219、255-257。

可知，中國方面的底線是維持「機關與機關之關係」，「不能是為國與國、政府與政府之關係」。即使如此，南京政府並非不被質疑，外界實已「群情憤慨，惶駭莫名」。於是，南京政府一方面須與日方折衝，一方面亦得設法舒緩國內的反彈聲浪。1934 年 5 月底，國民黨中央政治會議即決定「由中宣會通電密令各級黨部統制全國輿論」，強調「通車結果，絕對不能解為事實承認」，或可見一斑。此間各方往還過程，耐人尋味。

本資料集第三部分的主題，為「華北特殊化與華北自治運動」，聚焦於 1933 年後日本關東軍、天津軍的「密謀組織華北新局面」。相關事態發展，誠為 1935 年 9 月日方策動 「華北五省自治運動」的張本。特別是在《塘沽協定》簽署後，中日兩國的和平為時甚短。此間重要關鍵是，關東軍逐漸意識到，黃郛雖以「親日」著稱於世，但並不可能仰日方之鼻息，遂決計自行動手，逼使南京政府真正自華北撤退。[16]

關東軍的新攻勢集中於 1935 年的 5 月至 6 月間。首先，5 月 3 日，日方以親日色彩鮮明的《國權報》社長胡恩溥、《振報》社長白逾桓，相繼在天津日租界內遭到暗殺為由，向中國方面抗議「藍衣社」的「反日活動」。其次，6 月 6 日，多倫日軍特務大月桂等 4 人，行經張北縣城，未攜護照，遭宋哲元部第一三二師官兵

16 黃自進，《蔣介石與日本——一部近代中日關係史的縮影》，頁 234-236。

扣送軍法處，引起騷動，時稱「張北事件」。國民政府為胡恩浦、白逾桓暗殺事件付出的代價是：同意撤換河北省政府主席于學忠、撤銷北平軍分會政訓處、停止河北市黨部工作、中央軍調離冀省。1935 年 6 月 10 日，協定由何應欽與日本駐津司令官梅津美治郎達成，時稱《何梅協定》。至於「張北事件」的結束，則由察哈爾省政府代理主席秦德純與關東軍特務機關長土肥原談判，於 1935 年 6 月 27 日達成《秦土協定》。根據協定，國民政府除撤出張家口駐軍及國民黨黨部外，尚須解散「排日機關」，並允不從內地向此移民。南京政府被迫退出華北地區的經過，即為本資料集第四個主題「河北事件與南京政府退出華北」之重心。

《何梅協定》成立後，南京政府的黨、政、軍機構皆退出了華北，日方推動「華北自治運動」益形積極。1935年11月，日人扶植的「冀東防共自治政府」成立，棄用青天白日滿地紅國旗，不論實質上、形式上都已脫離南京政府而獨立。處此情勢，蔣介石仍力圖在華北樹立機構，至少在形式上維繫中國對華北地區的主權。幾經波折，「冀察政務委員會」於12 月成立，由原西北軍將領宋哲元任委員長，進行河北、察哈爾省的輕度自治。中國視冀察政務委員會為中央政府設置的地方機構，日本則視之為華北自治的機關。對南京政府來說，「華北若與中央表面分離，反得苟全，否則更促其併吞。故此時若華北當局能表面與中央成為『西南』式之半獨立態度，而骨子裡則心心相應，俾對日交涉徑由華北當局自行了結，危害當可較輕」。此間各方的角力過程，即為本資料集第五個主題「宋哲元與冀察政權」的核心內容。

值得注意的是，中日兩國並非毫無根本解決衝突的嘗試，此為本資料集「中日國交調整」單元的主題。1933 年 9 月 14 日，日本前駐蘇聯大使廣田弘毅繼任外相之職。廣田倡導「協和」外交，主張重返國際社會，強調任期內將致力以和平方式解決國際爭端，一改其前任內田康哉所揭櫫的「焦土外交」政策。「協和」外交在對華政策的實踐上，為恢復列強對華協商體制，並提升中國的國際地位。1935 年 5 月 7 日，日本內閣通過駐華公使升格為大使，成為日本的第 11 個大使級的邦交國。日本提升對華關係的層級，實早於英、美等國。[17]

廣田的新政策，獲得了南京政府的積極回應。1935 年 2 月 20 日，汪兆銘在國民黨中央政治會議發表中日親善演說，主張以誠意及和平方法，解決中日糾紛。27 日，蔣介石與汪兆銘聯名發布嚴禁排日運動的通令。中央政治會議也指示各新聞報紙、通訊社，禁止刊登抵制日貨消息。然而，當時的中日關係，情勢頗形複雜，難以真正緩和。特別是，駐華日軍為了不讓日本外務省重新奪回對中國政策的主導權，更為了不讓列強有重返中國的機會，乃起而製造事端。所

17 英、美兩國係於 1935年 5月 17日通告中國外交部，決定將駐華公使晉升為大使。

謂《何梅協定》、《秦土協定》，均是在這樣的背景出現。此間各方面的角力與互動，誠值得細加考察。

顯然地，1930 年代中期，中日的「國交調整」嘗試，並未換來真正的和平。1937 年7 月7 日蘆溝橋事變的爆發，揭開了中日全面戰爭的序幕。可以說，中日全面戰爭的導火線，點燃於華北地區；儘管，全面戰爭並非日本政府的既定計畫，而是出於中日兩國政府都不願對偶發的糾紛有所妥協。中日兩國在全面戰爭前夕，就華北問題的往還，構成本資料集最後一個主題，「全面戰爭的前奏」。

某種意義上，中日兩國在華北的地區性衝突，之所以擴大成全面性戰爭，實亦有結構性的因素。蓋1935 年後，南京政府雖被迫將黨、政、軍機構撤出華北，但依舊在該地區採取了進取策略。這種進取策略，極為艱辛。有謂國民政府對華北地區難以插手，僅能設法確保青天白日滿地紅旗依舊飄揚；真正策略是，一旦爆發全面戰爭，就立即進駐中央軍隊。[18] 這一觀察大抵不差，但不能忽視的是，「確保青天白日旗依舊飄揚」一事，在政治意義上仍極重大。1936 年底「綏遠抗戰」爆發，傅作義部第三十五軍擊敗日本支持的內蒙軍隊，克復百靈廟，全國人心大振。傅作義出身閻錫山的晉軍，並非中央軍系統。然而，《大公報》

---

18 Hans Van de Ven, *War and Nationalism in China 1925-1945* (New York: Routledge Curzon, 2003), p. 169.

主筆張季鸞仍視之為軍隊「國軍化」的重要成就，[19] 即為值得注意的現象。

全國人心的向背，對各地方軍人，包括主持冀察政權的宋哲元，自有一股牽制的力量。綏遠戰爭爆發之時，輿論界曾希望宋哲元部第二十九軍在平津有所行動。宋哲元雖僅由駐張家口的劉汝明師略作部署，並未真正付諸行動，然確已由「特殊化」趨向「中央化」。[20] 日方亦感受到，南京政府對華北進行「中央化」、解除冀察政權的特殊性、使宋哲元部第二十九軍「國軍化」的工作，其實未曾間斷。[21] 從宋哲元所部官兵在八年抗戰期間付出的傷亡代價看，南京政府「中央化」的成效並不算太差。

（四）

總此而言，本資料集期望以豐富的史料，重新尋索1930 年代在各方勢力競逐下的華北問題。當中底蘊，非可三言二語釐清。例如，1935 年，浙江省政府呈「研議對日作戰時機之審定與晉綏問題及對第二十九軍處理步驟等各項計畫意見」認為，「在最近的將來，日人必利用蕭、殷等倒宋，或傚瀋陽事變，

19 張季鸞，《季鸞文存》，上冊（臺北：文海出版社，1975，影印本），頁 136、218-219、255-257。

20 李雲漢，《宋哲元與七七抗戰》（臺北：傳記文學出版社，1973），頁 102。

21 日本防衛廳防衛研究所戰史室著，齊福霖譯，《中國事變陸軍作戰史》（北京：中華書局，1981），頁 121。

以武力驅除二十九軍；至時中央宜令二十九軍極力抗戰，並全國動員援助，此乃最好之戰爭時機」，「宋哲元及二十九軍有抗日之歷史，有相當戰鬥力，無論如何，必須利用機會，收為我用」，「收為我用」的辦法則是「將與二十九軍主要將領有關之人員收羅，使其不時在南京平津活動，以啟日人之疑心」，「設法使地方與日本發生不幸事件」。

前揭看法，雖非南京政府的正式國策，但已顯示國民黨人的機心。蓋對黨人而言，「南京為我政治中心點，江浙為我經濟策源地，故無論如何，必須固守，非至祇剩最後之一槍一彈，決不放棄；黃河流域，地區廣闊，除據守要點外，宜多採用游擊戰」。在此認識下，南京政府似已不計較華北的一城一地之得失，反而有意使二十九軍「心理內向，不能與日本切實融洽，如時機一到，即設法使該軍在平津方面與日本發生衝突，以造成戰爭之機會」。事實上，這種戰略觀點，和稍後中日全面戰爭的初期走向，是若何符節的，至少夠反映南京政府對華北與長江流域攻守態度的異同。

南京政府的戰略佈局，亦是立基於他對日本政情底蘊的認識。例如，1934 年9 月13 日，軍事委員會委員長四川行營秘書長楊永泰，在其上呈蔣介石的報告中提及：「現在對日問題，第一難關即為對偽滿問題，自正常外交步驟言，我方對此問題，斷置如作懸案，暫時不提，事實上已同默認，可謂最大之讓步。但在日方情形，少壯派中之激烈者，初無與我方談此問題之意，蓋渠輩恐偽滿問題沒有解決辦法，則所謂非常時不得不告一結束，一切軌外活動，將受限制，無法再施展其技倆。少壯派中之穩健者，即擁護清軍運動；贊助中央統制強化之一派，則以解決偽滿問題，結束非常時期，裁制激烈派自由行動，達到統制強化目的，為其新定國策。觀其任何一方，對華所取策略，均含有對內之作用……其在日方，表面上贊同不談此問題者，固別有用心，還欲再生枝節，至迫我承認偽滿者，表面上雖予吾人以異常難堪，而事實上則尚有求此案告一段落之意。兩派為便利私圖，其主張互異，利害亦個別不同。故今日談對日問題，必須從此著手，為深切之研究，以預定對付。」

電文中所謂「激烈派」及「穩健派」，按日本通稱即「皇道派」和「統制派」。皇道派成員大多是基層軍官，以尉級為主，惟背後另有大老支持，如荒木貞夫、真崎甚三郎等大將。統制派則多出身陸軍省或參謀本部的參謀官，以校級為主。兩派均由少壯軍人所主導，但政見有所異同。1932 年，日本少壯軍人攻佔總理官邸，槍殺總理犬養毅，是稱「五一五事件」。事件後，日本政黨勢力凋落，軍部控制了國政實權。處此情勢，統制派軍官認為革命已告成功，轉而強調建設與維繫軍紀的重要。反之，皇道派猶持「繼續革命」之觀點，主張剷除殘餘的舊勢力。皇道派與統制派的交惡，遂從此而生。[22]

皇道派與統制派的交惡，影響了日本的對華政策。亦即，皇道派表面主張激進，內心中卻不願改變現狀。換言之，皇道派一面聲言必欲國民政府勢力徹底撤出華北，實際上期望華北處於懸而未決的緊張局面，好讓自身派系更有餘裕空間。[23] 這類日方政情的情報，源源不絕地傳遞至蔣介石耳中，誠為南京政府在處置華北問題之時，所可借助的資源。

除此之外，在本資料集所收錄的文獻中，亦可稍窺蔣介石與日本政府及層峰的溝通管道。例如，1935 年 11 月 19 日，蔣介石致宋哲元電，提及日本首相岡田啟介與元老西園寺公望俱不願在華北生事。而一份駐日公使館報告顯示，中國駐日武官蕭叔宣，與皇道派要角第一師團長柳川平助有所來往。當日本天津軍於 1935 年 9 月正在華北大力推動「華北五省自治運動」時，柳川透露日本軍部只認「長城現線為滿洲國境」，前線軍官的踰軌行動，不會得到東京本部的支持。換言之，面對 1930 年代的華北問題，中日兩國內部均有各種勢力相互角力，或是合作。

自然，面對錯縱複雜的 1930 年代華北問題，本資料集能夠呈現的資料，僅只一隅。但至少，可藉以省思蔣介石的所謂「攘外必先安內」政策。「攘外必先安內」

---

22 黃自進，《北一輝的革命情結：在中日兩國從事革命的歷程》（臺北：中央研究院近代史研究所，2001），頁 295-296。

23 黃自進，《蔣介石與日本——一部近代中日關係史的縮影》，頁 249。

政策落實於華北地區，或可歸納為「退卻政策」。所謂「退卻」，就是軍事上採迴避政策，不謀武力抵抗；政治上低調務實，表面上不拒絕日方要求之退出華北。但在實務上，因地制宜，設置不同名義的直轄機構，維繫與華北地方當局的管轄關係。而蔣之所以能看破關東軍及天津軍的虛實和叫戰聲的底蘊，堅持不移其安內攘外方針，又是得力於充分日方的情資。以上總總，若研究者能夠對比日本方面的文獻資料，必能獲致新的發現。

編輯凡例

一、本書以 1930 年代華北中日外交、中央與地方勢力的互動等為主題，徵集史料，依主題與時間順序編排成書，以供學術研究與讀者查閱。

二、本書蒐錄之史料以國史館典藏之《蔣中正總統文物》為主，並補入李雲漢《抗戰前華北政局史料》（臺北：正中書局，1982），以及中華民國外交問題研究會出版之《中日外交史料叢編》第三編《日軍侵犯上海與進攻華北》、第五編《日本製造偽組織與國聯的制裁侵略》（臺北：中國國民黨中央委員會黨史委員會，1995），提供各界更重要、完整的史料彙編。

三、本書所刊史料各標題，為方便讀者查考原檔，依國史館檔案各件之題名摘要，至於標題時間，本書一律採發電時間，與該館目錄或有不同。另，由於該館各件檔案可能包含多則電文，而本書各件一般僅收一則電文，故題名摘要可能與本書電文有所落差，請讀者諒察。

四、本書於所刊史料各條之下標註出處，長串數字為國史館《蔣中正總統文物》之典藏號。

五、本書所刊史料原則上遵照原文，遇有明顯錯字、漏字、衍字者，在其後以〔 〕符號標出正確字；遇有俗字、古字、簡體字者，改為正體字；無法識別者，則以□符號表示，每一個□符號代表一字；史料中間有問號者，原檔即如此；下冊註記（前略）（中略）者，為編者刪節，藉以突顯更重要之內容。

六、本書所選史料，排印格式一律採用橫排，凡直排史料文中有如右、如左者，橫排後應為如上、如下。文中不一一註明。

七、本書史料雖經多次校訂，仍難免舛誤謬漏，敬希海內外碩彥不吝指正。

目錄

長城戰役與塘沽協定

通航、通車、通郵交涉

華北特殊化與華北自治運動

長城戰役與塘沽協定

■ 1932 年 5 月 9 日

張學良電外交部澄清榆關日軍訪求何旅長作某種宣傳一節確無其事等

南京外交部羅部長鈞任兄勛鑒：

虞電奉悉。密。路透電傳榆關日軍訪求何旅長作某種宣傳一節，確無其事。惟榆公安局前曾獲匪趙國恩，正由縣法辦中。日憲兵隊以趙係義勇軍，曾襲綏中為詞，強由縣府提去，並搜捕被誣良民，我方抗議。彼援辛丑六月十八日我方復函沿平榆線兩側二英里內有彈壓治罪權，我方以條約無明文未承認，仍向交涉提回，按盜匪治罪。日方忽於江午提出協定，強迫駐榆何旅長簽字，限當晚七時答覆。其協定大略如次：（一）趙致久即趙國恩，由日本軍憲引渡於臨榆縣長，再由縣長送交獨立第九旅，由旅處以槍斃。但執行時須由日本軍憲與第九旅長、臨榆縣長會同監刑。其時地由中國官憲通知。（二）依照中國官憲之希望，於將來中、日官憲逮捕義勇軍或拘禁義勇軍時，中日官憲雙方須通知其狀況，有必要時須協力援助。本協定雖超越國際法及條約以外，但仍出於雙方好意云云。以上各節迭據何旅長及李縣長江支各電報告前來，經覆飭略謂此案應由我方處理，自不能簽立任何協定。惟（一）項趙如確為巨匪，且係個人問題，尚可依照，但不能形諸書面，且須聲明後不援例。（二）項關係主權，絕不能承認，並應向其說明如彼受義勇軍擾害通知我方時，我方必力為取締，絕不縱容。至我方自行處置該軍時，不能通知彼方，尤無請求援助之理等語。去後，現正由該旅長等妥慎應付之中。路透消息或即此事誤傳，特電奉達，希察為荷。再此事前以所關較輕，故未隨時奉告，且現經妥慎應付，可冀無形結束，務望對其始末特加祕密，是所盼禱。

弟張學良。佳子三秘印。

《中日外交史料叢編》第三編《日軍侵犯上海與進攻華北》，頁95-96。

■ 1932年5月17日

張學良電外交部報告有日軍翻譯率武裝警察持槍赴臨榆縣東八里樂善堡村圍困搜查保衛團分所等

南京蔣委員長、汪院長賜鑒；外交部羅部長鈞任兄勛鑒：

密。榆關何旅長元電報稱：茲有日軍翻譯鮮人金枳率武裝警察四暨日鮮人各一，於本日午後一時持槍赴臨榆縣東八里樂善堡村，圍困搜查保衛團分所，擄去手槍一、大槍五，彈藥甚多，及服裝、國旗、電話機各件，並將牘長、書記各一名，團丁二名脅走，抓驢三頭，轉向萬家屯而去。當由縣府與日憲兵隊交涉，由其隊長赤領答稱：滿洲國認廠〔長〕城以外皆屬國境，故有赴該村繳械之舉，現仍在交涉中。又義勇軍被關東軍擊退至黃土嶺口外之鐵長堡一帶，約二、三百名，搶掠馮營子，擬襲前所，已派兵出黃土及驅令遠離，免釀意外。並通告日方，藉以探其態度。復據該旅長銑電稱：日軍忽於刪夜十一時演習，確有實彈，並向我東南城角監視哨射擊十餘發，同時日憲兵在所駐院內亦放槍十餘發，彈多落城內，未傷人等語。除飭嚴密戒備，恪遵迭令辦理外，謹聞。

張學良叩。洽秘。

《中日外交史料叢編》第三編《日軍侵犯上海與進攻華北》，頁97。

■ 1932年6月27日

張學良電汪兆銘等報告山海關日方近情

南京汪院長精衛賜鑒；羅部長鈞任兄勛鑒：

密。頃據山海關何警備司令柱國有電稱：「（一）九門口外敬午來偽國武裝警察四十名，聲稱帝國警察要求進口遊歷，經駐軍婉辭拒絕，仍要進口。我駐軍乃進入陣地，彼遂退去。（二）敬日樂善堡即李家窪之偽警，令居民遷移，聲言有關東軍四百名、警察六十名來駐防，五日內遷畢。但所指定騰住之房舍僅能容百餘人。（三）綜合各外報日方宣傳及偽警此次示威，想為國境問題欲迫我將二里店駐軍及操場撤至長城之內。（四）職遵照鈞座迭示意旨，決心不受威脅。二里店駐軍寧受擊退不能自撤，以免榆關受五眼城之瞰制，且與偽警交錯，應付益感困難」等情。除復令嚴密戒備，不得稍有退讓，並準備隨時為堅決之抵抗外，敬電奉聞。並乞守密為禱。

張學良叩。感子秘印。

《中日外交史料叢編》第三編《日軍侵犯上海與進攻華北》，頁98。

■ 1932 年 7 月 5 日

蔣中正電蔣伯誠內外情勢對熱河問題需速解決請張學良決心進行

號次：791

姓名或機關名：蔣伯誠

來處：北平

支電

7 月 5 日到

江電奉悉。（1）近日北方各報輿論，對鈞座剿匪以政為本，以軍為標，極讚美；對汪言行矛盾，大肆攻擊。（2）漢公謂：「據汪言，好似鈞座對東北情形不甚明瞭，擬南下謁鈞座詳呈一切」云。職意，如漢公來漢，則外間以為鈞座即將收復東北失地計畫面授漢公；則漢公回平，如遲不出兵，即責罵鈞座及漢公。請電阻漢公南下，以免引起反感。（3）請電墨三兄，關於求財部協助事，對外少發表。北方視之，以為自己人亦與子文兄難堪也。

急。北平蔣總參議伯誠兄勛鑒：

支電悉。擬屬岳軍兄來平與漢兄面商一切，請漢兄勿〔務〕必來漢，惟以內外情勢，對熱河問題不得不從速解決，以後治亂關鍵全在乎此。請漢兄決心進行，雖至冒險，亦無如何也。

中正。微漢機。

002-020200-00016-003

■ 1932 年 7 月 7 日

蔣中正電蔣伯誠如張學良決心實行不可預商恐湯玉麟預召日軍占熱河

急。限即到。蔣伯誠先生勛鑒：

麻電悉。如漢兄決心實行，則此事萬不可預先商湯，否則無異使湯預召倭軍占熱也。且此事如決行，則務須從速，先派兵三旅用夜間動作到熱河附近，使倭與湯皆不及防，一俟我軍接近熱河，再調湯至察省，則湯必遵令，倭亦無法。如漢兄以為此著冒險，則中意寧可先占熱河，而暫棄平津，亦所不惜。並請有此準備，則事乃可成，吾人方有革命政治立場也。岳兄擬三日後來平。

中正。陽亥。

002-020200-00016-004

■ 1932 年 7 月 10 日

蔣中正電示張學良派隊星夜馳進以免受制於倭

北平張主任漢卿兄勛鑒：

奉電敬悉。此事既已與湯子提出，則萬不可再事延緩，亦不必待岳軍到平再商，務請從速派隊星夜馳進，以免

受制於倭。否則，如必須與湯商妥再行，則無異與虎謀
皮，不特其事難成，而害必隨之。務請決心速進，當機
立斷，吾人救國自救之道，全視此著能否速行而已。如
何進行？盼復。

中正叩。○○。蒸酉機。

002-010200-00069-022

■ 1932 年 7 月 18 日

張羣電蔣中正言張學良謂部隊正照計畫前進湯
玉麟如反抗即進入熱河

號次：1934

姓名或機關名：張羣

來處：北平

巧電

7 月 18 日到

洽酉電敬悉。頃據漢卿云：（1）動員部隊正照計畫前
進，惟湯處已去兩電，尚未得復，不無可慮。萬一反
抗，即決進入熱河，否則待第一步計畫完成後，再斟酌
情形籌劃第二步辦法。日方現尚無動靜，據彼觀察，如
其不再增兵東省，或不致即對關內用兵，現正注意此
事。（2）據一般人之意見，以為熱河如有軍事行動，
漢卿必須離開平津，消去日方目標，方易維持。羣連日
力說漢卿及其左右對華北軍政作一整個打算。日來向
方、次辰等政委來平，正可設法溝通意見，團結精神，

期盡共同維護之責。漢卿允為照辦。（3）王克敏詳告華北近月財政，該情形勉足維持，漢卿亦有相當活動費。（4）閻百川來電盼羣赴太原一行，意頗誠篤，且此間與晉頗多隔閡。羣擬待整個方針決定後，赴晉一行，並已復電允往。

祕書處

復：所謂據一般人之意見者，指何人而言？是否漢卿兄左右亦有此意？赴晉可行也。

中正。□巳□。皓秘。

002-020200-00016-006

■ 1932 年 7 月 20 日

張學良電蔣中正據湯恩伯電稱日軍進犯熱河朝陽等地現已令我軍抵抗並派員至北平籌商械彈補給事宜

21 年 7 月 20 日

自北平發

特急。漢口蔣委員長鈞鑒：

密。頃據熱河湯司令巧未參電稱：（1）據□陽百零七旅旅長董福亭巧子電稱：頃據二百十四團湯團長報，據北票三營張營長巧早一點電話報告：篠午後一時北票赴錦火車在南嶺南被股匪劫車，我隊追剿行至朝陽寺南，正計追匪，見有日本軍鐵甲車向朝陽寺衝進，職向前質問，詎該日本軍蠻不說理，強橫開槍向我隊射擊，名為入熱境剿匪，攔阻不止，即率我隊抵抗，現營長腳部受傷，彈藥缺乏，當即派員送彈藥為要等情。前來除飭由團暫先抽備彈藥送往前方，並在朝之隊嚴加防範外，謹先報告。（2）據北票部參議子峯篠電稱：日本□匪擄去，張營往剿，由朝陽寺與日方去電話告必營求〔救〕，日方即南嶺甲車二列強入我境，阻止無效，一時開火抗二小時，營長腿部受彈，現退守南嶺死抗。（3）巧據董旅長巧卯電稱：護路第三營在朝陽寺以北仍與日軍對峙。巧卯有日飛機一架飛由北票空中，到朝陽寺空中飛翔甚低。視其飛機帶有炸彈，並未投擲，約經三、四十分鐘飛回。昨張營長足部受傷，已著九連王連長代理職務，謹電聞。（4）又據董旅長電話報告，二時頃日本空軍成隊飛朝，計五架，對交通、通信及軍、政各機關投擲炸彈，並用飛機槍射擊，盤桓約廿分鐘，擲彈卅餘枚飛去，炸後情形尚未明瞭等情。已電飭該旅向朝陽附近集結，並對空地嚴加防禦，確保朝陽安全。查日軍武力侵熱理論無效，於篠日戰爭開始，無論彼方有無侵熱之整個計畫，抑因一時誤會而引起衝突，職部惟有誓死抵抗，決無反顧。惟彈藥甚感缺乏，尤以七九為最，七五野砲彈亦所存無幾。至於防空兵器，更屬闕如。擬請鈞座統籌兼顧，充分補給，並乞垂念平、熱交通困難，運輸需時，伏乞提前撥發，俾免臨時無措。並懇指示方略，俾資應付等情。除電飭妥切準備，竭力抵抗，並速派軍械人員來平籌商補充彈藥辦法外，謹電奉聞。

弟張學良叩。皓亥秘印。

002-090200-00007-002

■ 1932 年 7 月 23 日

蔣中正電張羣無論如何請張學良迅照預定計畫解決熱河以安北局

北平張岳軍先生勛鑒：

前定五旅集中熱邊計畫，究能如期實行否？現在各旅行動已至何處？盼復。以中判斷，倭寇未敢即以主力進擾交通不便之熱河。無論如何，請漢兄迅照預定計畫解決熱河，以安北局。

中正。○○。漾辰。

002-020200-00016-007

■ 1932 年 7 月 25 日

戴笠電蔣中正此次滿洲會議情形大體日本之決策有所謂新三省案懲張學良案消除國民黨等三案期在必行惟軍事定在九月間發動非直占平津以熱河為根據地

21 年 7 月 25 日

自南京發

號次：2623

急。總司令蔣鈞鑒：

密。據平電稱，此次滿洲會議情形，大體日本之決策有所謂新三省案、懲張學良案、消除國民黨案三者，期在必行。惟軍事定在九月間發動，非直占平津，乃以熱河為根據地；新三省係指冀、熱、察而言，所欲推戴者為蒙古人，亦另建一國云。

職戴笠叩。有印。

002-090200-00009-004

■ 1932 年 7 月 26 日

戴笠電蔣中正滿洲會議為其參謀本部策動其對安福派係出於利用而接洽者為曾毓雋據聞熱河官民均經妥協張學良防禦兵力不過十二旅日擬出四師團並以飛行為主力

21 年 7 月 26 日

自南京發

號次：2732

特急。總司令蔣鈞鑒：

密。瀋陽。弟之查該會議出於參謀本部之策動，支持者非本莊，乃有名之軍部惑星小磯國昭，其對安福派係出於利用接洽者非段，乃曾毓雋。據聞日對熱河官民各方均經妥協，張學良防禦兵力不過十二旅，日擬出四師團並以飛行為主力，及平津別動隊出擊云。

笠叩。宥印。

002-090200-00009-005

■ 1932 年 7 月 27 日

張學良電汪兆銘何應欽等據湯玉麟所報熱河近情

提前特急。南京行政院汪院長賜鑒；外交部羅部長鈞任兄、軍政部何部長敬之兄勛鈞〔鑒〕：

頃據熱河湯主席箇午矢電報告：密。近日情況如下，皓日情況：（一）派駐在北票參議邵子峯偕魯段長赴朝陽寺與日方據理交涉，藉窺其態度，以為最後應付。（二）電飭董旅長準備對空防禦，南嶺張營之兵力集結於鐵道西側，監視敵方，必要時撤退朝陽，藉保實力，並令多方派探偵察敵情。又該旅劉團在平房子、葉柏壽一帶集結，與該旅確取聯絡。（三）電飭各部隊即口確實掌握所部，嚴裝待命，並隨時注意空防。號日情況：（1）據董旅長皓亥電稱：巧（十八日）申至皓亥二日間，朝陽秩序安靖，除飭護路張營長統帶全營鎮靜監視敵方，並注意防範外，所有駐朝陽騎、步各隊均作對空防禦，並圍城築堅固工事掩蓋，必要時職定能沉著放膽，不惜犧牲，萬無疎虞。（2）據邵參議哿（廿日）電稱：峯於皓未乘車，力疾赴錦至朝陽寺，值吉岡參謀指揮鐵甲車，遂晤面，寒暄畢，力陳石本被綁殊出意外，我亦抱歉，然我正擊匪營救間，值貴方甲車強制入境，砲擊我軍，翌日又轟炸朝陽寺，敝方引為憾事。談至此，吉岡厲言答質：「貴方負段內保護，石本何時救出？」峯允設法，伊又限七日出險交還，我未允，並要求董旅長赴錦道歉，始能撤退，否則為保護路權計，實行軍事動作，朝陽轟炸不認釁由彼開。峯察事已危急，伏乞速裁，迅電指示應付機宜，或飛派幹員襄助。（3）據董旅長號亥電稱，號朝街平安，朝陽寺之敵約三百人，中佐一、少佐一、大隊長一在此指揮，確欲企圖進占北票，對營救石本事，營長已請允四區田區甲長，並派十一張連長變裝赴龍臺一帶，設法由該地民眾探查真相，結果續報。再該營長被礮彈炸傷右腿骨上部恐休養需時，除嘉慰並准其在北票醫治外，已由旅委九連連長王琳暫行代理。馬日情況：（一）董旅長電話報告：（甲）本日上午十時卅分有日本飛機兩架過朝向西北方向飛去。（乙）朝陽寺敵甲車未撤退，吉岡要求以救回石本為條件。（丙）綁石本之匪現在劉龍臺，匪首姜姓，此匪是否受日人嗾使尚屬疑問。（丁）牛馬會一帶民眾代表聲稱願與軍隊合作，共赴國難，職當告以須待時機。（戊）新〔敵〕軍爆彈，威力大者被彈面中徑八十米，小者中徑二十米。（己）朝防布置固密，釋念。（二）據赤峯電話局長電話報告，本日午前十一時頃，有日本飛機兩架到赤散發傳單，其內容大致謂熱境胡匪充斥，日本軍為剿匪安民計，擬向熱河進兵等語。（三）據赤峯金旅長馬電稱：本日飛機二架來赤天空盤旋約廿分鐘，散放傳單多張，嗣向東南方飛去。謹此電報各等情。查暴日侵熱具有決心，除嚴飭部隊準備抵抗外，仍懇隨時指示機宜，俾有遵守等情。除復令嚴密戒備、堅決抵抗外，敬聞。

張學良叩。宥亥秘。

《中日外交史料彙編》第三編《日軍侵犯上海與進攻華北》，頁148-149。

■ 1932年8月2日

張學良電外交部有關營救日人石本情形

南京外交部勛鑒：

世（廿一）電奉悉。密。熱省最近情況據湯主席儉（二十八）電轉據報稱：（一）營救石本之田區團長仍無回報，聞日方託人與李海峯接洽，以鉅款贖石本，李拒絕。（二）敬（二十四）辰日前澤人尉約我第十二連陳連長等赴朝陽寺接洽。前澤問我方何日能救回石本，答以極力設法早日救回。問如不能救回最後有何辦法，答以我方必派隊剿除肇事之眾。問可否武裝赴北票接洽，答以恐生誤會。彼要求再三，我方勉允，其至多不過帶武裝隨員一、二名，先以電話說明，以便接待保護。（三）觀察日方情況非常狡譎，縱石本救回，恐亦難撤朝陽寺之兵。且已在該處設有無線電，其侵占北票野心終未稍已，我方營長如前往接洽，似有扣留模樣。又據卅電稱：據另報稱，石本尚未救出，刻仍積極謀救，如安全辦到可望和平了結。近日空氣雖緊張，實際尚稱安謐。又據卅參電轉據報稱：石本現無危險，必能交回。義勇軍方面除要求給養外，別無要求，惟日方似無撤出朝陽寺之意。現甚慮其於救出石本後，即轟炸義勇軍、進占北票各等語。以上各電因關於石本事交涉尚無結果，且較非重要，未即電達。承詢，特以詳聞。至日方最後通牒事，此間並未據報。特復。

張學良。冬（二日）申秘。

《中日外交史料叢編》第三編《日軍侵犯上海與進攻華北》，頁149-150。

■ 1932 年 8 月 21 日

張學良電蔣中正等據湯玉麟所報熱河近情

限即刻到。南京、洛陽國民政府蔣委員長、行政院鈞鑒；軍政部、外交部、參謀本部勛鑒：

密。據熱河湯主席玉麟皓（十九）亥參電稱：頃據北票部參議轉據前方步九連王代營長報告，日軍鐵甲車並未通知我方，公然向我境出發，該車開至破廟子與我方實行開火，現正抵抗中。步八連已開赴前方增援，飛電報聞。旋據董旅長皓（十九）戌電稱：皓下午二時，日機在朝陽空中飛散傳單，為警告義勇軍快回鄉里，並妄揑蔣、張、馬占山為抗日失敗、國府搗亂等語。盤旋約十五分鐘始去。又於下午六時卅五分，接北票王檢查處長電話報告，於皓下午四時接朝陽寺日軍電話，云鐵甲車開赴南嶺，與我前方護路隊取聯絡等語。並用電話答說囑彼切莫前來，彼將强行前進。我方恐日別有居心，王代營長業帶第八連登山防禦，前方布置妥協，毀道工具已運前方等情。正轉報間，又據該處長報告：據報，前方我隊與日方現已接觸，並請領子彈各等情，一併報聞各等情。正擬轉報間，又據董旅長皓亥電稱：據北票護路第三營皓亥電話報，銑日鐵甲車已占南嶺，我隊現在退至口北營子集中，正擬破壞口北營子南鐵橋面，將來擬在口北營子作一全營兵力抵抗，此現在情況等情。據電後同時又電稱，查前方兵力單弱，令由二一四團抽調步兵兩連（欠一排），機、迫各一排，向口北營子增加。惟朝陽距口北營子百數十里，增援困難，倘有不支，如何處置各等情。更據董旅長電話報稱：當南嶺激戰時，曾用迫擊砲擊斃日軍七、八名，我第三營張、馬兩連附受傷等語。除令董旅長轉令前方部隊固守口北營子，並詳察敵情，倘受敵優勢兵力壓迫，不得已時將該旅全部集結在鐵道西側，構成防禦火線，竭力抵抗，前方情況仍仰隨時報告外，謹電奉聞。伏乞迅撥捷克子彈，俾應急需，並請指示機宜等情。除電飭堅決抵抗，並設法補充彈藥外，謹電奉聞。

張學良叩。馬（廿一）卯福。

《中日外交史料叢編》第三編《日軍侵犯上海與進攻華北》，頁150-151。

■ 1932 年 8 月 27 日

萬福麟榮臻蔣伯誠電總司令部蘇俄於滿洲里構築工事與日空氣轉惡及日人宣稱日軍圖取熱河現待我方自生變亂與南滿洲線被義軍襲擊破壞等

8 月 27 日

自北平發

號次：6087

溪口總司令部（餘銜略）：

密。據報（1）蘇俄近於滿洲里構築工事，嚴為戒備，且其飛機常越境向北滿偵察，因惹起日本疑忌，通令偽國交涉，以是俄日間空氣轉惡。（2）日人宣稱日軍圖取熱河，現在變更計畫，且待我方自生變亂，因此對於任何部分擬聳〔慫〕恿鼓盪激起政潮，並為避免義勇軍之蓬勃銳進，待秋後再為進攻。（3）南滿洲線被義軍襲擊破壞，遍於各地，無日無之。據滿鐵發表七月中旬有四百廿九起，下旬有六百卅四起，日前該路夜間停止行車。（4）東邊義軍現與南滿義軍聯絡完成，曾將瀋海路鐵道破壞，電信切斷，日守備部隊疲於奔命，又胥晚義軍大部突向瀋海營盤站襲擊，將日軍及公安隊盡為殲滅。（5）日武藤大將預定廿六日到來，其全權府原定設長春，現擬暫駐瀋陽各等情，謹聞。

萬福麟、榮臻、蔣伯誠叩。感參印。

002-090200-00009-007

■ 1932年8月30日

湯玉麟電蔣中正宋子文何應欽熱河飢軍無餉無械如何作為平津屏障請迅撥大洋以為補助餉械之需並指示方略等

21年8月30日

自熱河發

號次：7507

南京軍事委員會蔣委員長、行政院宋代院長、財政部宋部長、軍政部何部長鈞鑒：

密。慨自瀋陽淪陷，錦州繼之，熱省邊防頓形吃緊，在日人滿蒙計畫固早將熱河隸入版圖，但亦稍有顧忌，不敢冒險嘗試。雖迭經脅我以威力，誘我以甘證，麟以人格所關，大義所在，不為所動。惟思國際並未絕交，正式尚未宣戰，自應抱定保境安民宗旨，仍暫取外交手腕，以在與周旋。此九一八事變以來，始終應付敵方之苦衷也。查開魯之役，日人勾結蒙匪侵擾邊疆，經我崔旅痛力剿滅，並以迅雷不及掩耳之戰，終將其總指揮坂井大佐擊斃。朝陽第一次之役，日方先以飛機轟炸，繼以甲車衝鋒，我軍誓死抵抗，卒不得逞。第二次日方又以飛機散布謠言，甲車猛力侵犯，經我董旅指揮得宜，迎頭痛擊，擊斃敵多名，顛覆其車，幾斷歸路，竟自認誤會，道歉退去。至於朝陽兩次事變畢，鎮一等召集土匪，迫脅民眾據鎮攻城，土〔圖〕謀不軌，聞與日方亦暗相接合。幸我軍隊調應迅速，剿撫兼施，均告次第肅清。其他如飛機擲彈於開魯、凌南等處，及散布傳單於省垣、赤峰、建原等處，不一而足，曾經迺令所屬均以鎮靜處之。麟分屬軍人，守土有責，安邊禦侮，義不容辭。弟以地瘠民貧之熱區，在民初駐軍僅有八營，尚蒙中央歲協鉅款，嗣後毅軍亦均係領款於中央。麟自十五年蒞任，兵隊增為八旅，而餉項尚賴自籌。查預算總數，省稅收入一百六十餘萬元，以之撥充經費，尚至收支適合。國稅收入僅八十餘萬元，軍費支出乃至七百餘萬元之鉅，除自籌彌補外，每年仍虧二百餘萬元，以致兵士欠餉動輒累月，刻下更捉襟見肘，羅掘兵窮。若不將財政困難問題先行解決，則準備軍實，在在均無從著手。值此國難眉前，無論如何茹苦含辛，本不敢經向中央瀆陳，致煩聰聽。乃因日軍大舉攻熱消息久矣，甚囂塵上，近更屢次挑釁，其圖謀之心較前益愈。以無餉無械之飢軍，驅之效命於疆場，一鼓雖能作氣，持久實覺大難。熱河現為平津屏障，熱如不保，平津必危。麟個人之犧牲固不足惜，其如華北大局何？籌思至再，不得不仰望中央迅撥大洋二、三百萬元為補助餉械之需，以期渡此難關，並求指示方略，俾有遵循。職責所在，難安緘默，迫切陳詞，不勝惶悚，待命之至。

熱河省政府主席湯玉麟。卅印。

002-090200-00009-008

■ 1932 年 10 月 17 日

張學良電外交部本月山海關我軍與偽警衝突經過

南京外交部羅部長鈞任兄勛鑒：

密。頃讀貴部致軍委分會齊電，注重榆防，至佩。蓋慮此次偽警與我駐軍衝突經過，係於本月東晚五時，日籍偽警十餘欲入山海關之東羅城。我哨兵閉門禁阻，另由偽警十人混入南門，打開東羅城之門鎖，將城外偽警放入，强占東羅城門樓。該處駐軍何旅長以情況未明，飭部暫時鎮靜，準備待命。詎偽警竟欲進占天下第一關，登城斃我兵士一名，何旅長當即發令對敵迎擊，將其擊退，計斃日籍偽警一名。日方駐南關之守備隊聞訊出動，何旅長即派員出城向該隊落合隊長交涉，落合明晰偽警妄動，即願居第三者地位出面調停，一面擔任阻止偽警互不開槍。次晨九時，何旅長會同日方落合隊長及憲兵等共同調查後，東羅城地方當即恢復原狀。繼由我方何旅長與日落合隊長、三浦參謀及偽警柳原隊長開始談判，其結果為：（一）事出誤會，雙方皆無責任。（二）此後偽警不得武裝入城。（三）我方死亡兵士一名由彼方償洋一千元，死亡偽警一名以落合隊長再三婉達之故，我方允其所請償洋三千元，皆經分別照辦，歸於了結。以上係此事經過之大概，惟此事造端甚微，衝突之際雙方互有死亡，事後即經全復原狀。日方落合隊長於約束偽警、息止事端態度頗屬誠懇，且堅請我方勿為發表。我軍何旅長就近考察，以落合駐榆尚稱相安，且允我方決不發表並不報告，以保體面，並由谷聯隊長請客聯歡，以表歉意。職乃勉允加蓋私人便章，日方署名者為第八師團第五聯隊長子爵谷儀一，職與彼方交涉則僅以第九旅旅長名義。當念此事並無任何合法手續之簽定，出名者亦僅職一人，並因雙方約定不發表亦不報告，用以作為局部之解決，故職未將以上條件即時報告，冀以避免將職旅防區局部問題轉移鈞座，更復牽及全局。雖言今日方在國聯發表是由我方抗議而起，但亦顯然違背約言。此次變生倉卒，職權衡輕重，不得已而出此。如另有具體辦法，可處分職一人。而將上項私人所定不合法之條件取消，祇求有補於國，一切均不憚犧牲。再職迭奉鈞令，堅決抵抗，不稍退讓，故雖屢受壓迫，而長城外二里店之駐軍迄未稍動，北戴河海洋鎮之駐軍均已困束調集，事實具在，日人所傳接受不准增兵之言，顯屬故意造謠，意在挑撥。謹據實上陳，敬乞鈞裁等情。特此奉復。

張學良。篠子廳機。

《中日外交史料叢編》第三編《日軍侵犯上海與進攻華北》，頁99。

■ 1932 年 10 月 30 日

何遂電蔣中正日進窺熱邊情形似擬侵入開魯北票及湯玉麟在瀋財已被沒收其已派李蘇圃赴溪面陳等

21 年 10 月 30 日

自□□發

號次：12982

漢口蔣委員長鈞鑒：

密。日對熱邊進窺甚急，鄭家屯有日騎兵一旅，四平街有日騎兵一旅、步兵一旅，通遼有蒙兵著日軍服者二千人，似擬對開魯方面侵入；錦州有日兵一師，似擬由北票方面侵入。湯主席在瀋財產已全被沒收，湯現極傾向中央，已派親信之李蘇圃廳長赴溪面陳，已經電達參謀本部，前派李少將明赴熱。湯之變更態度，得黎之力頗多，黎現已知之甚詳。鈞座如召其赴溪面陳，不僅熱邊情況可以詳晰，即將來對於東北計畫，亦可呈請採擇也。

職何遂叩。陷印。

002-090200-00009-010

■ 1932 年 12 月 25 日

蔣中正電張學良日軍北犯侵熱河其期不遠已密備六個師隨時可運輸北援

限即到。北平張主任漢卿兄勛鑒：

中本日到滬，明轉杭檢閱空軍，倭寇北犯侵熱，其期不遠。此間自中回京後，已積極籌備增援，期共存亡，並已密備六個師隨時可運輸北援。糧秣彈藥，中到滬亦已備辦。甚望吾兄照預定計畫火速布置，勿稍猶豫。今日之事，惟有決戰可以挽救民心，雖敗猶可圖存。否則，必為民族千古之罪人。請兄急起，如何？盼復。

中正。〇〇。有酉行。

002-020200-00016-019

■ 1933 年 1 月 2 日

張學良電蔣中正榆關衝突如能緩和俾我各部迅速集結則一切計畫得以完成

22 1 2

北平

179

限一小時到。奉化、溪口、杭州蔣委員長鈞鑒：

劃密，務請密譯。冬丑電計呈鈞閱。頃得榆關電話報告：本早十時後，日軍約百餘人企圖爬入榆關城內，經我守兵抵禦，已發生衝突等情。現時情況如何，尚未能完全明瞭，須待續接報告。但據報除此百餘爬城之旅軍外，並無後續大部模樣。依良判斷：日軍此舉並非即欲作真面目之戰鬥，仍為藉此對我方軍事部署加以探試，並以妨害我軍事計畫之進行。現當我方軍事部署均在集中行動中，依據以上判斷，良意此時如能設法對榆關事件謀一緩和延宕辦法，俾我各部隊迅速集結，則一切計畫得以完成。否則，布置未畢，全部策畫必將受其牽累，適中日人奸計。鈞座計出萬全，對此想有成竹，尚乞裁奪密示。此事無論如何，務請鈞座特別守密。因各方不明內情，每因一時衝動，群起發言，不惟於事無裨，消息一露，軍事全局必將受其影響。良非有何顧慮，實為謀軍事全盤計畫得以貫徹，以期我軍處有利地位。如日方不顧一切悍然來犯，緩敵之謀無效，則我亦不得不盡其全力以與周旋。良決無絲毫猶豫，務乞鈞座迅示機宜，並乞迅飭啟予所部火速出動，其他軍隊速行集結。同時對於軍實補充各項，更乞速籌辦理為禱。如何？敬候密示。

張學良叩。冬申廳機印。

002-020200-00016-025-003a~005a

■ 1933 年 1 月 2 日

張學良電蔣中正榆關車站到日兵車三列占據南關車站及李家溝等處

22 1 3

北平

180

限即刻到。奉化、溪口、杭州探呈蔣委員長鈞鑒：

密。頃據駐榆關石團長下午六時卅分電報「冬午，日兵車三列到榆關車站，步兵三千餘人，大砲廿餘門，日機八架，鐵甲車三列，占據南關車站及李家溝、五眼城、吳？〔家〕嶺之線，對山海關肆意轟炸，復加飛機編隊爆擊。因之，城上陣地、城樓均被破壞，市民傷亡甚眾。敵人並利用木梯爬城。職團官兵奮勇異常，均用大刀、手榴彈與敵格鬥，前赴後繼，沉著應戰，敵卒不得逞。刻下職團官兵傷亡卅餘名，現仍與敵戰鬥中」等情。謹電奉聞。

張學良叩。冬亥廳機印。

002-020200-00016-026-003a

■ 1933 年 1 月 3 日

蔣中正電張學良我軍速入熱河計畫萬不可變為緩寇計不妨相機應付

北平張主任漢卿兄勛鑒：

冬、申亥各電均悉。無論倭寇行動如何變化，我軍速入熱河計畫，萬不可稍有變更。只要能達成此任務，則為緩寇計，不妨相機應付。但寇計極狡，如果有何條件，務須預商中央為要。至商部調動與接濟籌備，弟當負責，請勿念。派往熱河各部現在行程，請詳復。萬勿為此次榆關擾亂，而又使入熱各部緩進，以中倭寇狡計。弟本日赴杭，即回京。

中正。〇〇。江午行。

002-020200-00016-027

■ 1933 年 1 月 3 日

張學良電蔣中正日軍在榆關發動事件並提四條件我方堅拒現正對峙中

22 1 3

北平

204

限即刻到。上海探呈蔣委員長鈞鑒：

密。榆關事件迭經電陳，計蒙垂察。頃接何柱國旅長冬亥電，備述更較詳盡，其文曰：「東夜，日軍於發動事前，先由憲兵隊自將其室門炸毀，並在他處投彈數枚，同時偽國警察亦在其駐地附近發槍射擊。職當派陳祕書向日方詰詢真相。彼答以不詳，並囑我方調查，復提出為避免萬一衝突時，令我方居民避難，限五十分鐘答覆。十二時許，日方提出條件四項：（1）南關歸日方警戒。（2）撤退南關駐軍。（3）撤退南關警察及保安隊。（4）撤退城上守兵，限即時答覆，否則開始攻擊。其後要求開放南門，將南面城牆歸日軍警築〔戒〕。我方堅決拒絕，當即按原定計畫配置部隊。此時，敵復將我南關外警察繳械，並將馬分局長監視，雙方當陷於對峙狀態中。二日午前八時許，敵方由前衛開來兵車三列，步、砲約三千餘名，另由前先開來甲車一列，位置臨榆車站，於十時許，向我開始轟擊，並以飛機向城內投擲炸彈。我方為自衛計，當即還擊，至現時止，敵發砲約三百餘發，投彈約十餘枚，雙方互有傷亡，正在對峙中」等情。謹聞。

張學良。江申廳機印。

002-020200-00016-029-003a~004a

■ 1933年1月3日

蔣作賓電蔣中正日本因中俄復交我決議抗日國聯開會期近等故即奪榆關

22年1月4日

自東京發

號次：212

南京蔣總司令：

密。親譯。日軍部久欲驅張，使反動分子在華北另組政府，因欲與我公提攜，遲遲未發。近因中俄復交，三全會提議全國長期抗日，我公又無意出而負責，其對華感情日形惡化，著著準備內犯。荒木、松井等雖欲先用政治手腕，促我公與之妥協，而在滿軍人則以荒木等計畫尚嫌過遲，現又值國聯開會期近，故即奪取榆關，壓迫平津，使熱河歸其掌握。現兩方既開火，勢將擴大。昨日荒木等雖表示不甚重視，而亦不欲制止。倘我國應付不得其宜，平津一亂，華北政府真將出現，國事益危。務望我公起負全責，速組健全政府，確定方針，或戰或和，當機立斷，非徒呼外援所能免難，亦非空言抗日所能濟事。一髮千鈞，稍縱即逝。尊意如何？前方狀況如何？盼密示。

賓。江印。

002-020200-00016-030-003a~004a

■ 1933 年 1 月 4 日
張學良電外交部報告榆關戰鬥情形

限即刻到。上海宋院長子文兄、南京何部長敬之兄、羅部長鈞任兄勛鑒：

密。榆關戰鬥情形迭經電陳，計邀鑒察。頃據何旅長柱國江戌電稱：（一）據榆關守城石團長報告，敵於本日上午十時許，以飛行機向臨榆城內作大規模之爆擊，並聯絡甲車、山野重砲連合之砲兵及海面砲艦，向我城內猛烈射擊，攻擊點為南門附近，致城內外起火，破壞甚鉅。同時敵之唐克車又在其砲火掩護之下，向我南門猛攻。我軍官兵奮不顧身，竭力抵抗，至下午三時許，將我南門衝破，我軍卒因武器懸殊，我方工事均被破壞，城牆亦多處被毀，並於地形上受制於人，及兵力薄弱種種關係，致傷亡奇重，守南門之安營長以下幾全部身殉。全團官兵傷亡半數以上，不得已暫行退集安民寨附近從事收容。（二）是役，彼我兩軍戰鬥之激烈，為歷次戰役以來所未有。無線電已損失，其他槍械損失情形查明續報。（三）我軍現在位置於榆關城西疙疸嶺古城、向河寨之線。其前進部隊在南北孟店及五里台曾與敵部隊激烈衝突，毫未位搖等情。除仍飭盡力抗禦，同時趕速調集隊伍以便應戰外，特電奉聞。尚望指示一切為盼。

張學良。支丑廳機。

《中日外交史料叢編》第三編《日軍侵犯上海與進攻華北》，頁110。

■ 1933 年 1 月 4 日

蔣中正電張學良榆關失日軍必攻取平津我方務迅處置兄與軍分會應即遷保定或張家口並與各使館交涉聲明北平駐軍他移

發電號次：187

收電人姓名：張漢卿

二十二年一月四日發

北平張主任漢卿兄勛鑒：

支丑電悉。密。榆城既失，情勢愈重，不可以尋常視之。此後倭必以真面目攻取平津，我方不能不迅下決心，從速處置。如倭攻平津，則其必先以兄為目的物；東交民巷之倭軍，隨時可橫行於城內，而危及我兄之安全也。我軍既決心抵抗，則最高司令部與指揮官應先定安全之地，俾前方將士不致顧慮。以弟之意，軍分會與兄本人應即遷保定或張家口，一與各公使館交涉，聲明北平駐軍他移，以北平為文化區，不願與倭軍在北平衝突，並望各國互尊條約，保持平津之和平。但此事應極慎重出之，必先使各公使運動成熟，並對前方各軍說明利害，勿使搖動。否則，當此人心浮動之時，易致誤會而招崩潰，尤為中外所譏評也。何如，請核奪，詳復。

中〇叩〇。豪戌行。

002-090200-00013-378

■ 1933 年 1 月 4 日

楊宣誠電參謀本部報告日陸軍部發表談話謂此後當視我國行動如何再定對付辦法等

南京參謀本部總、次長鈞鑒：

（一）日陸軍部發表談話謂，此後當視我國行動如何，再定對付辦法，在可能範圍以內，務期防止事件之擴大。（二）日海軍部令佐世保之巡洋艦一隻待命出發。（三）榆關戰事，日方死中尉三人、少尉一人，准尉士官以下傷五、六十人，謹聞。

楊宣誠叩。四日。

《中日外交史料叢編》第三編《日軍侵犯上海與進攻華北》，頁112。

■ 1933 年 1 月 7 日

何應欽代電附善後會談經過

二十二年一月七日，日本關東軍參謀副長岡村、高級參謀喜多、偕同日使館中山參贊、柴山武官、根本武官、天津駐屯軍參謀長菊池來訪黃委員長及何代委員長。晤面後，日方提出日本參謀本部所擬關於北支善後交涉之商定草案一件，會談之先，據稱此事目的在調整兩國關係，俾中國戰區內得以充分整理，且限制日方浪人及中國方面不逞分子，免在大連、天津等處乘機擾亂，措辭備極委曲而實極嚴重。當由黃、何兩委員長向日方表示，在事實及法理上不涉及容認偽國之原則下，可酌量商談，同時並電呈中央請示應付方針。旋即遵照中央指示之方針，（一、不簽字不換文。二、應聲明此事為《塘沽協定》未了事件之一部，絕無承認偽國之意。）由黃、何兩委員長督同殷同、陶尚銘等研究應付方案。並窮三日之力，與日方往返磋磨，句斟字酌，結果，在無背我方根本原則之下，商定會談式之紀錄，題為「關於停戰協定善後處理之會談事項」，並無簽字或換文，亦毫無承認偽國之嫌。

會談紀錄原文如次：

三十一日午後懇談會紀錄。

出席：同前

時間：午後二時

地點：同前

（一）、午後二時兩方代表入席。

（二）、熊代表提出節略第一項（如附紙第一）。此項雙方辯論至三時許，提議休息，最後雙方之案（如附紙第二），雙方認為接近，即照日方之案通過。

（三）、午後三時二十分再入席，雙方蓋印於覺書上。再日方有希望四點聲明，不用覺書之形式，另行文件送達（如附紙第三）。

（四）、午後三時雙方代表致詞（如附紙第四，並用香檳後，在庭園攝影。

（五）、四時十分我方代表退出。

附紙第一：

協定節略

停戰協定已經雙方簽訂，為恢復東亞和平計，自應確實履行，但有應注意者如左：

（一）、中、日兩方履行協定第三、第四兩項後，該區域內萬一發見有妨礙治安之武力組織團體，非警力所能制止者，得依臨時與貴軍方面之協商為必要之處置。

（二）、中國軍當然依協定第一項無挑戰擾亂行為，希望日本軍對於有刺激中國人民感情之一切行動亦竭力避免。

（三）、中國軍隊已退至本協定第一項之遠後方者，依本協定之規定，略有移動時，希望日本軍勿生誤會。

附紙第二之一：

熊：節略第一項為敝國最感痛苦之事，不能不開陳於貴代表之前，並希望貴代表慨予接受。

岡：貴代表所提節略第一項，敝方認為重要，但敝代表之判斷，撤兵地區內，匪類之出沒，用警察之力足可處置，絕不致有有力之武力組織存在。

熊：如丁强等即其一例。如吾方以武力處置，恐引起貴方誤會，故應先聲明。

岡：丁强之部隊內不少曾與日軍作戰過之分子，日、滿二方均難收容。依敝人之見，請貴方收編為最妙。如貴方能照辦，敝方願盡推挽之力。

熊：丁强所部之處置能否如貴代表所示，尚須請示當局。但敝人以為協定成後華北軍隊過剩，且該部之紀律不佳，當局亦未必願意收編，況反動之組織尚有較丁部强大者，如進入該地區內，恐將促成中、日兩方之誤會。

岡：貴方警察當然應有相當力量，即有稍大武力之組織，若係正式軍隊，則依本協定第一項所示，凡有進入該區域內者，無論是否何委員長所部，敝方均可認為違反協定，取適當之處置。

熊：為適合協定第一項計，茲將「中國軍隊」改為「中國方面」如何？

岡：如不與日軍商量而中國隨意處置，仍恐易生誤會。

熊：「中國軍隊……」以下更改如左：「得依臨時與貴軍方面之協商，中國方面為必要之處置。」

岡：「如於協商」之下再添「得其諒解」為善。

熊：可以增加。

喜多：此條不妥，不能中國一方處置，日本亦應保有處置之自由。

岡：是……。

熊代表意以為中國如保有自由處置該區域以內匪類討伐之權，則協定第一項即成具文，故不惜遷就岡村之意見。不幸於將得勝利之際，為喜多一語所顛覆。此時雙方辯論已一時餘，我方堅欲自由處置，而日方堅持須雙方同行處置，各不相下，乃不得已而請暫行休息。休息之間，我方代表集一室討論，僉以節略第一條固認為最重要，但協定已簽字，自不能因此條而推翻。況岡村之語中，並未限制我警察之數量及組織，即默認我於該地區內可有强大之警察力，則所爭執者已不成問題。但為限制彼方退至長城以後隨意進出計，以兩方協商以後再行處置於我亦屬有益，乃決定如次：

（一）、中、日兩國履行協定第三、四兩項後，該區域內如發見有妨害治安之武力組織團體，非警力所能制止者，經協商後再取必要之處置，同時日方亦提出一案如下：

一、萬一中間地域有妨礙治安之武力團體發生，而以警察力不能鎮壓時，雙方協議之後再行處置。

我方認為與我所提之案原則相似。但「中間地域」因我主權所在，且恐外界誤解為「中立地帶」、「緩衝地域」等，故請改為「撤兵地域」。

日方亦同意，僅此條用覺書之形勢〔式〕以成文表示，餘二條則岡村代表口頭認諾。

覺書如左：

附紙第二之二：

覺書譯文

萬一撤兵地域有妨礙治安之武力團體發生，而以警察力不能鎮壓之時，雙方協議之後，再行處置。

昭和八年五月三十一日

關東軍代表 岡村寧次印

中國軍代表 熊　　斌印

附紙第三譯文：

懇談之際，關東軍代表希望事項：

（一）、豐寧西南方大黃旂一帶有騎兵第二師進入，應即撤退至限制線以南。

熊答：調查之後即行處置。

（二）、北平、天津一帶之中國軍不下四十師，速將此等軍隊他移。尤以刺激日本方面之中央軍應移往南方。

熊答：日軍撤退，則吾方絕不能於如此狹隘之處，集合如此大軍，自然有適當之處置。

（三）、白河河口之防備實違背案約，速即撤去以示誠意。

熊答：協定實行後即無問題。

（四）、取締排日不在協定範圍之內，但此問題實為中、日爭執之源，希望華北當局速結第二次協定，厲行取締以示誠意。

熊答：本職軍人，不能直接處置，當代轉達。

《中日外交史料叢編》第三編《日軍侵犯上海與進攻華北》，頁179-184。

■ 1933 年 1 月 8 日

軍事委員會北平分會致日本天津軍司令官代電

逕覆者，關於山海關方面發生事件一案，接准貴隊長本年一月二日來文轉達貴國駐天津軍司令官通告一件，業已閱悉。查此案我方接到負責各方之報告，與來文開列情節迥不相符。據我方報稱：一月一日晚九點三十分左右，山海關南關有日本便衣隊突向城門放槍，有頃車站日兵擲一炸彈，同時偽國警察放槍十數響，日憲兵隊亦放槍數響。槍聲停止後，我方警備司令部派外事科主任前往查問，據稱華方先開槍，日方始還擊，並指憲兵隊所著彈痕數處為證，更要求居民退避，限五十分鐘答覆。嗣復要求撤退南關守衛兵等條件，限即時答覆。其後並要求開放南門，將南面城牆歸日軍警戒，經我方拒絕，未有結果。迨至二日午前十時左右，日方開到鐵甲車二列，向山海關城內開砲，並有一、二百人用木梯十餘架爬城，我方為自衛計，不得已開槍擊退。至十二時頃，日方又開到兵車三列，約計三千餘人、砲二十餘門列在山海關外五眼城至車站之線，正式向城內攻擊，午後三時又有轟炸機六架任意向城內投彈，居民死傷甚多，我軍共計傷亡三十餘人等語。基於上述事實，此次發生事件實因貴方先行開槍所致。我方既派員查問，貴方自應依交涉正軌商決一切，今竟冒然肆行攻擊，顯係為預定計畫，故此事責任當然由貴方負之，且我方維護華北各地中外居民之安全，殫精竭慮，惟力是視。乃不意貴方竟又發生前項舉動，其結果足使我方不能達到維護中外居民安全之素願，深為遺憾。再嗣後如再遇此類事件，請逕向敝國中央政府接洽辦理，上述各節係屬張代委員長之意，奉諭轉復，相應復請查照轉達貴國駐天津軍司令官為荷。此致日本駐平步兵隊長粟飯原。

國民政府軍事委員會北平分會辦公廳外事組組長沈祖同啟

《中日外交史料叢編》第三編《日軍侵犯上海與進攻華北》，頁105-106。

■ 1933年1月10日

蔣作賓電蔣中正據報在滿日軍料不致引起世界戰爭決定積極侵略欲騷擾熱河等以維持滿洲國財政等相關情報及蔣中正回電注意日國內部隊調動情形

22 1 10

東京

1125

南京蔣總司令 7882：

密。據密報，在滿日軍料定三四年內不至惹起世界戰爭，決定積極侵略，縱將來各國不容再行讓步，亦為得計。現在偽國財政困難，故急取熱，兼收鴉片，聊充軍費。板垣赴津浦，欲求駐津軍協助擾亂平津，另成政府。荒木等態度稍緩，故特派梅津赴津協商。倘中國真行抵抗，或可稍斂其鋒，國內將生若干變化。然彼終必增派陸、海軍擾及青島、長江，以維持軍部意見。如南京願與交涉，不問遼案，尚可談援助本部統一，並結相當有利中國之約。否則，另覓他派，扶助其掌中央政權。聞陳中孚代表敵方，偕山田純三郎來日，即商此事。至對國聯不退出，亦不照行。又日外部欲以無條件與俄結不侵犯通商約，軍部仍堅持以承認偽國為交換，近且暗助白俄在西北利亞謀獨立，以示恫嚇云。

賓。蒸印。

發電號次：243

收電人姓名：蔣作賓

發電韻目：真機

東京。蔣公使鑒：

蒸電悉〈〉。密。日國內部隊調動情形，請時刻注意密報。

中〇。真機印。

002-090200-00004-355

■ 1933 年 1 月 17 日

張學良電蔣中正熱邊情況日急請迅調中央軍晉軍開往熱東以備萬一

1 17

北平

1374

限即到。南京蔣委員長鈞鑒：

劃密。請飭密譯。迭據各方探報，熱邊情況日趨緊急，證以最近日軍進向該處之積極活動，大有箭在弦上、一觸即發之勢。我方入熱部隊，只東北軍四旅。現已調沈克部趕速前往，俾資援助。但其防線均在淩源、凌南一帶，大都偏於南部。至東部開魯、赤峰一帶，則全由吉江退回之雜軍、義勇軍、熱軍一部防守；而各軍雜處，意見分歧，統率無人，所有一切布置亦未能臻於鞏固。日軍倘由各處乘虛進攻，則前途變化，洵屬在在可慮。現正調孫魁元部開往熱北，並擬派張委員作相即日前往，統屬馮占海所部作為中心勢力，並聯絡其他各部一體防禦。惟該處情形極為複雜，倉卒整理，亦難期其於事有濟。良為未雨綢繆，力圖周密計，擬請迅賜電調中央軍及晉軍，即日開赴熱東一帶，以增實力，而備萬一。否則戰端一起，深恐局部稍有不支，全局大受影響。事機迫切，間不容髮。職部軍隊實不足分配，熱邊之戰，恐即在目前，萬乞迅賜裁奪，即日實行，不勝企禱之至。

張學良叩。篠丑廳機印。

002-020200-00016-044-003a~004a

■ 1933 年 1 月 18 日

何遂電蔣中正等報告日軍增兵山海關情形

南京軍委會林主任轉呈蔣委員長、外交部羅部長鈞鑒：密。據何柱國由海洋鎮電稱：近日來敵軍有向山海關增兵模樣，並有一部騎兵附砲若干向九門口移動。張海鵬部約兩旅，現在錦義一帶活動。敵第四旅團長鈴木在榆關城內商會演說，大意謂山海關將來作為中立地，日軍退至綏中、前所一帶，正在向華方交涉中，並謂山海關所存彈藥甚充足，可支若干年戰鬥云云。又據報：日軍進城內姦淫擄掠，無所不為，中國警察廿餘名全被日軍機槍射死，其狀至慘云。謹聞。

何遂叩。巧（十八）午。

《中日外交史料叢編》第三編《日軍侵犯上海與進攻華北》，頁114。

■ 1933年1月20日

湯玉麟電蔣中正林森何應欽入熱各軍人數馬匹及散布情形既無統一指揮又乏糧草若不早為預籌恐有人飢馬疲之患及日節節進逼分路圖熱請示解決方針等

22年1月20日
自熱河發
號次：1583
急。南京林主席、蔣委員長、軍政部長何鈞鑒：
誠密。榆關失陷，熱事緊張，抗敵禦侮，宜權緩急，有目前所急宜預籌，不能不仰陳鈞聽者，僅略陳之。查遼、吉、黑三省義勇軍先後退入熱境前，曾隨時電稟，並請設法救濟在案。茲經詳細調查，計吉軍馮占海部四萬餘人、馬三萬餘匹，黑軍李海青部兩萬餘人、馬萬餘匹，郭斌山部四千餘人、馬兩百餘匹，鄧文檀自新部六千餘人、馬四千餘匹，而遼軍唐聚五部及其他隊亦散駐熱邊者亦不下兩萬餘人。以上人數約在十萬以上，馬五、六萬匹，此大略也。查九一八事變之時，散駐吉、黑兩省軍隊尚有十六旅之多，雖先後起義，因無統一指揮，結果均歸失敗。故此等義勇軍表面上似係民眾，其實非東北軍人，即各處土匪，若不設法收實，速定整個計畫，則形同野馬，聽其自來自往於窮鄉僻壤之間，一旦大敵當前，非但無濟事實，且恐發生他故，牽動全局。況此項義軍散布於開闢、綏建、林赤各縣，糧草早經告罄，飢民、飢軍相激相迫，其後患更有不可□者。再加以（張委員長）直轄部隊已到四旅，約計四萬餘人，熱省原有部隊三萬餘人，統盤合計人數約在二十萬之譜，馬八、九萬匹。熱省山多地少，素稱貧瘠，上年雨水失調，年景又復歉收，總〔縱〕無此項軍隊，民貧已虞不給，今突增人馬如許之多，若不早為預籌，口外交通不便，山嶺崎嶇，萬一臨時趕辦不及，則正式軍隊亦恐有人飢馬疲之患，此應請迅賜裁奪者一也。九一八事變，三省淪陷一年有餘，初則不事抵抗，是否曲直，付之國聯，乃調查團甫經來華，而滬濱發生戰事，今國聯開會在即，又榆關事變又復相繼而來，全國上下大聲疾呼，不外以抵抗相號召。夫抵抗者，彼來而抵之抗之之謂也，彼不來即無須乎抵，更無所謂抗。今榆關陷失，九門口失矣，萬一節節進逼，不知所謂抵抗者至若何程度？於抵抗之外，更有何解決之方針？現聞分路圍熱，迫在眉睫，玉麟早逾花甲，復何所謂。惟眷念前途有不能已於言者，謹貢一得之愚，伏候明訓，請迅賜指示者又一也。迫切陳詞，伏維鑒察。

湯玉麟叩。號印。

002-090200-00009-070

■ 1933 年 2 月 7 日

張學良電外交部報告日軍增兵山海關情形

南京羅部長鈞任兄勛鑒：

密。據何司令柱國江支微各電報稱：（1）江午由東到榆票車載日兵卅餘，下車抓夫赴三道關。（2）江日又有日兵百餘到榆駐兩級學校，此外西門裏張屯駐有日兵五十，穆家胡同駐廿餘，田氏中學駐廿餘，東羅城駐六十。（3）據百姓云：日方確有增兵榆關消息。支江日起關外票車已不通榆關，係為運兵至榆之故。迄微日票車仍停途中。（4）日兵營周圍樹上，掛有煤油桶之照明設備多處。（5）支午由東到榆日兵五、六十名入城，同時城內日兵四、五十原車東去。（6）據當地百姓云：榆城東五眼城一帶，敵構工事。萬家屯一帶亦然。（7）支日，榆城內見有白俄數人，皆著日軍服。（8）支日到榆之日兵百餘，當晚十一時徒步赴九門口。其田氏中學、木家胡同等處所駐日兵百餘亦於微日赴九門口。（9）聞義軍在九門口與日軍戰鬥，微早九時日傷兵六、七人運至榆關。（10）微日，日兵數名監視華人四十餘，在西關拱宸門構築工事。（11）榆關車站電燈於微晚八時全熄兩小時餘，用意未明。（12）響水及秦皇島情況連日無變化各等語。

弟張學良。陽廳機。

《中日外交史料叢編》第三編《日軍侵犯上海與進攻華北》，頁114-115。

■ 1933年2月9日

韓復榘電蔣中正關東廳接眾院對滿議決案以延長兵役年限擴編軍費及軍警等情及蔣中正回電悉

22 2 11

濟南

120

特急。南昌委員長蔣鈞鑒：

報告。密。據曹師長福林轉據大連偵探報告：「（1）日板垣少將於支日乘飛機赴東京參與軍事會議。（2）關東廳接支日眾議院對滿議決案：『（甲）延長現役兵在營年限，並增加徵進幼年兵。（乙）擴張戰事隊為戰車隊，改編費一千萬元。（丙）增加軍事費。（丁）擴編軍事警察。』（3）自九一八迄今，傷亡數目超過日俄戰役」等語。謹聞。

職韓復榘叩。佳戌參印。

主任錢代　二月十三日

復山東韓主席

擬稿：周煒方

濟南。韓主席向方兄勛鑒：

佳戌參電悉。

蔣中正。元午行廳

002-090200-00013-320-002a~003a

■ 1933 年 3 月 1 日

張學良電外交部報告日軍將於三月間大舉攻熱等情

羅部長鈞任兄勛鑒：

密據天津于總指揮學忠感電稱：（一）梗未有日便衣隊十二名帶電器材料由沽去津。（二）敬巳有日武裝官兵三十二名（內有一似高級官）、機槍六架由津來沽。（三）塘沽日兵營工作甚忙，在碼頭東側增築沙袋掩體，營房西側電機房窗戶用鐵板封閉，營院內掘有多數土坑，上敷竹片，更上敷土，並有一鐵絲露出。（四）日一一五號商船載多數槍械行將運津。又據臨榆何軍長柱國感電稱：寢感兩日秦皇島均來日商船，卸下給養及軍用物品外，並有便衣五六十名登岸去日兵營。又據何軍長儉電稱：（一）探悉日軍將於三月間大舉攻熱，其兵力部署以日軍五個師團共分三路，一為開魯方面，以日軍兩個師團為主力，以偽軍張海鵬部及偽靖安隊第一軍為前鋒。二為朝陽、凌南方面，以日軍兩個師團為主力，以偽軍程國瑞部及偽靖安隊第二軍為前鋒。三為山海關方面，以日軍一個師團，並加偽軍李際春部隊，同時海軍在秦皇山停泊，相機動作，必要時仍有增加五個師團之意。（二）將派漢奸任葆才、馬龍驤等為領袖，密秘〔祕密〕由海道來平、津，招集無知流氓擾亂後方治安，牽制我兵力。（三）本月中旬計有日兵車十三、四列由安奉線轉通遼。梗日，南滿站停有彈藥車一列，並有重炮卅餘門，車上書有第十二師團彈藥糧秣車等字樣。（四）瀋陽現有日機陸拾餘架，兵工廠有華工三千餘名，晝夜趕造彈藥各等語。特聞。

弟張學良。東未廳機。

《中日外交史料叢編》第三編《日軍侵犯上海與進攻華北》，頁119-120。

■ 1933 年 3 月 2 日

蔣作賓電外交部稱據日軍部高級長官荒木柳川等擬一面以政治手腕迫令熱河附滿一面極力準備攻擊如不達目的即先取山海關壓迫平津等

南京外交部：

呈閱。據日方消息，軍部高級長官荒木、柳川等本擬一面以政治手腕迫令熱河附滿，一面極力準備攻擊，如不達目的，即先取山海關壓迫平、津，使熱河歸其掌握。此種計畫在滿軍人尚覺遲緩，加以近來中、俄復交，三中全會提議全國抗日，國際聯盟又將開會，故彼等愈形激昂，即時藉隙開釁，以示絕不受國際聯盟制裁，並可造出第二局面轉移視線。現中、日兩軍既已開火，恐荒木等亦不欲制止，形勢更將擴大云。

賓。三日二號。

《中日外交史料叢編》第三編《日軍侵犯上海與進攻華北》，頁156。

■ 1933 年 3 月 4 日

張學良電外交部覓得日軍侵熱計畫規圖一紙並報告其要旨

羅部長鈞任兄勛鑒：

密。親譯。據臨榆何軍長柱國參電稱，現經設法覓得日軍侵熱計畫規圖一紙，內容如下：（一）日軍攻熱計畫定期一個月完成，由二月有（二十五日）起攻擊準備完了，分三個時期：寢日開始攻擊，儉日總攻，佔領開魯、朝陽、凌南之線。（二）佔領赤峯、凌源、喜峰口之線。（三）進佔承德以西至古北口之線。（四）兵力計第八第六兩師團、步第十四混成旅團，又一聯隊騎兵、第三第四兩旅團外，加程、丁、劉等逆軍，共約十萬人，並配屬飛機六十架、裝甲汽車百餘輛。（五）配備：（1）由山海關至白石咀邊門以北，為第十四混成旅團，梨樹溝門為丁强、李際春部，此方面取佯攻動作，隨戰況之進展，經乾溝鎮、都山至冷口、界嶺口、院口之線。（2）新臺門至清河門間，以第八師團廠門為逆軍程國瑞部，目標為阜新、下窪。（3）

新立屯至開魯東南之間為第六師團，其目標綏東延平，會合於承德。（4）開魯方面，為騎兵旅團，是否茂木部隊未明，目標經赤峯至熱西邊境。魯北方面，為逆軍劉桂濤部，目標經林東、林西北邊境。（5）偽奉山路各站軍空虛，僅有少數之留守兵士。榆關兵力約一大隊，主要以海軍威脅之。（6）張海鵬為洮遼警備區司令，駐通遼，于芷山為奉山警備區司令，駐臺安等語，特聞。

弟張學良。支（四日）五廳機。

《中日外交史料叢編》第三編《日軍侵犯上海與進攻華北》，頁156-157。

■ 1933年3月5日

冀平津等黨部電軍事委員會等稱日侵熱河守軍守土無方請將將領湯玉麟等嚴緝法辦以振綱紀士氣而儆效尤

22年3月5日

自北平發

號次：2491

南京中央執行委員會鈞鑒；軍事委員會、北平軍事委員分會勛鑒：

此次倭軍寇熱，曾不須旬，迭陷各城，省會隨棄。倭方以汽車十一輛載兵百餘，從容開入承德，此種戰事開古今中外未有之奇聞，較諸九一八瀋陽之變，罪且倍蓰，雖萬死不足以蔽其辜，民眾頓足，外人扼腕。若不將守土將領嚴緝法辦，不特為綱紀墜地，且何以作士氣而儆效尤。查此次防熱將領湯玉麟、張作相、萬福麟等並不力戰，均於事前逃竄，致使倭寇來侵，如入無人之境。應請鈞會迅即通令全國文武機關，將湯玉麟、張作相、萬福麟等一體截拿，明正典刑，以謝天下，此後乃有作戰之可言，否則影響所及，誠有不忍言者。臨電迫切，感憤之至。

冀平津遼吉黑哈熱察綏北寧平綏等黨部同叩。歌印。

002-090200-00007-043

■ 1933 年 3 月 5 日

張學良電蔣中正我軍各部隊於凌源損失至重且因居民嘩變致使日軍進占承德現已對戰局緊急處置期圖挽回頹勢

22 3 5

北平

2295

限即刻到。南昌蔣委員長鈞鑒：

漢密。連日凌源方面戰鬥至為激烈，我丁、孫、于、王各師犧牲至重，敵人屢退屢進，傷亡極眾。迄現時止，我沈、繆兩師仍在乾溝、喇麻洞等處與敵對峙，正圖伺機反攻，而承德方面忽生變化，張總司令作相於昨日由承德率部撤退古北口。頃得探報，今早十一時，有敵軍一部裝甲汽車自我軍空隙衝入，進迫承德。因當地人民叛變迎敵，湯主席被迫退出，承德遂陷敵人。自事前迄今，未接湯主席報告。湯主席現在何地，亦無確息，電報不通，情況不明。良焦急萬分，現已決定緊急處置，期圖挽回頹勢。謹電稟聞，餘容續報。

張學良叩。歌丑廳機印。

002-090200-00007-259

■ 1933 年 3 月 5 日

何應欽電軍事委員會稱熱河省主席湯玉麟無端棄守承德致使日軍輕易入城請即將湯褫職並由監察院軍委會澈查懲處

22 年3 月6 日

自北平發

號次：□98

急。南京國民政府行政院、軍事委員會鈞鑒：

日軍犯熱，舉國共憤。數日以來電朝陽、開魯，因地形之突出，致被攻陷，而萬方將士矢志抗拒，仍不稍怯。乃職本日抵平，即聞熱河主席兼第三軍團長湯玉麟已於江曉晚，當前方正在激戰、承德毫未被攻之際，率隊西進，輕將承德委棄。不特牽動戰局，抑且貽羞國際，如不立予嚴處，將何以肅紀律而振軍心？乞即明令將湯褫職，嚴加查辦，並請由監察院會同軍委會派員澈查，以憑懲處，藉明賞罰而利戎機，如何？伏候核示施行。

職何應欽叩。歌戌印。

002-090200-00007-044

■ 1933 年 3 月 6 日

蔣中正電楊杰轉張學良承德日軍無幾可令宋哲元萬福麟部襲取凌源平泉再以古北口部隊反攻承德

發電號次：1539

收電人姓名：楊杰

發電韻目：魚己機

廿二年三月六日發

楊委員耿光兄，轉張代委員長、何部長勛鑒：

承德雖陷，倭寇無幾，如果誠意報國，則挽回頹勢並不為難。此時惟〔唯〕一戰略，以宋部與萬部全力出冷口，襲取凌源、平泉，以古北口各部反攻承德，則必得策。否則時機一失，稍縱即逝，不惟世界之大，無吾人立足容身之地，且為千秋萬世及民族之罪人也。中以氣候阻滯不能飛，決乘車北上，誓共生死也。何如，盼速決行示復。

中正。

002-090200-00007-261

■ 1933 年 3 月 6 日

蔣中正電林森熱河失守現已決意由贛北上部署一切

發文號次：1538

收電人姓名：林主席

發電韻目：魚己機

廿二年三月六日

林主席鈞鑒：

熱河失守，悲憤填膺。中正決由贛即日北上部署一切，餘容續呈。

中正叩。

002-090200-00007-260

■ 1933 年 3 月 10 日

蔣中正電林森等請即明令准張學良辭職所有部隊歸軍委會直接統轄

限即刻到。南京中央黨部葉楚傖先生轉林主席、政治會議、軍委會：

請即明令准張學良辭職，令尾請加幾句溫慰之語，勿使其過去擁護中央與統一之功抹煞。是否，請斟酌。准辭後，一面將北平軍事委員會分會取消，所有部隊歸軍事委員會直接統轄。

002-020200-00016-094

■ 1933 年 3 月 10 日

蔣中正電張學良其辭職後由何應欽以部長名義暫代軍事委員會北平分會委員長職權

北平張代委員長勛鑒：

劃密。別後公私交感，悽愴不堪言狀。兄行後，各機關必一如舊狀，毫不變更。惟中未到平以前，由敬之兄以部長名義暫代分會委員長職權。部隊除照兄意編配外，所有編補充團可否撥歸壽山部先行補充？昨提戒嚴司令一職無設立之必要，仍以平津衛戍司令名義行之，請屬各機關辦事人員照常辦公，勿稍更張為要。

中正叩。〇〇。灰行轅。

002-020200-00016-095

■ 1933 年 3 月 11 日

楊杰電蔣中正稱張學良赴滬後平津人心浮動此時應以戒嚴為宜宋哲元各部增援喜峰口作戰古北口防務似應由中央軍擔負等

22 年 3 月 11 日

自北平發

號次：178

限即刻到。石莊委員長蔣鈞鑒：

密。（一）漢公自保返平，即分別召見東北各級將領，自昨午一時起，直至漏夜；聞均囑以堅固東北集團，並分別餽贈錢物。將領中明大義者固多，亦有憒懣者。今晨約七時，漢公已乘機飛滬。（二）偽國及日奸以鉅金在平收買軍隊，極度活動，古北口、喜峰口進攻甚急。加漢公甫離平，人情浮動。職見以為，平津若不戒嚴，以平時法度維持，恐難消患於無形，今日平津戒嚴司令實有急行設置之必要。（三）宋哲元報告「日軍以兩旅團附偽軍，攻喜峰口甚急，志在必得；馮、張、劉師已均加入前線，戰鬥甚烈，並請令兩翼推進，以免為敵各個擊破」等語。（四）古北口王以哲旅聞漢公去訊，退至平北附近。現廿五師已增入前線，正激戰中，敬公已派第二師赴密雲。據職觀察，此後古北口防務，勢非由中央軍擔負不可，謹呈。

職楊杰叩。真酉印。

002-090200-00007-169

■ 1933 年 3 月 12 日

何應欽電朱培德稱張學良辭職事應從寬准允以免華北軍心不安兼防日軍及反動者從中挑撥影響前線及國家前途

22 年3 月12 日

自北平發

號次：a1167

特急。南京朱主任益之兄勛鑒：

欽密。極密。文晨電計蒙鑑察，華北方面充滿封建勢力，漢卿去後，軍心頗為不安，敵方及反動者又復肆意造惑，挑撥離間。中央處置漢卿辭職事，應從寬大，僅予以照准即可。如果操之過急，當此大敵當前，勢必影響前線，國家前途不堪設想。弟一人在此，必無法應付，惟有即日南旋，請代婉達右任、季陶、果夫、楚傖諸先生。如何？並盼賜示。

弟應欽叩。文酉印。

002-090200-00007-130

■ 1933 年 3 月 14 日

宋子文電蔣中正譯轉施肇基陳美方人士驚聞熱河失陷望我強烈抗日

22 年 3 月14 日

自上海發

號次：302

保定蔣總司令賜鑒：

路密。接施公使自美庚日來電，譯陳如下：「請轉陳蔣委員長。此間人士滿望吾國對日強烈抵抗，聞熱河失陷，極為震驚。基意，此時亟宜統一全國軍制，力謀改良，汰除不適宜分子，並多聘專家。此霍〔或〕純為憂國憂時，非敢批評」等語。

子文叩。寒印。

002-090200-00013-152

■ 1933 年 3 月 18 日
宋哲元電外交部稱搜獲日軍地圖內劃侵略預定標線平津濟南均在範圍之內

急。南京外交部羅部長鈞鑒：

職軍前在喜峰口激戰時，曾於砍斃日砲兵司令某身畔搜出大滿洲國地圖一幅，內劃侵略預定標線，平、津、濟南均在該圖範圍之內，由此可知其侵略野心尚不在佔據熱河為止，勢必進擾平、津，以完成其妄想中大滿洲國之計劃。除激勵將士誓死抗敵，以保疆土外，謹電稟陳，敬祈垂鑒。

職宋哲元叩。巧。

《中日外交史料叢編》第三編《日軍侵犯上海與進攻華北》，頁121。

■ 1933 年 3 月 25 日
葉蓬電蔣中正等漢滬諜報日軍因長城戰事失利將由國內調師增援及武藤信義中佐攜滬同文書院日學生八名乘船同來等

22 年3 月25 日

自武昌發

號次：2993

特急。南京軍事委員會委員長蔣、參謀本部總長蔣、軍政部部長何、次長陳：

河密。綜合漢滬諜報：「（1）據敵漢領館消息，敵因長城戰事失利，將由國內調五個師團增援。（2）佳晚乘敵商輪南陽丸回國之敵軍官武藤中佐，養申乘敵洛陽丸出申折回，並有上海同文書院敵學生八名同來。（3）敵對長江方面之指揮總機關現設上海，由粟內中主持。（4）漢奸均攜有大清銅元一枚，正口面均軋一深痕，合成十字形有暗記」各等情。除飭屬嚴密查防，仍繼續偵查密報外，謹電稟聞。

武漢警司令葉蓬。有午參印。

002-090200-00012-052

■ 1933 年 3 月 27 日

何應欽電蔣中正因楊杰謊報軍情可否派錢大鈞前往察省主持整理多倫義軍及黃紹竑將赴張家口沽源等

22 年3 月27 日

自北平發

號次：3068

南京委員長蔣鈞鑒：

有巳行電奉悉。行密。極密。多倫義軍群集，苟不設法整理，則察省將為熱河之續。耿先近在咫尺，尚謊報軍情，若使之遠赴多倫，則該方面事無從知其虛實，將不堪問矣。職意擬令慕尹前往主持整理，可否，乞示。並耿先似令回長〔掌〕陸大為宜，否則惟暫留是問。蓋徐庭瑤、蕭之楚等尚可直掌握也。季寬定於儉日赴張家口，卅日赴沽源與馮占海、李海青、鄧文、郜斌山等相會。詳情續聞。方叔平事，當本鈞意進行。

職何應欽叩。感印。

002-090200-00012-055

■ 1933 年 3 月 27 日

何應欽電蔣中正瀋陽諜報蒲穆第十六師團由日本向熱河運送中及日軍拘禁方永昌偽軍長並遣散其部等

3 月27 日

自北平發

號次：3077

南京軍事委員會鈞鑒：

銜略。行密。據瀋陽諜報員馬日報告：「（1）蒲穆第十六師團新由日本開到，連日向熱運送中。（2）日軍於本月銑日將偽軍長方永昌拘禁，遣散游直屬人員。（3）偽國新成立警備第三軍，軍長希齡，所部制大致完成。（4）前此成立偽軍，現在開赴熱河境內。（5）偽國新任蔡介石為熱河警備司令。（6）日軍在熱所修軍用路已完成。（7）日軍攻熱迄現在止，死亡共計八百餘、負〔傷〕一千二百餘名。（8）武籐〔藤〕近以日軍失利，非常憤怒，在報紙上發表勢不已，將近〔進〕占平津。又據察哈爾諜報員報告，日方竭力聯絡白俄，已達五、六萬人，供給金錢、械彈，在黑龍江省沿邊一帶大肆活動，並派多數退伍軍官充指導員，準備進占東海濱省，成立第二滿洲國。因是蘇聯在國境布防甚嚴，日俄感情亦甚惡」各等情。特聞。

何應欽。感令諜印。

002-090200-00012-058

■ 1933 年 4 月 2 日

蔣中正電何應欽華北戰事情報宜統一宣傳發表請速定方針

發電號次：23

收電人姓名：何欽應〔何應欽〕

發電韻目：冬未機

廿二年四月二日發

何部長〈〉：

密。華北戰事，情報急宜統一宣傳。近日所發表者，非各部謊妄誇大，即言敵軍力弱，擊退與其無用，並說已入停戰狀態。此皆於政治方鍼與軍事計畫甚為不利。請速定方針，為有系統與步驟之宣傳最為緊要，請力圖之。

中〇。冬未機印。

002-090200-00013-388

■ 1933 年 4 月 2 日

蔣中正電何應欽等北方各軍師派設宣傳隊應速實施並令在平津冀察兼辦各該地方組織民眾指導其戰事工作可請陳立夫等協助

發電號次：24

收電人姓名：何敬之並轉劉健群

發電韻目：蕭未機

廿二年四月二日發

北平何部長並轉劉健群處長〈〉：

密。北方各軍、師派設宣傳隊，應即從速實施，並令該宣傳隊在平津冀察兼辦各該地方組織民眾，指導其戰事工作，陳立夫、蔣堅忍同志如在平，可請其協助組織。

中〇。蕭未機印。

002-090200-00013-389

■ 1933 年 4 月 8 日

何應欽電于學忠等日方為保持長城線免長久對峙以局部戰達確實占領並派漢奸破壞北寧鐵路

廿二年四月八日

自北平發

號次：1314

急。保定行營、南京軍委會、外交部、鐵道部、于主席：

行密。據諜報，日方為保持長城之線免除長久對峙，將以局部戰之動作，依次達成確實占領之目的，不使平津受其影響。又日人暗中謀算最力者，為北寧鐵路問題，現因灤榆軍事，北寧路對於國際上之交通及商業已發生影響，日人復收買漢奸，潛伏沿線，埋設地雷，待機破壞，使外人益感不安。彼即利用此機，提倡該路歸彼駐屯軍管理，以便保障交通之說。又迭據各方報告：日方在平津運儲糧械、火藥甚多，其蓄謀似不僅在消極之防衛。謹聞。

何應欽。令諜齊印。

002-090200-00013-263

■ 1933 年 4 月 13 日

蔣中正電汪兆銘華北軍事政治有及時整理必要應修正會章明定職權改用委員長制以軍政內政部長何應欽黃郛分任華北軍事政務委員長俾處理華北事務

廿二年四月十三日

南京汪院長尊鑒：

密。華北軍事、政治均有及時整理刷新之必要，軍事既由敬之代長〔掌〕分會，則北平政務分會似亦應修正會章，明定職權，改用委員長制，從新改組，於會之下設財務、政務、外事三處，而以內政部長黃季寬兄兼任委員長。如是，則華北軍事由軍政部長負責，政務由內政部長主持，不啻行政院設一支院，血脈貫通，體制崇隆，對內對外均顯重要，處理事務自必敏活。即弟往來其間，亦覺一切可資信賴。季寬既保持內長名義兼任委長，則平市長人選可否先徵其意見再定，俾其辦理易也。此著頗為扼要，用陳管見，如荷採納，當於華北前途裨益不淺。不審卓見謂然否？敬祈電復為禱。

弟中正叩。〇〇。

002-090200-00010-247

■ 1933 年 4 月 15 日

蔣伯誠電蔣中正報告芳澤謙吉不悅中國朋友避不見面致中日交涉困難

22 年4 月15 日

自北平發

號次：502

即到。南昌總司令蔣鈞鑒：

保密。頃胡政之兄來謂：「昨見芳澤，據談此次係個人行動，對中國朋友避不見面，頗為不悅。中日交涉不易進行，因中國國不統一、黨不統一，僅恃鈞座一人以支撐局面。至滿州〔洲〕國為日本已定國策，既退出國聯，天皇又下詔書，無論何黨、何派組閣，均不能變動。如中日開始交涉，雙方對滿州〔洲〕國均不能讓步，故無法進行」云云。至在津總領館招在野諸人茶會，季鸞兄亦在座，並無提及交涉事，僅應酬而已。

職蔣伯誠叩。刪酉二印。

002-090200-00008-049

■ 1933 年 4 月 16 日

王綸電蔣中正報告英公使藍浦生稱日雖志在取灤東一時不致進攻但仍須作日人進犯平津之準備

22 年 4 月 16 日

自北平發

號次：554

限即到。南昌委員長蔣鈞鑒：

安密。英公使藍博森銑申〔日〕面告外事組組長云：「彼後確悉日人志在取灤東，一時不致進攻平津，但是間仍作日人進犯平津之準備」。謹聞。

職王綸叩。銑戌印。

002-090200-00008-064

■ 1933 年 4 月 18 日

蔣中正電何應欽黃紹竑據吳鼎昌報日軍進灤東後尚有增兵之勢現平津縱使日軍不再進窺應會造另一緩衝政府我應可利用平分會鎮壓群邪等

北平居仁堂何部長敬之兄、南京內政部黃部長季寬兄勛鑒：

密。頃據吳君達詮自津電告：「芳澤過津後，日本國策不擾關內，但近來日中下級軍人言論則顯似得步進出，且荒木意存叵測，聞日軍進灤東後，尚有增兵之貌勢，非攫取華北全部不止，平津縱使日軍不再進窺，日閥意至少亦有指使漢奸，利用降軍另造一緩衝政府之企圖。而我承意旨、逞私圖之各方政客近極活動，危機日迫。前在保面陳，利用北平政分會易人緩衝之說，可鎮壓群邪一節，似可再加考慮」等語，特轉達注意，並供參考。

中正。〇〇。巧申機。

分發兩電

譯發：廿二、四、十八

002-090200-00015-179

■ 1933 年 4 月 20 日

蔣伯誠電蔣中正何應欽等分推張伯苓蔣夢麟湯爾和與藍浦生商外交辦法及探日方之意見

22 年 4 月 20 日

自北平發

號次：777

即刻到。南昌總司令蔣鈞鑒：

保密。昨夜湯爾和、王叔魯請敬公與職及張伯苓、胡適之、朱桂華、蔣夢麟、丁文江、翁文浩〔灝〕、于孝侯、周作民等商外交辦法，結果推張伯苓在津，請華商會轉請英商會向英使蘭浦森商辦法，推蔣夢麟以私人資格向蘭浦森商辦法，推爾和向日方探意見。如有眉目，再密向中央建議，得中央默許後，再作進一步辦法。職察此間將領及各方俱願緩和軍事，保全平津，故力向外交上覓出路也。謹聞。

職蔣伯誠叩。號印。

002-090200-00008-101

■ 1933 年 4 月 22 日

蔣中正電汪兆銘請先密與華北軍方及社會各界交換英方調停中日華北戰事之意見並研擬適當辦法電示何應欽俾資循奉

譯發

廿二年四月廿二日擬稿

四月廿二日下午一時核發

特急。南京汪院長精衛兄尊鑒：

密。頃接敬之兄號亥電，述蔣夢麟與英公使商談調停各情，謂「已電兄，諒經接閱，弟當復電告以應注意下列四點：（一）此事應由社會有力分子如夢麟之流，先向國際方面醞釀進行，在醞釀尚未具體成熟以前，政府中人不宜出面參加。（二）大體方針應先略徵華北軍人之意見，軍長以上兄可先行個別招其試談，然後再密集討論，以求一致。（三）社會及軍人均醞釀成熟後，應由彼等建議於中央，使中央處於被動地位。（四）凡好沽名釣譽、愛說官話之軍人，兄不必直接約談，明軒方面尤應注意，可由醞釀此事之社會有力分子，如張伯苓之流，先間接向其陳說」等語。此事進行步驟究應如何乃能適當，仍請兄安籌詳示，逕行電告敬之，俾資循奉為幸。

弟中正叩。〇〇。養未機。

002-090200-00007-245

■ 1933 年 4 月 22 日

蔣伯誠電蔣中正報告汪兆銘不滿羅文幹任調停職中央意見不一進行困難

22 年 4 月 23 日

自北平發

號次：957

急。南昌總司令蔣鈞鑒：

保密。極密。個機電奉悉。夢麟與英使所商五項，已由敬公電呈，據夢麟謂日方亦與英使接洽，希英使出任調停。據湯爾和謂已與日武官接洽，日方亦願緩和。爾和囑其電有吉速來平。本日劉次長回平述中央意旨，並奉汪先生電，正商作進一步接洽中。但劉謂汪院長極不滿羅鈞任職，中央意見如不一致，此間進行必較困難也。謹復。

職蔣伯誠叩。養未印。

002-090200-00008-125

■ 1933 年 4 月 23 日

蔣伯誠電蔣中正日駐平武官告旅平日方官民及公正中國人士勿為日軍侵略北平之言所惑及東京電蔣中正有不願幫助滿洲國擴張領土至長城以內之說等

22 年 4 月 23 日

自北平發

號次：1024

南昌總司令蔣鈞鑒：

保密。（一）現日駐平武官公布一文件，大意謂：「謹告旅平日方官民及公正之中國人士，望勿為『日軍即將侵略北平』之言所惑。蓋日滿軍殊不欲進占北平，以後之是否入平津，則惟北平軍事首腦部之行動是視也」云。東京路透電亦有「中止追擊」，及「不願幫助滿洲國擴張其領土至長城以內」之說。（二）頃湯爾和、蔣夢麟來與職商決步驟，對日方待其武官來湯處見面時，再探詢其情形，並詢其既令中止戰事，期何進攻我古北口內陣地？對英使待其得英政府電後再進行。惟羅部長與汪先生及此間意見不一致為可慮，應速設法。職已將此意陳敬公矣。

職伯誠叩。漾。

002-090200-00008-139

■ 1933 年 4 月 24 日

何應欽黃紹竑電蔣中正請令後援各部迅開拔協助蕭之楚師攻擊古北口之敵等

4 月 24 日

自北平發

號次：1063

特急。限急到。南昌蔣委員長鈞鑒：

英密。機密。迭電奉悉。（1）敵軍數日來以一旅團猛攻古北口左翼，黃師三團應戰，猶在相持，雙方死傷各二千餘人。頃聞敵有增兵再攻之訊，日來喜峰口及遷安附近之敵皆撤退外面，似為緩和國際空氣，而實為增援古北口，及由興隆縣攻將軍關、黃崖關等處。該處僅有蕭之楚師，現抽調龐炳勳，未審能如期達到否。萬一敵趨三河、通州，則平津動搖，全線瓦解。請令後援各部迅速開拔，遲將無用。古北口正面現尚鞏固。（2）現飭灤西及喜峰口各軍僅派小部向敵撤退區域搜索警戒，其餘就地集結整理，以便因應機宜。察境義軍、湯軍皆可整理，但苦於無款無人，虛過時日，殊為可惜。（3）河北團體昨發通電，其結論曰：「其政府或留千載之義和或為河北人民留一線之生路」，實為非戰者之呼聲。現非戰者正極力活動，而素以主戰為名者復伺隙攻擊，故緩和工作殊感困難。鈞座所示各點，更當詳加考慮。（4）政委會除利用應付內外環境外，政治根本整理尚談不到。用段固可收羅失意者，但苟不為我用，則困難更多，並易起黨內之反對。汪先生主用常委制，多羅致若干人，亦應付之一法。總之，目前華北情形，以掌握部隊、整理部隊為急務；政治問題祇能隨時應付，尚無具體澈底之方法。餘情俟公博兄回平再陳。

職何應欽、黃紹竑敬申。行和印。

002-090200-00008-156

■ 1933 年 4 月 28 日

何應欽電蔣中正及軍委會軍政部參謀本部整飭義勇軍辦法四項

22 年 4 月 28 日

自北平發

號次：4104

南昌蔣委員長、南京軍事委員會鈞鑒；參謀本部、軍政部勛鑒：

晏密。為謀整飭各地義勇軍起見，現經分會議決辦法四項：（1）義勇軍、救國軍等名目易被敵利用，應一律取消。（2）如有仍用義勇軍、救國軍等名義勒收槍款或騷擾地方者，各該地駐軍長官須嚴厲制止。（3）由關外歸來、現在參加作戰之義勇軍調至後方，派專員改編整理。（4）非正式之軍事機關應嚴密檢查取締。以上各項辦法除分令外，謹聞。

何應欽。儉令戰印。

002-090200-00009-234

■ 1933 年 5 月 1 日

方覺慧電蔣中正分晤吳佩孚等目的在拉攏分化和緩藉以轉變華北新舊反動勢力之滋長說明中央所處環境之困難

22 年 5 月 1 日

自北平發

號次：1571

南昌蔣委員長鈞鑒：

覺密。慧此次北來，曾分途訪吳子玉、湯薌銘、趙恆惕、胡瑞霖、張作相等。此種會晤工作之目的，含有拉攏、分化、和緩三種意義，藉以轉變華北新舊反動勢力之滋長，說明中央所處環境之困難、鈞座之苦心遠慮，使若輩洞悉政府現狀，袪消其對於政府之責難，而降伏其反動心理之滋發。最近胡瑞霖通電擁護鈞座五年計畫之宣言雖無重大作用，而影響華北反動之心理亦不無微效。慧所以努力此三種工作，在希望補助維持華北現狀於萬一也。日寇連日猛攻古北口，我軍已退至新開嶺，敵有進取密雲之勢，華北變化勢難遏止，而此三項工作亦將不足恃。此後應如何進行工作之處？伏乞指示為禱。

方覺慧叩。東印。

002-090200-00008-208

■ 1933 年 5 月 1 日

羅文榦電蔣中正請電告倫敦英使向日警告停止古北口方面戰事及顧維鈞已與法使接洽該案等待回復

22 年 5 月 1 日

自南京發

號次：1576

南昌蔣委員長賜鑒：

羅密。極密。勘電計達。據劉次長電稱：「近派沈司長與英使接洽，彼稱西門最近來電謂『居中斡旋，必須明瞭中日雙方希望』。沈司長當向英使聲明政府意見，並謂灤河方面日軍雖撤，而連日古北口方面戰事激烈，應由友邦向日警告，請電倫敦，英使允照辦」等語。又法使前將本案情形電巴黎，本部曾電顧使接洽，旋據該使電稱：「茲詢法外部對法使電如何答覆，彼復以現在局勢已變，日本業經撤兵，故未答覆，當告以日本在古北口及密雲一帶仍向我進攻，彼云不久當即答覆」等語，謹再電奉陳。

羅文榦叩。東印。

002-090200-00008-210

■ 1933 年 5 月 1 日

劉崇傑電蔣中正法國韋使言日館中山祕書稱日軍已占領南天門要隘不再前進及我方應注意華北內部情形

22 年 5 月 1 日

自北平發

號次：1593

南昌蔣委員長鈞鑒：

傑密。英使言：「倫敦回電未到，惟現在已成事實上停止衝突狀態」。法韋使言：「據日館中山祕書談稱，此次南天門之役，日軍步、馬、工、砲、空各隊皆參加，經數晝夜苦戰，已占得該地要隘，現決不再前進」等語。韋又言：「華北內部情形複雜，極應設法預防日方；有一星期後恢復秦榆鐵路交通之言，華方亦宜預籌應付」云云，謹聞。

崇傑。東印。

002-090200-00008-211

■ 1933 年 5 月 2 日

何應欽電蔣中正及軍委會軍政參謀本部外交部據徐庭瑤稱檢得敵軍眷屬所寄信函知古北口日軍係滿洲派遣軍第十六旅團第三十三旅團第八師團等

22 年 5 月 2 日

自北平發

號次：4204

南昌蔣委員長、南京軍委會、參謀本部、軍政部、外交部：

晏密。徐庭瑤陷電稱：檢得由日本及大連寄古北口敵軍信七件，判知在古北口之日軍部隊係滿洲派遣軍川原第十六旅團全部（三十二聯隊長井熊周三）及中村第三十三旅團全部、野砲第八聯隊、警備野砲第四大隊長（大浪秉三）、第八師團術時重砲兵大隊、滿洲第三山砲大隊（長奧山）、旅順憲兵分隊（軍曹阿曾正）、第八師團衛生班並三十二聯隊無線電通信班（原第十一中隊軍曹工藤新七）等部。各信均係女生及官兵眷屬慰問前方將士者，詞中有「望早實現滿洲平和，歸到櫻花正開的日本」、「古北口之戰，實為激戰中之激戰」、「唯一希望早日回國，每日在禮拜堂祈禱」等語，日民厭戰之心理，於此可見。

何應欽。冬令諜印。

002-090200-00009-254

■ 1933 年 5 月 3 日

軍廳電軍委會據報北滿中蘇戰雲日見緊張日軍部鑒於滿洲日軍不敷分布乃先調海軍陸戰隊一部赴北滿已於四月中旬赴哈爾濱又偽組織將在長城一帶設關卡

22 年 5 月 3 日

自北平發

號次：4225

南京軍委會：

外南京。晏密。據報北滿日俄戰雲日見緊張，日軍部鑒於滿洲日軍不敷分部〔布〕，乃先調海軍陸戰隊一部赴北滿，已於四月中旬由海軍中佐枰率領，共乘兩個列車由大連赴哈。又偽組織將在長城一帶增設關卡四、五十處，以便杜絕中國及歐美貨物輸入東北，使該處商場全入日本掌握。

軍。江廳外印。

002-090200-00009-255

■ 1933年5月3日

何應欽電軍委會據錢宗澤稱我軍鐵甲車已至南大寺及日軍司令謂前方沿線部隊分為兩種秦皇島山海關間日軍係根據辛丑條約所駐之守備隊可不過硫河

22年5月3日

自北平發

號次：4226

南京軍委會：

安密。頃據北寧鐵路局長錢宗澤各電稱：「（1）本日我軍鐵甲車已至南大寺。（2）據駐津日軍司令面告本路譯員，前方沿線部隊性質上分為兩種，秦皇島、山海關間日軍係根據《辛丑條約》所駐之守備隊，該隊可不過硫河。其他為李際春等屬，關東軍司令部此間不能指揮，已電商關東軍司令請撤回長城一帶」等語，轉報前來，謹電奉聞。

何應欽。廳外江印。

002-090200-00009-256

■ 1933 年 5 月 5 日

何應欽電蔣中正汪兆銘及軍委會熱河失陷各軍西退擁塞察境士氣頹喪派別龐雜經分會派員點驗補充整頓惟無統一指揮人選形同散沙若由分會指揮相距太遠實難兼顧

22 年 5 月 5 日

自北平發

號次：4274

限即刻到。南昌委員長蔣、南京軍事委員會並轉行政院長汪：

晏密。熱河失陷，各軍西退，擁塞察境，士氣頹喪，派別龐雜，雖經分會派員點驗補充，徐圖整頓，而統一指揮之人選迭經商請百川、次宸擔任，均力辭不就。近日多倫失守，察境緊張，雖擁有大軍七、八萬人，而無統一指揮之大員，則形同散沙，毫無力量，敵再南侵，危險實甚。若由分會直接指揮，相距遙遠，隔閡更多，實難負責兼顧。究應如何之處？務請統籌示遵為禱。

何應欽。歌印。

002-090200-00009-260

■ 1933 年 5 月 13 日

王綸電蔣中正建議撤北平中央軍至永定河鄂豫之間俟剿匪後再問黃河以北事

22 年 5 月 13 日

自北平發

號次：2463

限一小時到。南昌委員長蔣鈞鑒：

自密。日人此次再行攻擊，其目的在進至平津附近，以便另立華北政府與彼妥協。若我堅決抵抗，則或進取平津，建立親□政府後，受各國勸告，再行退出。現古北□方面自灰夜激戰以來，我八十三師死亡達三、四千人，已無甚戰鬥力，我第二師死傷千餘人，第二十五師死傷數百人，蕭師尚未加入作戰，我第一陣地左翼大、小新開嶺之線已失，現在第二陣地瑤亭之線激戰中，敵人傷亡約與我相等。該方面尚有第三陣地帶，尚可支持若干日。灤河方面，又日敵人約二、三千人自高台渡河，該方面我軍兵力固雄厚，惟將士犧牲決心較差，未悉能將其殲滅否？李生達師久調不至，在昌年云傅作義師雖令其開赴懷來，百川允行否？宋、龐兩部正面僅有小衝突，然戰意亦不堅決；商雖聽命，其戰鬥力有限，敵人再增加兵力，則北平殊難無虞。蓋敵人固欲得熱河而止，但我十數萬大軍沿長城停止，政府又不能承認偽國，日人欲撤兵回國而不可能；欲以金錢造華北政府，又為我所破獲，固以兵力謀達成另造華北政府之企圖，俾此後我軍能相攻擊，而偽國之國境能固，彼可安然撤兵回國也。職意我軍兵力終不能堪日軍之攻擊，擬（屬）意萬福麟、何柱國、于學忠、商震等與日人接洽，通電指摘政府欠餉太巨，難以再戰，能行成立政府，與日人氣息相通。如是，則中央軍可退至永定河之線，何部長移駐保定，則戰局方可緩和，國人之指摘亦輕。較之戰敗後離平後，平津完全脫離掌握，退至永定河右岸之各軍仍須中央負擔軍餉，似較勝一籌也。總之，在赤匪未剿滅以前，中央之軍力實不應伸至黃河以北。依職愚見，非惟將現在北平之中央軍撤至永定河，義〔亦〕已應盡數撤至鄂、豫之間，將赤匪完全消滅，一、二年之後再向黃河以北之事。此舉似退而實進，報章攻擊、國人責難，均可不顧。蓋兩廣出兵剿共，終屬難期之事，不如盡自力以謀之也。如以為可，請電示何部長辦理為禱。

職王綸叩。元辰印。

002-090200-00008-274

■ 1933 年 5 月 14 日

蔣中正電何應欽如日本圖占華北消滅中央軍則我只有上下一心誓死抗戰並運用辛丑條約規定致日本外交困難知難而退

提前發

譯發

廿二年五月十四日擬稿

五月十四日下午二時核發

限即刻到。北平居仁堂何部長敬之兄勛鑒：

密。接劍外兄元辰電。觀察事勢，倭寇必欲占領華北，且非消滅中央軍不可。特如所擬，授意將領指摘政府，藉以撤軍移駐之辦法，則以此種國際戰爭，不但足以暴露中國軍人之弱點，且必弄巧成拙，將至不可收拾。吾人固正在多方進行，和緩並力為運用，惟皆不易生效。且時間急迫，亦斷不許我方從容另謀緩衝退兵之計。此時只有照原定最後辦法上下一心，在北平預定陣地為背城借一之舉，此外決無其他生路。況中央既運到華北之部隊，亦決無令其退還南方之理。萬望我將士定下死戰之決心，切勿再起其他之想念，則死中求生當有最後一線之生機可覓耳。蓋惟我軍能腳步站住，示以決心，始可運用《辛丑條約》之列強從中參預。亦惟其我能死守，倭寇鑒於外交複雜，如前年滬戰之例，或將知難而退也。務請以此意轉告我全體將士，一致本不屈不撓之決死精神併力支撐，勿稍存畏避之想，是為至要。

中正。鹽〇〇。鹽未機。

002-090200-00010-263

■ 1933 年 5 月 14 日

蔣中正電徐庭瑤等日軍意在殲滅中央軍勢力進而宰割中國現已飭何應欽在北平背城一戰中央部隊應將士勉力奮戰戮力殺敵

發電號次：1716

收電人姓名：徐軍長等

發電韻目：寒機

廿二年五月十五日發

北平。密雲。徐軍長、蕭軍長、第二師黃師長、惠副師長、第廿五師關師長、杜副師長、第四十四師蕭軍長、陳副師長、第八十三師劉師長、梁副師長暨各旅團營連排長公鑒〈〉：

密。疊接各電，悲憤填膺，將士犧牲至此，夢魂驚悸，不知為懷。倭寇獨攻古北一路，其目的乃在先殲滅中央軍，消除我革命勢力，以隨其宰割我全國，野心豈僅占領華北而已。吾人於此，惟有益遵總理遺教，以生為革命而生，死為革命而死，我死則國生，我生則國死，以吾人數十年必死之生命，而定我國家億萬年不據之根基，不成功便成仁，此即吾革命軍人今日千載一時之機也。刻已電令何部長，決在北平與倭寇為背城借一之戰，以為死中求生之計。望我諸將士同心戮力，同仇敵愾，不滅倭寇，誓不生還，期留正氣於天地之間，而伸我黨革命之精神，毋失為我總理革命之信徒，則幸矣。惟將軍有必死之心，士卒無生還之氣，而後乃可以死中求生。古今成功立業之英豪，其氣節精神萬古常存者，未有不從死路打出也。倭寇橫暴，絕無人道，為世不齒，豈能持久。希我將士奮勉自強，以慰我總理及陣亡將士在天之靈也。

中○。寒戌印。

002-090200-00007-248

■ 1933 年 5 月 19 日

蔣中正電何應欽等日方稱其前方戰事過灤河西岸海陸軍計畫先入天津再開始談判及熱局與蘇俄態度強硬

譯發

廿二年五月十九日擬稿

五月十九日上午十二時核發

北平居仁堂何部長敬之兄並轉膺白先生同鑒：

自密。頃接陳伯南刪申電告，據駐日諜查確報：「日方稱前方戰事已過灤河西岸，大約該方面無難解決，最遲於本月內海、陸軍在津集中。現已到不能顧慮外國干預時期，計劃先入天津，然後開始談判。熱河境內現尚有零星小股義軍出沒，惟於大局不致影響，蘇俄態度外表似強硬，惟實際頗樂觀」等語，特轉達以供參考。

中正○○。效機

002-090200-00013-423

■ 1933 年 5 月 19 日

黃郛電蔣中正抵京出席國防會議談軍事外交兩點並與韓復榘等談中日衝突應避免擴大等事

22 年 5 月 19 日

自北平發

號次：2956

特急。南昌蔣總司令勛鑒：

德密。兄刪辰抵京出席國防會議，關於軍事、外交兩點，討論結果勉得一至〔致〕，汪先生當已電達。銑晚抵濟與向方談，篠晨抵津與孝侯、連銓、揖唐、遠伯、伯苓談，大體均希望從速設法避再擴大。篠晚入平。昨欲撮報大要，無暇而止。現在我軍已開始後撤，日方雖未積極進逼，然尚有局部衝突，前派之人刪日電赴東京告謂：「東京已密令停戰，本人將賚密函急行，准於效日抵津」等語。抵平後，知前方軍事行動確自刪日起稍稍緩和，而武籐〔藤〕亦於刪日特發宣言。但東京之言行尚屬相符。明日該員當可到平，一切真相容再電聞。知汪先生在津竟遇炸，毫無損傷，幸釋廑念。

郛。效辰印。

002-090200-00008-343

■ 1933 年 5 月 22 日

黃郛電汪兆銘蔣中正稱北平既入戰區範圍政整會自無工作餘地擬至必要時即隨軍事機關轉進等

南京汪院長、南昌蔣總司令：

抵平五日，危疑震撼，不可言喻。自美國申請書發表後，日方態度驟變，既往工作盡付流水，趙敬時案又適逢其會而發生。昨晚敬之兄召集軍事會議，已決定在白河線作最後抵抗，但平、津若動搖，則前在滬所商定之六百萬，事實上又成空話。財政如無新途徑以資接濟，而維軍心，則全部華北情形將不知紛亂至何程度，應請中央預為注意。郛等進止，尤須請示。北平既入戰區範圍，政整會自無工作餘地，現雖尚未成立，擬至必要時即隨軍事機關轉進，或即南旋面陳經過，如何？盼復。

郛。養。

李雲漢，《抗戰前華北政局史料》，頁251。

■ 1933 年 5 月 22 日

蔣中正電黃郛日軍進攻平津之企圖並未停止未審實況如何並請妥為應付措詞之間切勿稍有兩歧等

北平黃委員長膺兄：

效（十九）辰電悉。多日未接尊電，得此甚慰。接敬之哿（二十）亥電：「敵軍仍向我三河撤退之宋部猛攻，飛機頻來北平威脅。」就昨、今兩日情況觀察，敵人進攻平、津之企圖並未停止，未審實況如何？已迭電敬之，凡熊哲民等與前途一切接洽，均須與兄遇事相商，妥為應付，措詞之間，切勿稍有兩歧，想兄與敬之亦必常有晤商矣。一切情形切盼日有電示，以慰遠念。

中正。養。

李雲漢，《抗戰前華北政局史料》，頁251-252。

■ 1933 年 5 月 23 日

何應欽等電軍事委員會等擬派徐燕謀與日方進行停戰交涉徐圖華北休養兼防日軍扶持孫傳芳等於華北樹立傀儡政權

22 年 5 月 23 日

自北平發

號次：4715

限二小時到。南京軍事委員會並譯轉汪院長、南昌蔣委員長：

英密。親譯。極密。關於最近前線軍事部署，昨電已詳，惟各部隊兼月作戰，將士傷亡甚多，疲敝之餘，戰意已不堅決。就昨晚情形觀測，力成不戰自退之勢。經職等再三籌計，若竟任其自行崩潰，華北局面將至不可收拾。當即招集重要將領多方激勵，眾人意志稍轉堅定。同時，日本中山代辦及永津武官與郛約定晤談，結果由日方提出如下之四項條件：（1）中國軍撤退延慶、昌平、高麗營、順義、通州、香河、寶坻、林亭口，寧河以南、以西，今後不准一切之挑戰行為。（2）日本軍亦不越上之線進擊。（3）何應欽派正式任命之停戰全權員往密雲，對日本軍高級指揮官表示停戰之意志。（4）以上正式約定後，關東軍司令官指定之日本軍代表與中國方面軍事全權〔員〕定某日某時於北寧線上某地點作關於停戰成文之協定。比由職等就此條件詳密商議，僉以此時前線情形如彼，而日人復以多金資助齊燮元、孫傳芳、白堅武等失意軍閥，有組織華北聯治政府之議，熟權利害輕重，與其放棄平津，使傀儡得資以組織偽政府，陷華北於萬劫不復，何若協商停戰，保全華北，徐圖修養生息，以固黨國之根基，較為利多害少。眾意既歸一致，於是遵照汪院長迭電指示之意志，由應欽答覆日代辦，對其所提四項條件完全接受，並擬於今日派上校參謀徐燕謀為停戰代表，偕同日本武官前赴密雲表示停戰之意，嗣後進行協議情形，自當一秉鈞旨，隨時密呈核示。職等為黨國、為地方人民著想，惟有犧牲個人，以求顧全大局，是非毀譽所不計也。肅電奉聞，伏乞鑒核。

職何應欽、黃紹雄、黃郛。漾辰行秘印。

002-090200-00007-085

■ 1933 年 5 月 23 日

黃郛電蔣中正現華北軍事不穩軍政兩機關有移駐平漢線之打算並稱已據汪兆銘所示要點與日方密商停戰事宜等

22 年 5 月 23 日

自北平發

號次：3261

特急。南昌蔣總司令勛鑒：

德密。時局至昨日極險，軍心不固，士氣不振，內幕又不堪問。日方決定本晨拂曉大舉進攻，故一時不得已預備軍、政兩機關移至平漢線。兄思平津一失，中央政局亦必動搖，財政無辦法，糧餉接濟之源絕，平漢、平綏、北寧、津浦各線之交通樞紐盡落敵手，國土變色，地方糜爛，潰軍且將波及豫、魯，種種不堪設想之後患，均意中事。且昨日得精衛電，略稱：「祇要不涉及承認偽國、割讓四件問題，一切條件均可商訂，並稱決不使兄獨任其難，弟必挺身而出，共同負責」等語，故於臨出發移駐之前，思為最後之努力，於昨午夜十二時赴一私友處，不露聲色與中山代辦、永津陸軍武官、籐〔藤〕原海軍武官徹夜討論，天明始歸，商定結果已與敬、季二兄聯名另電諒達，想蒙接洽。事機迫切，間不容髮，未及事前電商，至為惶懼。好在交涉僅以停戰為範圍，條文上能加意審慎，不至受大指摘。然而兄淚內流而膽如裂，想吾弟亦必能想像也。特聞，盼復。

郛。梗印。

002-090200-00007-104

■ 1933年5月23日

汪兆銘電何應欽黃郛說明國防會議議決內容及對日應對方針並稱一切行動中央當共負責任

何部長敬之兄、黃委員長膺白兄：

今晨國防會議議決如下：（1）外交方面——近來英、美意見日益接近，對日斡旋，俾我得較有利之解決，當可做到，但恐緩不濟急，於我目前平、津之危恐來不及解救。惟外交既有此希望，子文今日來電力請注意，不必灰心。（2）軍事方面——江西軍隊不能調開，其他軍隊則不聽調。例如兩廣高談抗戰，但至今迄未出兵。中央對於華北各軍苦戰三月，不能不急籌援應，但能做到若干，諸兄已不難洞悉。（3）財政方面——子文赴美赴英，正在接洽，即使有望，亦緩不濟急。平、津若失，則海關收入驟形短縮，其他一切籌款辦法亦惟有更形拮据。根據以上外交、軍事、財政情形，對於應付平、津危局，決定原則如下：（甲）如日本來攻平、津，我將士惟有盡力應戰，不可輕於放棄；蓋平、津情形適與去春淞、滬相同，極繫世界之觀聽，我若示怯，從此國家人格更不堪問；且戰事愈烈，愈易引起各國之干涉也。（乙）如暫時休戰，希望尚未完全斷絕，仍希繼續進行；即在交戰中，此種接洽仍不妨並用。以上兩項切盼兩兄相機辦理，一切行動中央當共負責任也。以上決議謹達，乞鑒察為荷。

兆銘。漾。

李雲漢，《抗戰前華北政局史料》，頁253-254。

■ 1933 年 5 月 24 日

汪兆銘電何應欽黃郛說明國防會議決議並稱中央自負責任俾不致有第二伯力協定發生

北平何部長敬之兄、黃委員長膺白兄：

今日國防會議議決：「與對方商洽停戰，以不用文字規定為原則，如萬不得已，祇可作為軍事協定，不涉政治，其條件須經中央核准」等語；此為中央自負責任，俾不致有第二《伯力協定》發生，請查照為荷。

兆銘。敬午。

李雲漢，《抗戰前華北政局史料》，頁254。

■ 1933 年 5 月 24 日

蔣中正電何應欽等稱停戰而形諸文字總以為不安且將來協議條款必有種種難堪之苛求等

限二小時到。北平居仁堂何部長、黃部長、黃委員長鈞鑒：

漾辰電悉。密。事已至此，委曲求全，原非得已，中正自得負責。惟停戰而形諸文字，總以為不安，且將來協議條款必有種種難堪之苛求，甚至東北三省及熱河字樣亦必雜見其中，無意割讓之承認，尤為可慮。顧停戰協定，既非議和條約，最宜題界劃清，極力避免，此則惟賴兄等慧心運用耳。日人狡猾成性，當談判進行之際，且恐波折層出，忽軟忽硬，乍陰乍陽，極威迫誘惑之能事。尚盼趁此時機激勵士氣，重整軍容，以備最後之犧牲為要。

中正。迴中機印。

李雲漢，《抗戰前華北政局史料》，頁255。

■ 1933年5月24日

蔣中正電黃郛已至此非決心守城站住腳步不能徐圖轉機等

限三小時到。北平豐澤園黃委員長膺白兄：

養電悉。密。事已至此，非決心守城，站住腳步，不能徐圖轉機。平政整會雖未組成，盼兄協助敬之應付一切。非至最後關頭，不可離平。尤盼從中鼓勵，以振士氣。今次強兄出當難局，日處危疑震撼之中，心殊不安。惟國事如斯，備嘗艱苦，本吾人之素願，惟相期共為最後之努力耳。

中正。迴酉機。

李雲漢，《抗戰前華北政局史料》，頁255。

■ 1933 年 5 月 24 日

王綸電蔣中正請准在故宮設防禦工事並派兵一營入駐

22 年 5 月 24 日

自北平發

號次：3197

限一小時到。南昌委員長蔣鈞鑒：

自密。梗日，敵人千人攻傅作義軍左翼頗烈，傅軍亦抗戰甚烈，彼此肉搏衝鋒竟日。梗夜，傅軍及蕭軍為謀停戰，故由何部長令其撤至順義北面暨高麗營北面之主陣地線。今晨截至八時止，敵機未來偵察轟炸，全線亦沉寂。通州方面，昨日敵雖發砲二、三十發，今晨仍無動作，萬福麟部已在馬頭鎮以南與宋軍聯絡。又故宮城厚壕寬，最適於核心防禦，且故物已南移，兩週前已建議施設防禦工事，並派兵一營入駐，何部長已允照辦，旋蔡元培來電反對，因而中止。現交民巷既有敵約千人，此核心設防實刻不容緩。如何？乞示。

職王綸叩。敬軍印。

002-090200-00008-376

■ 1933 年 5 月 24 日

劉崇傑電外交部有關軍事上對日接洽情形

南京外交部。密。部長鈞鑒：

極密。七十五號電計達。關於軍事上對日接洽情形，傑因廿二早將見藍使特於廿一晚與何、黃接洽。七十八號電內之語即何、黃所告之覆文。廿二日事勢益緊，至夜更迫，軍政首領束裝待發，傑因奉有何部長所囑留平使命，夜二時許特請何預發命令，內云本委員長離平期間，各機關長官如遇劉次長請求事件，應即照辦等因。是夜十二時後，黃委員長在某地與日方非正式晤談，直至天明，遂成所稱停戰草案，即與《大公報》號外大致相同。該草案傑於廿二晨七時在居仁堂由何部長匆匆持示，同時並示何、黃、黃二公致蔣、汪長電及汪連日來電，內最後一電二十二夜接到，要點為不承認滿洲國、不割棄東四省，為保全平、津計，苟無妨礙上開原則，皆可以進行，同負責任。今早黃言所定草案，幹部諸人均認在汪電範圍以內，嗣經軍事會議認可，遂呈報蔣、汪。以上各節，即與何、黃歷次接洽情形，何、黃昨致汪電陳述經過甚詳，想已接洽。

傑。敬（廿四）八十三號印。

《中日外交史料叢編》第三編《日軍侵犯上海與進攻華北》，頁174-175。

■ 1933 年 5 月 25 日

黃郛電蔣中正承囑非至最後關頭不可離平及本日徐燕謀奉派赴密雲我方有李擇一隨行等

南昌蔣委員長勛鑒：

密。廻電奉悉。承囑非至最後關頭，不可離平，觀於二十二日夜之事，弟當能見信，毋庸兄再加解釋。本日徐燕謀奉派赴密雲，我方有李擇一隨行，對方有永津陸軍武官、藤原海軍武官陪行，約傍晚可歸。知注先聞。

郛叩。有。

李雲漢，《抗戰前華北政局史料》，頁256。

■ 1933 年 5 月 25 日

何應欽黃郛黃紹竑電汪兆銘蔣中正今日徐燕謀與日本永津武官簽定之覺書原文

限二小時到。南京軍政部陳次長譯呈汪院長、南昌蔣委員長：

親譯。密。極機密。今日徐參謀燕謀與日本永津武官簽定之覺書原文如下：

覺書：昭和八年五月廿五曰，日本公使館附代理武官永津中佐、北平軍事分會委員長何應欽閣下：關東軍司令官之意志如次：（1）承諾經上校參謀徐燕謀推出之停戰交涉。（2）貴軍應撤退延慶、昌平、高麗營、順義、通州、香河、寶坻、林亭口、寧河、蘆臺之線以西及以南，爾後不僅不越該線前進，並不為一切之挑戰行為。（3）日本軍為認識誠意，第一步隨時以飛行機偵察及其他方法視察中國軍之撤退狀況，但中國方面對此予以保護及一切之便宜。（4）有以上之確認後，關東軍司令官之正式最高全權代表，與何委員長之正式最高全權代表，在北寧路上之某一地點會合，相互承認正式委任狀之後，作關於停戰成文之協定。（5）右成文之協定成立為止，中國軍不挑戰之限度內，日本軍不越前記撤退線追擊之。右五個條件，係關東軍司令官之意旨，由永津武官傳達前來，茲以北平軍事分會委員長何應欽之代理資格負責承諾。中華民國二十二年五月二十五日，北平軍事分會陸軍上校參謀徐燕謀。又其附件如下：日本公使館附代理武官永津中佐、北平軍事分會委員長何應欽閣下：關東軍司令官之意志如次：（1）五月二十五日覺書第三項第二行及派必要人員約定改為依其他之方法。（2）依其他方法之意，雖非直接派遣日軍檢查，但日本軍於必要時得貴方之諒解，可選定適當之方法。（3）本件永津武官確實聲明負完全責任等。謹聞。

職應欽、郛、紹竑。有戌行秘二印。

李雲漢，《抗戰前華北政局史料》，頁256-257。

■ 1933 年 5 月 25 日

蔣中正電黃郛日方無停戰之誠其意在威脅我方撤退俾唾手得平並指示協定須避免文字亦不得涉及偽滿及東四省割讓界線諸問題等情

發電號次：2238

收電人姓名：黃委員長

發電韻目：有申機

廿二年五月廿五日發

北平黃委員長膺白兄：

梗電敬悉〈〉。密。忍辱周旋，為國苦心，實深感佩。惟弟始終不信倭寇有休戰誠意，尤在威脅吾人，使之自動撤退，俾其垂手而得北平也。至於協定一節，總須避免文字方式，以免將來引以為例，其端由吾人而開也。否則，萬不得已，最多亦不可超過去年淞滬之協定，絕不能涉及偽國事實之承認，以及東四省之割讓與界限問題，故其內容及字句必須加意審慎。鄙意所及，於昨覆兄等漾電業已詳述之，惟賴兄匠心獨運，使之得當。而以後周折必多，應付甚難，故於談判時期城防設備尤應加緊。最高無上之決心，不可須臾忽忘。弟以為非有一北平死戰，決不能滿倭寇之慾，亦不能得國人諒解。

中〇。有申機印。

002-090200-00007-247

■ 1933 年 5 月 25 日

汪兆銘電何應欽黃紹竑黃郛國防會議議決對方以強力迫我屈服承認偽組織及割讓東四省必須拒絕及若日軍退出長城以北我軍不向之追擊可以接受等

特急。北平居仁堂何部長敬之兄、黃部長季寬兄、黃委員長膺白兄鈞鑒：

密。今日國防會議議決如下：現在前方停戰談判已經開始，逆料對方進行方針，不出兩種：（甲）對方以強力迫我屈服，承認偽組織及割讓東四省，如果出此，我方必毅然拒絕，無論若何犧牲，均所不避。（乙）對方鑒於我犧牲之決心與列強之環視，此種停戰目的，在對方軍隊退出長城以北，我軍不向之追擊，保留相當距離，以免衝突，如果出此，則我方鑒於種種情形，可以接受。惟以不用文字規定為原則，若萬不得已，祇限於軍事，不涉政治，並須留意協定中不可有放棄東四省承認偽組織之疑似文句等語，謹聞。

汪兆銘。有印。

李雲漢，《抗戰前華北政局史料》，頁258-259。

■ 1933 年 5 月 25 日

劉健群電蔣中正華北危急須信賴宋哲元等情

22 5 25

北平

3391

南昌委員長蔣鈞鑒 539：

密。據龐軍長談，馮昨電宋明軒，有「華北危急，兄部如何，弟絕不坐當亡國奴，決自己幹」等語。宋則復謂：「職部正在通州佈防，與敵決戰。張垣若危，鈞座可退下花園」。似此牛頭不對馬嘴之復電，用心良苦。並謂宋得鈞座新槍三千枝，絕不甘為騙子。縱馮通電反動，祇呈鈞座，仍予宋以信託，絕無問題。謹呈。

職劉健群叩。有申印。

002-080200-00090-024-002a

■ 1933 年 5 月 27 日

蔣中正電何應欽黃郛聞有吉明擬俟中日停戰協定成立再行北上以避妥協誤會並維持談判純軍事性質等日方消息

提前譯發

廿二年五月廿七日擬稿

五月廿七日下午五時核發

限即刻到。北平居仁堂何部長敬之兄、黃委員長膺白兄勛鑒：

自密。頃接吳鐵城兄有午電告：「昨派殷參事汝耕往晤有吉，詢其北上情形，據云渠本擬即日北上視察平津情形，並晤外交團；現因中日停戰協定正在開始談判，渠如北上，恐招外間妥協之誤會。實則此次談判純係軍事性質，不外兩軍停戰撤兵、隔離駐紮、保護境界等件，不涉其他政治、外交條項，故預料二、三日內即可告竣。渠已電請政府訓令前方從速談妥，渠大約須俟協定成立，再行北上」云。再日使館令知上海日本報紙及通信社：「對於華北中日軍停戰消息慎重發表。」等語，特轉達參考。

中正感。戌酉。

002-090200-00010-257

■ 1933 年 5 月 27 日

蔣中正電何應欽停戰協定應不行諸文字內容參照汪兆銘轉告國防會議決電文等審慎運用及如談判破裂必決心抗戰

譯發

廿二年五月廿七日擬稿

五月廿七日下午十時核發

特急。北平居仁堂何部長敬之兄：

宥晨行祕電悉。密。停戰協定不形諸文字，最所企盼。如萬不得已，勢不可能，則於成文之內容，應參照汪先生轉告國防會所議決之有電，及中迭次復電妥為運用，審慎規定。萬一談判決裂，祇有不顧一切，併力死拼，尤應及早准〔準〕備。內容複雜，前途困難，中豈不深知？弟應進吾人最後之努力，以完其職責耳。一切成敗利害，不必再計。吾人榮辱同體，斷不令兄等獨任其難。艱危至此，全賴兄毅力精心以撐持，幸勿稍存消極。倘戰事再發，中自當北行，同生共死。兄以為平津如有戰事，每月七百萬不可靠，自屬固然，然猶能得各軍與世人之諒解；若放棄平津，則此款更何自出？中確信如我軍果能決守平城，則此項軍費雖難全數籌得，然必可維持到底，此中可負責也。

中正。○○。感亥機。

002-090200-00010-261

■ 1933 年 5 月 27 日

黃郛電蔣中正憤慨兩年來國事敗壞係因對內欲求國人諒解對外誤信國際援助而協商停戰乃不得已惟絕不賣國涉及承認偽滿事並願擔負成敗責任

22 年 5 月 27 日

自北平發

號次：59

特急。南昌蔣總司令勛鑒 1795：

密。有申電奉悉。停戰協定，豈兄所願？因馬晚開軍事會議，聽各將領所表示，知危機已間不容髮，養晨日使館又由津增兵兩連，而前線各路急報頻傳，城內反動團體復躍躍欲試，津埠暴動相應而起，一時人心恐慌，秩序大亂。其時環境之險惡，較之當年在濟南退城時之程度，有過之無不及。在平同人見大勢已去，認弟電所稱最後關頭已至，決定一面守城，一面將軍政最高人員暫移駐長辛店。然猶慮離平以後，華北局面必至不堪設想，故遲遲未發。延至晚間十時，得汪院長養電略稱：「欲謀停戰，須向對方問明條件，其可答應與否，弟以為除簽字於承認偽國、割讓四省之條件外，其他條件皆可答應，且弟絕不聽兄獨任其難，弟必挺身負責，乞速與敬之、季寬、岳軍諸兄切實進行」等語。得電時，敬之兄正與徐軍長研究城防，岳弟未在側，乃與季寬兄密商，時已深夜十一時，不容有躊躇之餘地，遂決然偕李擇一君電約中山代辦、永津武官至某私人宅會談，直至次晨六時始散。徹夜周旋，心酸膽裂，勉獲緩和，暫留北平。今後談判進行，自當遵囑，認定以停戰條件為範圍；偽國承認問題，雙方均非？悠，深信絕不至涉及。蓋局部軍事長官所派之代表，其資格並不足以代表國家，何得議此種有關領土完整之政治問題。所當注意者，條款文句之間，彼等或用偷關漏稅之狡猾手段，插入滿洲國境線等字句，為將來交涉東北本問題之伏筆，此則當時時防範耳。總之，弟既強我以肩此重任，弟必給我以同等信用。兄山居六載，雖不敢謂已達悲智雙修之域，然自信悲願決不至賣國，智慧絕決不至誤國。深盼彼此把握，使既定之方針，勿為外來蠱惑之詞所蒙蔽，更勿為南來不穩之息所動搖。蓋國際援助一層，以兄平素所具之國際常識判斷，敢斷其不過一片空言。讓百步言之，其實際之援助為時必甚迂緩，遠水不救近火，為量必甚微薄，杯水無補車薪者也。至南部情形，彼等早已決策，所謂「你東我西」無論如何無可避免，惟有用種種方法以圖應付。至尊電謂「應下最高無上之決心，以求得國人之諒解」一語，則兄猶不能不辯。兩年以來，國事敗壞至此，其原因全在對內專欲求得國人之諒解，對外誤信能得國際之援助，如斯而已矣。最高無上之決心，兄在南昌承允北行時早已下定，無待今日。兄至今迄未就職，弟如要兄依舊留平協贊時局者，希望今後彼此真實的遵守共嘗艱苦之舊約，勿專為表面激勵之詞，使後世之單閱電文者，疑愛國者為弟，誤國者為兄也。赤手空拳，蹈入危城，內擾外壓，感慨萬端，神經刺亂，急不擇言，惟吾弟其諒之，並盼電復。

郛。感印。

002-090200-00010-215

■ 1933 年 5 月 28 日

汪兆銘電何應欽黃郛對於河北停戰本不主張文字規定惟萬不得已已簽定覺書弟等自當共負責任等

限即刻到。北平居仁堂何部長敬之兄、黃委員長膺白兄勛鑒：

密。本日下午偕哲生、鈞任諸兄在牯嶺與蔣先生會商結果，對於河北停戰，弟等本不主張文字規定，惟前方萬不得已之情形已簽定覺書，弟等自當共負責任。關於成文協定自關重要，能避免最好，若不能避免，祈參照國防會議決議：（1）限於軍事，不涉政治；（2）不可放棄長城以北領土之類似文句；（3）先經中央核准。弟等因知前方情形緊張，但覺書簽定後，我方不挑戰，對方自不進攻，則時間稍寬，從長討論，寧遲勿錯，實為必要，尚祈裁察為荷。

弟兆銘。儉亥印。

李雲漢，《抗戰前華北政局史料》，頁261-262。

■ 1933 年 5 月 28 日

蔣中正電于學忠嘉慰防範天津漢奸圖逞布置尚屬周洽及日軍近雖暫緩進攻仍須激勵軍警趕築工事嚴陣待命以防隨時決裂情形

譯發

廿二年五月廿八日擬稿

五月廿八日下午八時核發

特急。天津于主席孝侯兄：

有祕電悉。引密。津市漢奸圖逞，在在堪虞。核閱來電，防範禁閉之布置，尚屬周洽，至可嘉慰。近日倭寇進攻雖暫告停頓，然決裂爆發隨時可能，尚希激勵軍警趕築工事，嚴陣待命。蓋平津為吾人最後之陣線，應死生與之。敵至狡獪，不可稍形鬆懈也。

中正。儉亥機。

002-090200-00010-334

■ 1933 年 5 月 29 日

蔣中正電何應欽黃郛據戴笠電稱關東軍電各部屬云深悉中國亟求作局部謀和我可藉此向各國宣言中國已默認滿洲國界等

急。北平何部長敬之兄、黃委員長膺白兄：

○密。據戴笠電稱：（1）關東軍電各部屬云：現深悉中國不敢出全力以對帝國作戰，對日軍之繼續威脅亟求作局部謀和，以維持平、津，頃我決定之對策：一、使華軍在北寧線作工事布置，並劃灤東為緩衝區，我可藉此向各國宣言中國已默認滿洲國界。二、使中國澈底取締一切排日運動。（2）日陸軍省電駐津日軍云：傅作義軍現仍不改頑強態度，對日軍有顯著之挑戰行為，已電令關東軍對該部除用飛機爆炸外，即斷然予以攻擊。（3）駐津日軍電陸省云：據密報，蔣介石對日之不即妥協，實因受西南及反對派之牽制，倘使對日立即妥協，必致促成反蔣運動具體化。就此形勢觀察，倘我將蔣之苦衷不諒解，則必演成蔣之容共，出全國力以對日。（4）關東軍電云：中國急收徐水至廊房一段鐵路，我不可忽視，已令前方部隊由香河占廊房，以截斷于學忠部之聯絡及威脅平漢線為目的。（5）又電云：凡不退卻平漢線之中央軍密集隊收容地點，皆宜派飛機撲滅，對東北軍暫不可轟擊，留作反蔣之用，但王以哲除外等語，特電轉達，以供參考。

中正。豔午行機。

李雲漢，《抗戰前華北政局史料》，頁263。

■ 1933 年 5 月 29 日

蔣中正電何應欽黃郛欣慰協定內容不雜承認偽滿棄東四省等影射文字及協定地點日期既定自不必變更惟須審慎妥訂詞句

提前譯發

廿二年五月廿九日擬稿

五月廿九日下午四時核發

限二小時到。北平居仁堂何部長敬之兄、黃委員長膺白兄：

儉戌電悉。自密。協定內容凡承認偽組織、放棄東四省或類似影射之文字，既彼此交換意見，絕不至參雜其間，至為欣慰。地點、時期既經約定，自不必變更，即希照常進行，放手辦理。惟文字之精神及詞句應如何審慎妥訂？尚希悉心斟酌，並盼急電預告為荷。

兆銘、中正。〇〇。豔申引機。

002-090200-00010-333

■ 1933 年 5 月 29 日

蔣中正電黃郛談判經過獨具苦心既感且佩而弟欲慎重進行者蓋鑒於敵人生性最狡我國內部又複雜萬分不能不統籌兼顧等

限即刻到。北平豐澤園黃委員長膺白兄：

感電祇悉。密。談判經過，獨具苦心，公誼私情，既感且佩！弟斤斤過慮，欲慎重進行者，蓋鑒於敵人生性最狡，而我國內部又複雜萬分，不能不統籌兼顧，特率直陳述，供兄參考，欲兄益加注意耳！共嘗艱苦之宿約，必始終不渝，諸事弟必負責。相見以心，想可共信，幸兄有以鑒諒之，並祈積極主持，隨時示教為荷。

弟中正叩。豔申行機。

李雲漢，《抗戰前華北政局史料》，頁264。

■ 1933年5月29日

汪兆銘電何應欽黃郛塘沽談判請查照國防議決堅決進行倘因此而招致國人之不諒弟必奮身以當其衝等

北平居仁堂何部長敬之兄、黃委員長膺白兄：

密。承示代表已派定，明日在塘沽開始談判，請兩兄查照國防議決，堅決進行。倘因此而招致國人之不諒，反對者之乘間抵隙，弟必奮身以當其衝，絕不令兄為難，區區之誠，祈鑒察為幸。

弟兆銘。豔。

李雲漢，《抗戰前華北政局史料》，頁262。

■ 1933 年 5 月 29 日

汪兆銘電何應欽黃郛塘沽協定條件須經國防會議核准此為中央負責之表示非對兩兄有掣肘之意等

北平何部長敬之兄、黃委員長膺白勛鑒：

儉亥電計達。協定條件須經國防會議核准，此為中央負責之表示，絕非對於兩兄有掣肘之意。權衡輕重緩急，存於兩兄之運用。弟無論如何，必與兩兄共進退，絕不致使兩兄有後顧之憂，乞堅決進行為荷。

弟兆銘。豔辰印。

李雲漢，《抗戰前華北政局史料》，頁262-263。

■ 1933 年 5 月 30 日

蔣中正電何應欽黃郛經釋明後汪兆銘等均已諒解簽訂協定苦心僅求確守國防會議決議原則並斟酌文字用語

提前譯發

廿二年五月卅日擬稿

五月卅日下午十一時核發

限二小時到。北平居仁堂何部長敬之兄、黃委員長膺白兄勛鑒：

豔酉電悉。自密。自汪先生偕哲生、君任、雪艇各人到牯，初對協定形式內容及手續均多懷疑，嗣經一再討論，並充分告以前方之實情，季寬兄昨夜復趕到牯嶺面報一切，兄等之孤詣苦心，眾意均已諒解。今晨汪、王、羅已回京，明日下午國防會開會，季寬、哲生當由此間乘機飛京出席，經此多番接談之後，但求能確守國防會有日決議之原則，中央內部當可一致。唯盼文字斟酌，打磨乾淨，不可有影射，縱屬同一意義，而用語必須堂皇，則電陳核准自亦可不成問題也。

中正卅。〇〇。行機。

002-090200-00010-336

■ 1933 年 5 月 31 日

熊斌電蔣中正等中日雙方已修正塘沽協定條文同時簽署同意停戰並報告該協定各項要旨等

22 年 5 月 31 日

自塘沽發

號次：a2286

限即到。牯嶺蔣委員長、南京軍事委員會朱主任、唐主任、參謀本部賀次長、軍政部陳次長鈞鑒：

行密。職等於昨三十日午後二時到塘沽，四時行第一次會見，本日早九時正式會議，日方提出停戰協定五條，吾方修正文句接受，午前十一時十一分簽字，其要旨如下：（1）中國軍即撤退延慶、昌平、高麗營、順義、通州、香河、寶坻、林亭口、寧河、蘆臺所連之線以西、以南地區，不再前進。又不行一切挑戰擾亂之舉動。（2）日本軍為確悉第一項實行之情形，可用飛機或其他方法視察，中國方面應行保障，並與以便利。（3）日本軍確認中國軍已撤至第一項協定之線時，不超越該線續行追擊，且自動概歸還至長城之線。（4）長城線以南、第一項協定之線以北及以東地域內之治安維持，由中國警察機關任之。（5）本協定簽字後即發生效力，午後二時再行會見，互示關於實行協定之意見，午後五時許磋商完成，擬六時開車返平。謹陳。

職熊斌等叩。世酉印。

002-090200-00007-136

■ 1933 年 5 月 31 日

《塘沽協定》全文

民國廿五年五月十九日中央日報第一張第三版

張邦選遵抄

停戰協定：

關東軍司令官、元帥武藤信義，於昭和八年五月廿五日在密雲與國民政府軍事委員會北平分會代理委員長何應欽所派軍使該分會參謀徐燕謀，正式接受停戰提議。依此，關東軍司令官、元帥武藤信義，關於停戰協定，委任全權於該軍代表關東軍參謀、副長陸軍少將岡村寧次，在塘沽與國民政府軍事委員會北平分會代理委員長何應欽所委任停戰全權華北中國軍代表、北平分會總參謀、陸軍中將熊斌，締結左列之停戰協定。

① 中國軍即撤退至延慶、昌平、高麗營、順義、通州、香河、寶坻、林亭口、寧河、蘆臺所連之線以西、以南之地區，爾後不越該線而前進，又不行一切挑戰擾亂之行為。

② 日本軍為確認第一項之實行情形，隨時用飛機及其他方法以行視察，中國方面對之應加保護及與以各種便利。

③ 日本軍如確認第一項所示規定，中國軍業已遵守時，即不再越該線追擊，且自動概歸還於長城之線。

④ 長城線以南及第一項所示之線以北、以東地域內之治安維持，以中國警察機關任之。右述警察機關，不可用刺激日本感情之武力團體。

⑤ 本協定蓋印之後，發生效力。

以此為證據，兩代表應行記名蓋印。

關東軍代表 岡村寧次 印

華北中國軍代表 熊斌 印

覺書：

萬一撤兵地域有妨礙治安之武力團體發生，而以警察力不能鎮壓之時，雙方協議之後，再行處置。

昭和八年五月三十一日。

關東軍代表 岡村寧次 印

中國軍代表 熊　　斌 印

李雲漢，《抗戰前華北政局史料》，頁273-274。

■ 1933 年 5 月 31 日

羅文榦電何應欽黃郛陳述顧維鈞郭泰祺施肇基顏惠慶各使所得關於塘沽協定內容之意見

北平劉次長勛鑒：並轉何委員長、黃委員長勛鑒：

密雲所簽條款，分電顧（維鈞）、郭（泰祺）、施（肇基）、顏（惠慶）各使後，茲陸續接到復電。施謂政府目前政策，基未能表示同情。顧謂停戰之議，既由我方首先提出，日方所開一切條件，內容與字面均片面口氣，令我難堪，原屬意中事，且因直接向日要求，無第三者居間作證，是以日本要求覺書上簽字，此層亦所難免。現觀重要者，即成文協定萬不宜牽涉政治問題，或直接、間接承認日本因侵占而造成之任何事實。此間國聯與各國代表團議及，亦以日方乘勝迫我承認政治條件，如承認偽國、河北省中立、不擾亂偽國治安、取締義軍、放棄抵貨等為慮。且謂如中國承認政治條件，無異甘自對國聯與各國違約失信，此後彼等對本案儘可置之不理云云。總之，日軍所占之線距平、津僅咫尺，如我對協定之條件拒而不受或條件不能遵守，日軍隨時可以進攻，是結果平、津仍不能保，此層亦不得不慮及。郭謂：一、敵方不惟逼我認錯，且撤退亦屬我方片面義務，而敵撤退地點與時間則無規定。二、覺書第三項敵以飛機迫我撤兵，既許其破壞我領空權，更須予以保護與便宜，未免太虐。三、關東軍司令係兼駐滿洲國大使，認渠為對手方，恐含有承認組織之嫌，但以上各點比之任何方針條件，固又較輕矣各等語，謹聞。

羅文榦叩。世。

李雲漢，《抗戰前華北政局史料》，頁265-266。

■ 1933年5月31日

蔣中正電汪兆銘塘沽協定內容屬臨時軍事協定未涉政治範圍請中央予以核定以免橫生支節並請代陳中央冀各同志一致諒察主持大局

即速譯發

廿二年六月一日擬稿

六月一日下午七時核發

限三小時到。南京汪院長尊鑒：

頃電計達。□密。此次停戰協定僅就日前日軍所提之覺書稍加改訂，實與去歲淞滬協定無甚差別。其中第一、第二兩項及第三項之前段在協定發表之前，均早已實行，現祇待第三項末段日軍之撤退，雖兩軍隔離之間，特劃和平緩衝之地區，然為貫徹停戰之目的計，自所難免。綜核全文，自不失為純粹之軍事臨時協定，並未涉及政治範圍，既經我方軍事代表與對方磋商完成，縱字句間略有不甚冠冕之處，唯有籲請中央毅然核定，以免枝節橫生。敬之、膺白受命危難之際，周旋壇坫之間，純為緩和侵略、保存華北，稍行喘息，以免崩潰起見，孤詣苦心，一時或不能盡邀世人之共諒，中央似宜諒其忠悃，特加鑒原。中正身為軍事最高之長官，既授權處置，尤願共受處分，獨負其責。區區微忱，請兄代陳中央。尚冀各位同志一致諒察，而主持之大局幸甚。

弟中正叩。〇〇。送戌引機。

盼復。

002-090200-00007-274

■ 1933 年 5 月 31 日

蔣中正電吳鐵城塘沽協定僅為軍事停戰絕無屈服日方之意請密示上海人士以免傳聞失實遭人煽亂等

譯發

廿二年五月卅一日擬稿

五月卅一日下午十一時核發

特急。上海吳市長鐵城兄：

卅戌電悉。雄密。吾人對日時而抗戰，時而緩和，均純為國家之實際利害著想。能抵抗而不抵抗，及應緩和而不緩和，其誤國殃民之罪維均。今華北抗戰倏將三月，匪特國際祇有無裨實際之同情，即國內亦僅聞共赴國難之虛聲，華北各軍苦戰惡鬥，傷亡枕藉，中央直轄各軍為尤甚。養、漾兩日，敵人積極壓迫，致全線崩潰，平津已危在旦夕。倘猶專賴軍事，而不設法緩和，則平津必陷，華北全亡，失地愈廣，則光復愈難，此豈真正愛國者所宜出？況停戰談判僅屬軍事，不得涉及政治範圍，尤不得有承認偽組織及割讓東四省，或疑似影射之文字規定，此與淞滬停戰協定相同，絕非屈服。此意希密示滬上人士申明之，以免傳聞失實，自生誤解。一切企圖煽亂者之行動，尤盼加意防範，斷然制止為要。

中正。○○。世行機。

盼復。

002-090200-00007-275

■ 1933 年 6 月 3 日

汪兆銘電蔣中正臨時政治會議通過塘沽停戰協定比照淞滬停戰協定辦理並懲處何應欽黃郛不經中央同意即簽字行為等決議

22 年 6 月 3 日

自南京發

號次：3786

南昌蔣委員長賜鑒：

黨密。今晨，臨時政治會議對河北停戰協定討論甚詳：（1）查去年淞滬停戰協定係行政院長報告內容，及經過政治會議接受報告後交行政院辦理，此次協定亦同樣辦理。（2）提議懲戒敬之、膺白兩兄，以協定未經中央核准即爾簽字，且有長城線字樣；弟請兄將弟付懲戒，並出示吾兄送戌電有「願同受處分」之語。決議應毋庸議。（3）弟起草中央宣言語過沉痛，決議中央不必發宣言。以上為政治會議決議，協定可不生動搖。立法院處昨經哲生兄詳細解釋，亦無異議。謹聞。

弟兆銘。江印。

002-090200-00010-012

■ 1933 年 6 月 5 日

汪兆銘電蔣中正外部已將協定全文電知駐外代表轉報國聯及各國政府此非正式提出卻有代表興師問罪其條文職感慨其道聽途説而吾立場已於國防會議表明矣

22 年 6 月 5 日

自南京發

號次：4031

急。南昌蔣委員長賜鑒：

支未電敬悉 7825。密。外部已將協定全文電達駐外代表，轉報國聯及各國政府，去電追還，時已無及。惟僅係通知消息，並非正式提出，尤非加以討論，想無大礙，昨已電知膺白兄矣。駐外代表根據通訊社讕言，竟來電質問謂「協定中有承認滿洲國及償還日本進攻華北經費二萬萬元」等條件，倘閱協定全文，亦可瞭然。九一八以來，外交豈再不見日本人及不聞日本消息為得計，蔽聰塞明，乃至引歐美通訊社讕言相駭詫，真可感慨。弟已屬在國防會議痛切言之矣。

弟兆銘。歌印。

002-090200-00012-304

■ 1933 年 6 月 22 日

黃郛電蔣中正北平軍人雜處易與日軍發生事端請將宣傳大隊暫撤回城駐軍酌量撤至保定或長辛店以南藉安人心

22 6 22

北平

5968

急。南昌蔣總司令勛鑒：

品密。極密。平市軍人雜處，各軍師旅團營小部隊之駐紮，及辦事處之在平者，據調查所得有三百八十七處之多。軍人雜色，各不相屬，統制維艱，事端易肇。昨晨，平市電車經過東單牌樓，由南向北正在開行之際，座中一卒見當時有日隊長率領日兵廿餘名由北向南，即連發數槍，幸未命中。日兵追車，車停，而開槍者即遠逸。日隊長即攜拾得之彈殼四枚，至居仁堂與敬之兄交涉，認為性質嚴重，存心挑釁。晚間，鮑公安局長來兄處報告，謂已向日方解釋開槍者實與另一車中人爭鬧，藉以示威，非向日兵尋釁。如此解釋，日方勉強接受，惟同時日方以宣傳大隊散發之傳單相示，該項印刷品語氣激昂，不曰毋忘沉痛教訓，準備再戰復仇；即曰忍痛停戰，準備復仇雪恥。日方鑒於兩事先後併發，認我軍猶持挑戰態度，遂將以上事實報告天津駐屯軍司令，並電告東京。兄意此事幸未傷人，或可不致發生重大影響，然如此情形若不急圖改善，在在足使肇事而有餘。據聞平市在劉健群領導下之宣傳大隊尚有數十人，其宣傳工作處此時期，未必足以喚醒民眾，而實足以惹起糾紛。為策安全計，該項宣傳大隊宜暫撤回城內，駐軍亦應酌量撤至保定或長辛店以南，藉安人心而免肇事。除一面與敬之兄妥籌辦法外，理宜據實奉告。即盼電復。祇遵。

郛。養印。

請核示。

擬覆宣傳大隊即令駐保定、平城各軍雜處，軍民兩害，應如何撤退，及應駐地點請與敬之兄妥商速辦為盼。

已復。六・廿五

另電劉健群將北平人員及總隊速移保定，不准再在平宣傳。

已電劉。六・廿五。

002-080200-00099-001

■ 1933 年 6 月 30 日

汪兆銘電蔣中正應於承認偽滿洲國割讓東四省條約外最低限度內以和平忍耐與日本相處而非封閉外交致遂日本歹意

22 年 6 月 30 日

自南京發

號次：6673

特急。南昌蔣委員長賜鑒：

青密。頃覆敬之豔已行祕電如下：「自停戰協定成立以來，我對日方針避免軍事衝突，減輕一切可以激動日方惡感之宣傳，均事實具在。駐外各代表亦能明瞭此意，絕未向國際提出絕交及經濟制裁等案。弟並曾在三電飭關於中日問題慎重發言，各代表最近且賭氣電請封閉日內瓦代表團辦事處，如此，而猶謂『遠交近攻』、『以夷制夷』，則必中國退出國際聯盟，與歐美各國絕交，自拋棄其外交權，而夷於被保護國之列，然後可以快其意矣。大抵日方所謂改變外交方針，質言之，不過我國簽字於承認偽國、割讓東四省之條約，在此最低限度以內，吾輩應示以最後決心，使之絕望。其他一切則以和平忍耐處之。幸而濟中國不亡，否則吾輩惟有相與殉國而已。度吾兄必有同心也見兆銘陷辰」等語，敬聞。

弟兆銘。陷辰印。

002-090200-00010-019

■ 1933 年 7 月 4 日

黃郛電蔣中正詳陳殷同雷壽榮與岡村喜多會商各點

22 7 4

北平

7088

特急。南昌蔣委員長勛鑒：

江未機電奉悉。品密。江日在大連，殷同、雷壽榮兩員與日方岡村、喜多會商：（1）允解散六千人，徒手每名廿元、步槍四十元、手槍五十元，官長平均每名百元，已復電交涉減半。（2）上項交換條件：保安隊改編四千人，復電允三千五。（3）駐地豐潤外，希加永平、灤縣、昌黎三處。復電僅允加永平，然均以縣城為限。（4）李希望給保安督練名義，復電俟本案完全辦竣後，視其努力如何再酌。（5）取消政務、財務各廳及撫卹等等，日方勸出善後費五萬元，復電允許。（6）鐵路交涉以恢復榆變前原狀為歸，惟修理灤河橋及炸毀各處聞「須有廿萬元，方可締了」等語，此條已電慕霖詢問。（7）「如商妥約定，儘七月內實施完了」等語，知注特聞。再此次交涉，嚴令赴連人員遵守下列兩條辦理：（1）無文字交換及簽訂。（2）認定關東軍為對手，萬不得涉及偽國人員。請釋念。交涉進行報告，在事實未表現以前，概請嚴秘，以免對方責言，至盼。

郛叩。支機叩。

002-080200-00102-030-002a~003a

■ 1933 年 7 月 6 日

黃郛電蔣中正據殷同雷壽榮電告與日接洽處置李際春部情形

22 7 6

北平

7258

特急。南昌蔣委員長勛鑒：

善密。大連殷、雷兩員支電稱：「（1）李部實數在一萬二千以上，原案總數八千，事實尚餘四千以上，如無辦法，仍害地方。經岡村、喜多再三調停，方允由我點檢給資，無虞冒混。在我雖增保安隊一千，其餘得一次遣散，亦較編旅為省錢省事。岡村亦以與原案不符，已電武籐〔藤〕請示。至收械約數二千，需款十萬，連同遣數六千及少數官長約需十四萬元，合共念〔廿〕四萬元。（2）鐵路交涉本日告成，聞報載委託經營之說，毫無根據，即日方亦無此項建議，請發表更正。所談要點係隨日軍撤退、逐段接收及運輸上之聯絡事實而已。（3）一切交涉秉承尊諭，純係談話方式，以關東軍為對手，絕不交換或簽訂何項文字云云。」又歌電稱：「關於李軍處置，最後決定如下：（1）李軍中選拔優良者四千人，改編為保安隊，殘餘以六千人為限，統解除武裝裁撤之。（2）改編之保安警察隊，隸屬於河北省政府，其總隊長由現李部中選一較適者任用之。（3）前項保安警察隊皆駐豐潤、灤縣，專行訓練，但須避開鐵路沿線。（4）李之地位名義及善後費，俟竣事後，由薛君負責疏解，速予解決。（5）本規定實行至遲須在一個月內完了云云。」知注特達，並請暫守嚴密為感。

郛叩。魚機印。

002-080200-00102-054-002a~003a

■ 1933 年 7 月 12 日

方覺慧電蔣中正近日漢奸失意軍人大肆活動利用親日軍人壓制抗日團體並聞日方欲使華北成為東省第二等情及請中央從長計議暫緩撤消華北黨務辦事處俾應情勢轉變

22 年 7 月 12 日

自新鄉發

號次：7746

特急。限即刻到。牯嶺蔣委員長勛鑒：

捷密。辦事處致公一電，諒荷鈞察。自《塘沽協定》簽字後，華北局勢表面雖呈安定，實際日見嚴重，倭寇易鯨吞為蠶食，欲力〔利〕用平津為緩衝地，陰謀毒計，層出不窮。覺慧奉命駐平，耳聞目見，實覺危機四伏，今略陳之：（一）近日汗〔漢〕奸及失意軍人、政客大肆活動，利用親日軍人壓制抗日團體，如民眾自衛會之查禁，抗日會之封鎖，黨務機關之不能行使職權，此項情事在華北各省已數見不鮮，日方更有籌集二千萬元為華北活動費之說。推其用心，直欲使華北成為第二之東省。（二）張垣事變發生，馮逆之用心已為世上所共知，只求其達到搗亂之目的。聯日聯俄，不擇手段，均在進行中。最近組織禦侮救國會，已派人深入華北社會，且頑強負嵎、鼓惑策動於內幕中者大有人在，不及早解決，後患堪虞。（三）華北辦事處奉中央命成立後，電情勢轉變，工作可告一段落。然數月來，一般親日軍人及反動勢力不敢任情妄為，即有攝於本黨在華北之最高機關之存在。今依照中央頒發之工作要雖可結束，然觀察局勢，擬請轉電中央從長計議，暫緩撤消或另換名目，工作及任務均斟酌現勢略為改變，俾反動分子知所畏懼。其餘各端尚有非文電所能詳達者，擬俟抵贛後再為詳陳。

方覺〔慧〕。

002-090200-00010-024

■ 1933 年 7 月 14 日

黃郛何應欽電蔣中正汪兆銘日方表達難以漠視馮玉祥進兵多倫擾亂熱河違反停戰協定情形並似有出兵企圖及請示如何處置應付察事

22 年 7 月 14 日

自北平發

號次：7889

限即刻到。牯嶺蔣委員長。鎮密；南京汪院長：

今午，日本柴山武官來見，據言：「馮玉祥進兵多倫，企圖擾亂熱河，實違反停戰協定之精神。在理論上，應向貴方提出抗議，但事實上貴方未能支配馮之行動；關東軍對此事實難漠視，對於多倫或將採取軍事行動」云云。職當告以「察事乃我國內部問題，刻正積極設法迅謀解決；至必要時，即用武力解決，亦所不辭」等語。窺柴山來意，似係銜東京及關東軍之命，來通告我方漾彼對進兵多倫、沽源；惟關於日方究否出兵、萸干到何處，柴山嚴守祕密，彼亦不知云。察事對內、對外究應如何處置，應付之處？乞迅示機宜為禱。

職黃郛、何應欽。□。未行秘印。

002-090200-00010-025

■ 1933 年 8 月 3 日

何應欽電蔣中正所擬三項辦法已由熊斌秦德純持與宋哲元商量是否即照所擬定步驟辦理又馮玉祥屢次派人與日方接洽妥協日方均置之不理

22 8 3

北平

9393

限二小時到。牯嶺委員長蔣：

江午電計達。鎮密。職所擬三項辦法，已由哲民、紹文持與明軒商量，經提出意見如下：（一）何部長所提之各項辦法，以意度之，均可接受。（二）為貫澈政府和平主張起見，擬定步驟如左：（甲）由分會責成宋明軒負責，遵照部長所提辦法辦理。（乙）為進行便利計，宋到平綏線，我方最前線如下花園附近為宜。（丙）如張垣對所提辦法不肯接受時，宋部即原車回平。（丁）如此辦法，方足表示政府希望和平誠意，對宋亦算仁至義盡。張垣既不接受，即再用兵，各方亦必贊同。以上意見經職與膺白兄詳加考慮，認為尚屬可行，且擬令明軒於未出發前發表通電聲明。前奉分會及政委會命令回察，因馮把持張垣，礙難行使職權，是以遲遲未回。同時，並由分會對宋再發訓令，令其回察以後，對於前經分會收編之義軍如鄧文、李忠義、劉震東等部仍予承認，方振武所屬之張人傑部仍准編為三團。又宋部原留張垣之一團，仍承認其歸還建制外，其餘吉鴻昌、張礪生等新股之雜軍、土匪一概不得收編，以示限制。紹文等對宋告發電聲明一層，亦謂可以辦到。是否即照此擬定步驟辦理，乞迅核示遵。又報馮屢派人與日方接洽妥協，日方均置不理，且日軍確有於一星期內復占多倫之準備。馮氏態度軟化，或即此故。謹併陳。

職應欽。江戌行秘印。

002-080200-00111-129-002a~004a

■ 1933 年 9 月 23 日

黃郛電蔣中正據何應欽電稱與柴山兼四郎接洽日方堅決由我軍自行剿辦方振武部並請剋日北返各情

22 9 24

〔申〕

13784

南昌蔣委員長勛鑒：

密。頃接何部長養申電稱：「養、皓各電均奉悉。自方振武率其殘部竄據懷柔縣城後，此間即派殷顧問同向柴山武官接洽，謂我方將派正式軍隊往剿，請其轉達關東軍勿生誤會。頃柴山來見，謂『關東軍方面因非武裝區內忽發現此類武裝團體，其於獨自立場，須先將方部予以警告，繼即實行以兵力驅逐，一俟方部驅除，日軍即行撤退，請我軍勿越協定之線北進，免引起誤會』等語。弟當答以『關東軍意思業已知悉，惟關東軍若再進出長城線，無論對內對外均成為政治問題，與停戰協定精神似有違背』。又關東軍行動須決於其統帥權，若因剿辦此種匪軍之故再行進出，將來撤退又感困難。基此兩點理由，堅決主張由我軍自行剿辦，但為表示坦白並為免誤會計，可由日方遣派聯絡人員，擔任對我進剿部隊之聯絡，請其再將此意轉達關東軍，柴山已允照辦。弟意為解決此事容易迅速起見，並擬請日關東軍副參謀長岡村來平一行，俾得就近協商。岡村本人前曾表示俟兄回平後，彼願來平一行，務乞吾兄剋日命駕北返，以便此事得以早日順利解決。至於其他細小事件，如平市公安局等問題，兄來後，一切不難迎刃而解，請勿介介。擇一兄今日抵平，已晤談，並聞」等語。謹達參考。

郛。梗酉印。

002-080200-00123-087-002a~004a

■ 1933 年 9 月 23 日

于學忠電蔣中正何應欽黃郛稱日軍參謀岩仲聲明絕無方振武投降滿洲國一事及不容華北當局派兵進入停戰協定區域內等語

22 9 24

天津

13720

特急。南昌蔣委員長、北平何委員長、黃委員長鈞鑒：頃據密雲縣長養申電報稱：「養日辰刻，有駐熱河日本軍第八師團長代表岩仲參謀對縣長聲明之二項如左：（1）〇密有方軍投降滿洲國，抑且與日本軍有聯絡默契。似此謠言絕對無事實根據。（2）華北當局對於軍隊與相當之位置，或給予金錢改編之，且得設法安置，使其從速撤退停戰協定之線以外。（3）對此，絕對不容華北當局派兵進入停戰協定之區域內攻擊方軍。（4）前列聲明事項，請轉致華北當局何、黃委員長、于主席等，因僅特電聞」等，因現正組織中央隊預備分往北平剿辦，理合電陳，伏乞鑒核。

河北省主席于學忠叩。漾亥秘印。

002-080200-00123-089-002a~003a

■ 1934 年 5 月 9 日

外交部電北平軍分會河北省政府迭據情報日本軍隊常入停戰區域內請飭向日方交涉等

軍事委員會北平分會、河北省政府勛鑒：

密。查按照協定，日軍不得開入停戰區域內，乃迭據情報，日本軍隊常入停戰區域內，又本週起唐山日軍舉行長期實彈演習，其規模如何，事先有無通知及尊處如何應付，統希電復。並請飭向日方交涉，嗣後除有特殊情形而係小批隊伍或作短期空槍演習，預先通知我當局者暫可通融外，餘概不得擅入。交涉情形希一併電部為荷，除電河北省政府、軍事委員會北平分會外，特電查照。

外交部。

《中日外交史料叢編》第三編《日軍侵犯上海與進攻華北》，頁185。

通航、通車、通郵交涉

■ 1933 年 6 月 26 日

劉崇傑電蔣中正查察哈爾事態糾紛可知日本內部意見不一則對日問題需有統制調查研究以供當局決定國策及請示可否入南昌趨聆訓示

22 年6 月26 日

自北平發

號次：6438

南昌蔣委員長鈞鑒：

傑密。華北大勢，目前勉可告一段落，惟察哈爾、灤東、灤西事勢仍極糾紛可慮，偽軍及火車通行問題日本多方延宕，電車案又復藉端要求，用意可知。彼軍閥內部派別本不一致，而與政黨、實業界、思想界意見復有種種異同。現在對問題急需有統系的調查研究，以供當局決定國策之用，並酌量發表，指導國人，俾知鄰邦真相，則政府對日辦法自易了解，並可藉以養成人才，一面由政府、社會派人分途與日本各界時相接觸，以免隔閡，上下協力合作，救此顛危之局。至於國際方針因事勢變遷，自應重加考慮統籌，兼顧保持均勢。傑到平以來，外交團時常接洽，遇有疑問，必來面詢，尚稱融洽，於我公表示敬仰有加無已。傑擬不日乘平漢車回京，先入南昌趨聆訓示，並面陳一切。當否，敬候電示祇遵。再英藍使昨晚偕法使夫人飛滬，鈞座借用飛機，甚為欣感，特來面謝優待，並託代陳謝忱，稱此行所得印象對於武漢尤佳。

崇傑。宥印。

002-090200-00010-017

■ 1933 年 6 月 29 日

黃郛電蔣中正已派雷壽榮殷同即赴大連與日本詳商關於實行接收戰區及北寧路通車之事

22 年 6 月 29 日

自北平發

號次：6637

南昌蔣委員長勛鑒：

品密。戰區接收委員會人選及組織業經另電報告，諒邀察及。今日天津武官由關東來述及關於實行接收戰區及北寧路通車事，已得有端倪，最後決定派員赴大連為具體之商議。茲已派接收委員雷葆康、武〔殷〕同二君即晚赴津，明日乘船赴連，七月一日可在連詳商。如能順手，大約十日內外當可見諸實行也。知注特聞。

郛叩。豔機印。

002-090200-00010-018

■ 1933 年 7 月 3 日

黃郛電蔣中正與日會商通車事宜要點為先通車到唐山並有日軍派駐及行車危險由我應付等臨時辦法乃至秩序恢復止

22 年 7 月 3 日

自北平發

號次：6997

特急。南昌蔣委員長勛鑒：

善密。頃據錢宗澤冬電稱：「本日下午，由本路運輸處長等與日本森木〔五郎〕憲兵隊長等，在駐屯軍司令部會商通車事宜，要點如下：（1）先通車至唐山。（2）明日上午九時，專車載森木及日兵一百二十名，本路由警察署長率護路隊一百六十名先開唐山，當日仍開回。（3）以後日軍駐唐山一百二十名，如行車發生危險，唐山或塘沽派兵應付；平時非必要，日兵不隨車。（4）以上為臨時辦法，至秩序恢復為止」等語，知注謹聞。以後凡關於交涉經過報告，並盼暫守機密為要。

郛叩。江機印。

002-090200-00010-021

■ 1933 年 7 月 12 日

蔣中正電黃郛東北通航一事現不宜討論至通郵步驟及內容俟兄與殷同討論後弟再約其晤談何如

譯發

廿二年七月十二日擬稿

七月十二日下午五時核發

莫干山黃委員長膺白兄勛鑒：

青及佳來電均敬悉。鑫密。日方聯航要求，總以拒絕為宜，現在尤不能討論及此，不可與通郵併為一談。至通郵步驟及內容，俟兄晤殷詳加接洽考慮後，弟再約期晤殷。何如？

弟中正叩。〇〇。文秘特印。

002-090200-00015-224

■ 1933 年 7 月 12 日

唐生智電蔣中正據錢宗澤電告其與日軍長官洽商恢復北寧路通車經過情形

22 7 12

南京

7766

特急。牯嶺。委員長蔣鈞鑒：

流密。據平分會轉據北寧路局長錢宗澤支電稱：「本局與天津日本駐屯軍接商恢復通車，曾備車一列，江晨由天津開行。惟蘆臺迤東電線損壞太甚，隨進隨修，車道尚無損壞。下午三時抵唐，與日軍長官接洽完畢，當晚十二時返津。刻因橋梁未修竣，日兵車多列無法東行，路線異常壅塞，在唐接洽結果，本路暫行通車一列，支日通至唐山，停留一小時即回，餘俟十日左右酌增。現時路用、電話不通至唐」等情，謹轉鈞察。

職唐生智叩。震戰印。

002-080200-00104-060-002a

■ 1933 年 8 月 10 日

錢宗澤電蔣中正摘呈與日方商妥恢復戰區交通大綱唐山至山海關由隴海鐵路局接收及山海關車名義上歸中國管理實際各半等條文

22 年 8 月 11 日

自天津發

號次：9882

即到。牯嶺總司令蔣：

〇密。恢復戰區交通，遵照黃委員長意旨，與日方迭經交涉，枝節橫生，萬分棘手，僵持數次，昨始商妥大綱如下：（1）唐山至山海關段定本月十三日由本路接收。（2）山海關車名義上歸我管理，實際各占一半。（3）日方所提與東山路聯運問題，已允暫時不談；惟平瀋直達國際列車必須開行，無法避免。迭經磋商，改為由北寧自開，表示主權仍在本路；東山車不許入關。詳細辦法於兩個月內商妥再實行。（4）對中英公司債務，由關內外兩方收入分別撥付。（5）以上談話錄為密件，彼此均不簽字。除分電詳呈何部長、黃委員長、顧部長外，謹擇要密呈，乞鑒核。

職錢宗澤叩。蒸辰印。

002-080200-00113-067-002a~003a

■ 1933 年 9 月 6 日

黃郛電蔣中正將啟程轉京北行與汪兆銘共同召集臨時行政院會議商討解決各問題之原則請詳示會談結果及汪歸京日期

22 9 6

上海（有線）

12262

特急。牯嶺蔣委員長勛鑒：

尾亥、物亥兩電敬悉。品密。兄因山海關、稅關、東北郵政、沿長城各口檢查、北寧路聯運等問題，須與各主管部交換意見，北返後方可應付。前次曾與汪先生談過，彼主張兄過京時，召集一臨時行政院會議，商討解決各問題之原則；現滬事一部署完畢，祇待汪先生歸京，兄可即日啟程，轉京北行，請釋廑念。惟請照尾亥電所述，將會談結果詳示為盼，汪先生歸京期亦盼示及。

郛叩。魚印。

002-080200-00119-110-002a

■ 1934 年 10 月 5 日

朱家驊電蔣中正東北通郵談判日方代表原堅持其條件不肯讓步後高宗武強調我方政府不承認偽滿立場現雙方決定將彼此意見帶回請示後再行談判等

自南京發

號次：96

溪口蔣委員長鈞鑒：

密。據高宗武支電稱：「今日上午繼續會談，對方仍堅持前議，不肯讓步，全陷僵局。宗武為顧全此間當局意旨，打破局面起見，乃痛陳我國政府不能承認滿洲郵票之苦衷，並謂通郵問題之遷延至今者，為其謂技術問題，不若謂政治問題。政治問題固非本會談話討論範圍，但對方委員對於我方政治立場若無相當諒解，根本通郵問題無從談起。對方委員頗為動容，最後決定彼此將對方之希望條件各回去請示，我方擬由武麟同回京報告請示。如何？敬乞訓示。又今日對方委員提議郵票問題暫時保留，先由專家商談技術問題。宗武初則拒絕，繼以雙方參加者再三要求，宗武乃答以俟請示回電，到時再行決定。並乞訓示」等語，即謁汪院長請示，知先已接高電，並得膺白先生電，謂決電囑高宗武等先行回京，汪先生已先復電允可，一切且俟高等到京商酌後，再行奉聞。

朱家驊呈叩。微印。

002-090200-00015-230

■ 1933 年 11 月 9 日

黃郛何應欽電蔣中正此次與日協商日方確已遷就俟政局稍安方能指派專員逐次協商細目及通車交還鐵路事原約十月開始商量已一再催促等情

22 11 9

北平

19384

限二小時到。南昌蔣委員長鈞鑒：

聯密。極密。佳庚電報告兩日來折衝結果情形，計蒙鑒察。奉齊未秘贛電指示應付機宜，至為感奮。此次商談，得將偽國字句盡情刪除，煞非容易；「北支政權」字樣亦改為華北當局，所有談話不簽字、不換文亦均做到，惟各自記錄，以免遺忘一層，勢難避免。此次到此程度，在彼方確已萬分遷就。此外，並以須由政局稍安，方能呈報中央，指派專員逐次協商細目，求其諒解。惟彼方對通車事認為係交還鐵路時，業已承允之事實，原約十月間開始商量，故已再三催促，不容久延。是否應由政府決定方計，允其開始商談，以緩和空氣之處，仍乞鈞裁。郛、應欽首當衝要，見聞較切。殷鑒不遠，萬不敢稍涉因循，貽誤大局，尚乞指受機宜，以資肆應，不勝企禱。

黃郛、何應欽叩。佳一機印。

002-080200-00131-063-002a~003a

■ 1933 年 11 月 10 日

葉楚傖電蔣中正業與居正相約不再提出主張致礙大局及晤孫科汪兆銘談通郵意見又汪赴立院報告尚稱平順

22 11 10

南京

急。南昌蔣委員長介公賜鑒：

楚密。昨到京，即攜鈞函謁汪先生，談甚洽。渠決今晨到立法院報告，晚間約覺生諸君談話，詳達鈞意，均極省解，相約不再作主張，致礙大局。今晨晤哲生兄，汪先生亦在坐，於通郵等談甚詳，意見亦不相左。上午，汪先生赴立法院報告後，雖有小質問，亦尚平順。知注敬聞。

楚傖。灰未印。

002-080200-00131-096-002a

■ 1933 年 11 月 10 日

汪兆銘電蔣中正中政會議談話會諸委員提議絕不談通郵通車設關諸問題縱使華北淪陷亦如此實使政府陷入僵局及孫科出席立法院亦有在華北開始軍事行動等語

22 11 10

南京

19562

限即刻到。南昌蔣委員長賜鑒：

宙密。昨晨在中政會議談話會，已對各委詳加說明。大約各委最大疑團，恐此次亦如《塘沽協定》之先簽字後報告，故斤斤以爭此，尚為應有之顧慮。但若如焦易堂、石瑛、居正、陳肇英、苗培成、洪陸東諸委之提議「絕對不得談及通郵、通車、設關諸問題，而於通郵問題則並九一八以前之大連日郵、南滿沿線日郵，亦須取消；寧可再使華北淪陷，不能開始談判」等語，直是故設難題，陷政府於僵局。今時哲生由滬回京，十時弟出席立法院，各委提議大致相同，甚至有「催促即下決心，在華北開始軍事行動」等語。中國人專尚虛憍為大言，弟不覺可氣，轉覺可悲。昨今兩次反覆說明，歷數點鐘。當此紛紜眾議之際，除堅守吾人已決定之原則沉著進行及竭誠開導外，似無他法，詳情續聞。

弟兆銘。蒸印。

002-080200-00131-099-002a~003a

■ 1933 年 11 月 10 日

汪兆銘電蔣中正國防會議議決通郵問題由主管部速擬具體方針提出國防會議及中政會議已與葉楚傖分頭接洽

22 11 10

南京

19563

限即刻到。南昌蔣委員長賜鑒：

宙密。頃國防會議議決「關於通郵問題，由主管部迅擬具體方針，於下星期二提出國防會議，並於下星期三提出中政會議議決」等語。此為對於本星期三中政會議議決之補救，已與楚傖兄分頭接洽，謹聞。

弟兆銘。蒸申印。

002-080200-00131-098-002a

■ 1933 年 11 月 12 日

蔣中正電汪兆銘東北通郵關鍵在於承辦機關與郵票花紋為打破僵局可於通知書內附各國與偽滿郵件通過關係書之例僅作為機關與機關之關係或加重其不承認偽滿之語意若同意此點請與黃郛商議以謀解決

譯發

廿二年十一月十二日擬稿

十一月十二日下午六時核發

特急。南京汪院長尊鑒：

佶密。膺白庚亥電計已達覽，渠所擬通郵案之最大希望，係斟酌雙方距離而為之折衷者，果能辦到此步，自已煞費苦心。鄙意此中最大問題：一為通郵交換不可以總局直接當衝，而應指定一地方郵局為之居間承轉。二為郵票花紋種類之制訂與變通，必須預經我方之協議。由前言之，無異地方局部之解決，頗與通車辦法相類。由後言之，郵票既經我方之協議，自足為非偽滿主權行使之證明。弟日前在平，亦曾持此與膺白暢言之，今第三者居間或片面設置商務機關承辦，既絕不能獲得對方之諒解，為打破僵局計，似唯有依此限度與之周旋。若於通知書內附入各國與偽滿郵件，通過關係通知書之例，僅作為機關與機關間之關係，或加重其不能視為承認偽滿之語意，則似無流弊。如荷同意，請即電復膺白加工運用，以謀解決為幸。

弟中正叩。〇。文亥機贛。

002-090200-00015-231

■ 1933 年 11 月 15 日

汪兆銘電蔣中正外鐵財交四部決議通車與通郵設關有連帶關係且易生弊害中政會議決交葉楚傖朱培德陳立夫審查

22 11 15

南京（有線）

20288

南昌蔣委員長賜鑒：

宙密。外、鐵、財、交四部合組委員會決議如下：通車與通郵、設關均有連帶關係，乃係整個問題，如見諸實行，則縱力謀防杜，仍恐甚易發生種種弊害，且有易於引起事實上承認偽組織之虞。最好對於兩方車輛在山海關銜接時間予以便利，但須留相當時間，俾我國關員便於在站查驗。如在中央外交方針決定之下，萬不得已必須通車時，則所有技術問題，則再由主管部擬具方案，呈請核定。今晨中政會議議決交葉楚傖、朱培德、陳立夫三委員審查。

弟兆銘。刪印。

002-080200-00133-009-002a

■ 1933 年 11 月 16 日

唐生智電蔣中正據上海律師公會電稱傳我與日協議東北通車通郵設關群請停止並明告外交經過

字第 2684 號

中華民國廿二年十一月十六日發

南昌委員長蔣鈞鑒：

頃據上海律師公會元電稱：「近日盛傳我國與日本協議東北通車、通郵及設關，群情憤慨，惶駭莫名。果屬事實，非惟違反我國歷次決不直接交涉之宣言，且無異承認偽滿，賣絕東北四省主權，何以對先烈？何以對人民？應請內察輿情，外鑒大勢，立予停止，並將最近外交經過明告天下，以釋群疑，毋任屏營之至」等情，前來謹電轉陳，伏乞鈞察。

職唐生智叩。諫戰印。

002-080200-00133-176-002a~003a

■ 1933 年 11 月 18 日

蔣中正電朱家驊刪電悉此項消息若屬實對通郵問題有何影響請查明並研究對策詳告蔣中正電黃郛轉告汪兆銘稱東北通郵雖趨破裂但據報關東軍對我方立場已經同意我當委婉堅持以達目的

譯發

廿二年十一月十八日擬稿

十一月十八日上午十時核發

北平外交大樓黃委員長膺白兄勛鑒：

峯密。關於通郵案，頃接汪院長元電稱：「弟對此案，絕不願一意孤行，趨於破裂，但如仍有一線希望，終欲盡最後之努力。現時片面設置商務機關承辦，尚未至完全絕望。如能辦到，當較地方郵局為之居間承轉差勝一籌，故注意磋磨一字，亦不輕輕放過。證之談話當初，彼方曾云一字不讓，今則已變更多少，則磋磨而不決裂，或亦交涉之一法。蓋彼方貪得無厭，一問題解決，他問題又來，故不如多所磋磨，使知我方亦不易與。愚見如此，尚祈賜示」等語。又接寒電稱：「民信局較地方郵局為有利，元電已詳，須磨總領事歷對敬之、騮先、有壬諸兄重言申明關東軍方面已經答應，其言必非杜撰；我方若能委婉堅持，當可達到目的」等語，併轉參考。

弟中正叩。巧申。秘贛。

002-090200-00015-236-002a~003a

■ 1934 年 3 月 19 日

何應欽電蔣中正近來中日關係緊張建議令黃郛在不承認偽滿情況下與日談判通車通郵問題並請准給假三月赴美遊歷並藉機與日人周旋以探求對華政策真意

23 年 3 月 19 日

自北平發

號次：36802

急。南昌委員長蔣鈞鑒：

仁密。極密。近查中日形勢又漸趨嚴重，其所以至此，考之原因，由於日人認我始終持延宕政策，以坐待一九三六年日本危機之到來。目前若不迅籌緩和之策，則華北立陷危境，一年來中央忍辱負重所得之結果，亦將歸於泡幻。職意目前應急緩和之策有二：（1）日方謂膺白在此，既不能負責解決一切已允交涉之問題，即應迫其辭職而去。聞日前駐屯軍長菊池曾發此議論，故目前在不承認滿洲國前提之下，應使膺白負責與日方逐漸解決通車、通郵等問題。（2）日人對我國家，向不認為整個交涉途徑極錯綜紛來之能事。至其政府真意所在，需求至何程度為止，殊難逆料。擬請鈞座特准給職假三月，赴日、美遊歷休養，俾得藉此機會與日軍最高領袖及中央部要人周旋，觀察其真意所在，以便籌策應付。同時赴美，則可〔免〕外間之揣測。可否之處統乞迅賜核示。

職應欽。皓午行秘印。

002-090200-00015-203

■ 1934 年 4 月 11 日

孔祥熙電蔣中正建議可利誘日本浪人及通郵可交萬國郵會大會解決通車可援引國際聯運例並准東北各車輛入關等辦法因應華北情勢

23 4 11

南京（有線）

40798

南昌蔣委員長鈞鑒：

天密。昨陳密函想達。凡所報告，是否全確所不敢知，用備參考而已。華北事，精衛、膺白到後，想商有辦法。弟意當此之時，惟以鎮靜處之最妥。苟為危言所動，則不僅示人以虛，亦且招致外侮。日前曾語精衛，日既利用漢奸，我亦可利誘其浪人。蓋向來種種，莫不由日浪人之鼓惑也。至於其正當官商，則不妨以私誼與之酒食交往，當必能收得效。關於通郵、通車問題，通郵可提交於五月間國聯所開萬國郵會之大會解決；通車如萬一不能解決時，似可利用國際聯運之例，東北有中東、南滿各車，不妨許其車輛入關，偽滿之車則所不許。其他可以讓步而不辱國損權者，自可允辦，否則引國人之反感，滋內部之糾紛，宜慎審高明，當已計及，特再電陳其愚意，諸希裁奪。

弟熙叩。真二印。

002-080200-00160-009-002a~003a

■ 1934 年 4 月 11 日

何應欽電南昌委員長行營譯轉黃郛報載日使館武官附谷荻那華雄談話謂報載通車通郵等問題係為日本武官柴山兼四郎對英國記者談話亦即日本政府態度

23 4 11

北平

急。南昌委員長行營譯轉黃委員長膺白兄：

昨電計達。誠密。今日報載日使館武官附谷荻那華雄談話，略謂「九日電通社所發表關於通車、通郵等問題之消息，乃為柴山武官臨行赴大同前，對英國新聞記者之談話，亦即本國政府所取之態度也」等語。特達參考。

弟應欽。真行秘印。

此電已另送黃委員長矣。

002-080200-00160-011-002a

■ 1934 年 4 月 19 日

黃郛電汪兆銘通車問題恐愈久愈糟准照在南昌時所商定之程序辦理最早恐須在五月下旬等

南京汪院長：

篠（十七）電敬悉。通車問題，尊意擬從速進行，恐愈久愈糟，准照在南昌時所商定之程序辦理，最早恐須在五月下旬，不知先生在京應付上有感困難否？在予等三人贛中敘談後，惹起內外雙方之注意，此為當然之事，故一時必有種種揣測。但按滬情觀察，逆料一、二星期後或可復趨沉寂也。京情如何？盼常見教。

弟郛。皓。

李雲漢，《抗戰前華北政局史料》，頁67。

■ 1934 年 4 月 29 日

黃郛電蔣中正燕大學生組織抗日會經北平軍分會取締平息風潮及遼吉黑熱四省法團反對通車通郵及東北民眾告全國父老書印刷品散播平市等綜合華北情形

23 4 29

莫干山

43465

特急。南昌蔣委員長勛鑒：

感電敬悉。密。抵山之日僅得有電一件，為平綏債務事，已另電復。茲再綜合連日所得華北情形摘報如下：（1）燕大學生組織抗日會，曾在市黨部西花廳開會，經前處電令軍分會疏解與取締後，此風潮似稍平息。（2）遼、吉、黑、熱四省法團辦事處通電反對通車、通郵後，近復由〈東北民眾告全國父老書〉之印刷品在平市散播。（3）津《益世報》效日社論題為〈黃郛與華北〉，盡量侮辱個人，發揮盡緻〔致〕，並主張撤消政會、外交大計可收歸外部辦理，文中且有「何必大吹大擂，把直屬上司行政院長亦搬到南昌會議」等語。聞該報主筆為錢端升君。（4）孝侯對外態度，聞受省市黨部影響，忽趨強硬；天津廣仁堂租地事，曾派警干涉地上工作，幾與日軍衝突。（5）津公安局甯局長年事過輕，雖素為一般所蔑視，近免甯任李，李名俊襄，為孝侯副官長，聞更屬愚而自用之人，發表後內外譁然。傍晚津公安局竟有被搶消息，聞搶時有日浪人及兵士混雜其中，劫去槍械不少。（6）去夏初北行時，匿名威嚇函件甚多，停戰以後迄今十閱月，已經絕跡，惟近在滬杭山三交連得威嚇或謾罵函七封，大半發自上海。（7）平市黨部主辦之《人民評論旬刊》，近為文攻擊我個人甚烈，且敬、寢諸日市黨部連開祕密會議。（8）日參部支那班長影佐中佐養晚由長春抵津，傳達中央部意旨與關東駐屯兩軍。據其對人言：通車、通郵等問題當然應辦，然尚係枝葉，至根本問題擬俟黃北返後再行提出。詢其根本為何，彼又堅不作答，真令人疑懼之至。（9）駐榆關特務機關長儀峨〔我〕大佐敬晚抵津，對人云「日方觀察黃已不再北返，其在報上屢言不日北返者，乃是一種宣傳。黃對《塘沽協定》所履行者，只實行其權利，如接收戰區、接收鐵路、接收長城各口，而對於其他所約則卸責不履行。此次黃如不北返，日方已準備有種種步驟」等語，言下對我極露其不滿之色。以上九條未同時告汪先生，弟如以為有應告之必要者，敢請撮擇數條轉告之。內外局勢如此，不知吾弟將何以見教，切盼電復。

<div align="right">郛叩。儉印。</div>

<div align="right">002-080200-00162-123-002a~005a</div>

■ 1934 年 5 月 4 日

黃郛電蔣中正已建議汪兆銘速飭殷同與日方交換東北通車辦法大體意見待十四日後再做定奪如此可免與通郵問題混為一談並阻疑慮等特轉知照

23 年 5 月 4 日

自莫干山發

號次：44333

特急。牯嶺蔣委員長勛鑒：

江未機牯電敬悉。○密。本日得汪先生江電稱：「前曾電陳通車問題，俞〔愈〕久俞〔愈〕糟（意欲速辦）。茲經熟慮，國聯諮詢委員會將於五月十四日召集，主要目的為討論英國所提出之滿洲通郵事件。英國與偽國郵政當局之來往公文，顯欲成立通常郵政關係，而不涉及不承認偽國之政策。弟意通車問題如能延長至諮詢委員會對英國提議有所決議後，始著手進行，較為有利。乞考慮為荷」等語。當即復一支電稱：「通車事延至十四日後再辦，當然可能。惟國聯所議為郵務問題，萬一國聯與偽國之郵政關係得一相當解決，恐進行通車時，彼方或乘機要求通郵問題同時解決，反於我不利。弟意在十四日前先密電飭殷局長與對方交換通車辦法之大體意見，俟十四日後再為最後之問題：（一）可免通郵問題併為一談之慮。（二）可勉符尊旨。（三）可免對方久待無音，而起懷疑。如何？盼復」等語，特達，希接洽。

郛叩。支戌印。

002-090200-00015-311

■ 1934 年 5 月 10 日

黃郛電汪兆銘通車通郵此時提出中政會恐難通過可提出時請介公到京一行多方疏通務獲諒解等

南京汪院長：

佳（九日）電敬悉。承示各節，至佩苦心，曲體下懷，尤深感激。惟一星期前，京友中有人約略電告，故弟已早知有此醞釀。祇因先生處境亦甚困難，不忍使先生重加苦痛，遂佯作未聞，以靜觀推演。今幸兩案均已否決，而辦事之難，於此可徵。在外人方以為進行曲中第一步，而我已困心衡慮，至感不易，瞻念前途，不寒而慄。本晨得介公青電，亦有「此時提出中政會恐難通過，不如不提出為宜，一切由弟與汪先生負責可也」之語，足見介公亦深知京中實情。為今之計，弟以為祇有二項辦法：（一）提出時請介公到京一行，多方疏通，務獲諒解，以免事後責難。（二）如不提出，敢請政院給弟一訓令：此訓令決不發表，惟弟可藉此以稍鼓餘勇耳。如何？盼復。弟明日赴杭，後日返滬，附聞。

弟郛。蒸。

李雲漢，《抗戰前華北政局史料》，頁68。

■ 1934年5月18日

汪兆銘電蔣中正東北通車通郵事中央政治委員會議曾決議非經其決定不得進行故可待有辦法再以常務委員名義提出要求通過等文電日報表

來電號次：46268

姓名或機關：汪兆銘

地址：南京

來電日期：巧

來電摘要：

頃接膺兄洽電：「通車事交由東亞通運公司經理，其詳想已電陳，恕不贅及。去冬中政會議，曾有通車、通郵非經中政決定，不得進行之決議，故弟前曾云『俟有辦法，由吾兄及弟用常委名義提出，要求決定通過』。惟膺兄頗慮通過不易，以為不如屆時吾兄到京一行，否則由行政院給一訓令亦可」等語。兩者自以設法通過為妥，蓋中政會議既有以前之決議，若不提出通過，無論如何訓令，根本不能生效也。如何？盼復。

擬辦：

通車事已無可避免，且不能再事延宕。既由通運公司經理，流弊已大為減少，似應以五項原則稍為刪節，作為進行交涉之標準，堂堂正正提出中政會議，以全力要求其通過，不宜藏頭露尾，自損立場，反足貽人口實。蓋提出通過，固恐自啟爭端，然不先提出，僅由鈞座與汪先生負責訓令，則爭端更大，不過早遲數日之差耳，固不如一針見血之為愈也。

擬復：

所擬通車辦法五項，昨亦接到膺白電告，自以事先通過中政會議為正當，惟一旦提出會議，是否確能通過，其醞釀使之一致之方法如何，及提出之時機以何日為最妥當，事先應否有所準備，尚希妥籌電示。再提案措詞，似應力言通車、通郵萬難再行延宕，縱通郵應待國聯商決，而通車則已無法避免，與其待敵強迫，不可收拾，不如自定應付方針，謹擬此事進行交涉之標準原則五項，請中央授兄與弟以考慮之全權。在此五項原則範圍之內，俾得督同主管機關直接、間接與前途商洽，俾得突破難關。如五項範圍相距尚遠，不能依限辦到，則兄與弟仍當請命中央重加指示，不敢踰越等語。當否，請卓裁。

批示：

此事如果將提中政會，不如由中正個人名義直電中政會，由汪先生說明，且以電提為宜也，至提案語意可如擬也。

002-080200-00435-141

■ 1934 年 5 月 20 日

汪兆銘等電蔣中正東北通郵事為免糾紛可以常務委員名義聯名臨時於中央政治委員會上提出其時機擬取決於黃郛等文電日報表等二則

號次：46554

姓名或機關：汪兆銘

地址：南京

日期：智

來電摘要：

皓酉秘贛電敬悉。鄙見如下：（1）依歷來經驗，事前疏通，徒然洩漏，更釀較大之糾紛，不如臨時提出，極力申說，使之通過較為得宜。（2）提出之時機，以何日為最妥當，擬取決於膺兄。（3）關於通郵，國聯諮詢委員會已有決議如下：「為使路程經過滿洲之郵件得以轉遞起見，國聯會員國之郵政機關及滿洲之郵政機關發生關係，只能視為一機關與他機關間之關係，其目的純係圖專門事務之適當進行，並非一國家或一國政府與他一國家或他一國政府之關係」云云。至各國與偽組織通郵，則實際上向未間斷，以此比例，則通車與事實上承認偽組織無關，必為國聯所不持異議者。（4）五項原則似不必列舉，只賅括為平瀋直達客車，每日對開一列，由東亞通運公司負責經理。凡涉及偽滿及直接、間接可解釋為承認偽滿國或其政權存在之處，均力從避免，似已充實。（5）此事本應由行政院負責，因中政會議眾論紛紜，不得不借重吾兄以常務委員名義聯同提出。若由吾兄單獨負責，在情理上實感不安，擬懇仍聯名提出。（6）提出時請中政授權，弟等在原則範圍之內，督同主管機關相機進行。尊電措詞命意，均極周密，至深贊佩。（7）請並聲明只求中政會議祕密決定授權弟等，俾弟等負責，並不作為中政會議通過之議案，以維持中政會議之尊嚴。去年《塘沽協定》，亦是如此。（8）以上已電膺兄徵求同意，特復。

擬辦：

擬復：國聯議決之通郵內容既屬如此，則通車辦法內外或可稍減異議，何日提案為宜，俟兄與膺白兄商定後，弟當遵照指示各節妥為刪改，逕電中央臨時提出。為減卻眾論之紛紜起見，自以弟單獨提案為宜。如兄必欲列名，亦自可遵辦。

002-080200-00435-171

■ 1934 年 5 月 27 日

蔣中正電中政會決在不承認偽滿政權原則下負責辦理華北通車通郵並請中央授其全權偕同汪兆銘與日方磋商

致中政會議感酉電

華北停戰，瞬屆一年。以通郵、通車問題不決，致撤兵遷延，交通梗塞，始終保持戰時之狀態，不特戰區善後要政無從進行，而社會不安、人心不定尤足深慮。且東北土地為中華之土地，而東北人民皆為我國之同胞，其原籍多屬冀、魯，休戚相關，精神相感。若長此隔絕，不設法補救，豈惟失地，實亦等於棄民。曩之百般搪塞，而欲有所期待者，原屬觀望國際形勢，深恐自蹈事實上承認偽組織之嫌，致失法律地位耳。今者，國聯諮詢委員會決議通郵原則，已認為基於事實之必要，能由會員國之郵政機關與偽滿之郵政機關發生關係，而釋為與承認偽國無關，則通車問題我國獨當其衝，自屬無可避免，且敵焰因此益張。與其坐待強迫而後為之，不如速定方針，自動主辦之為愈。竊以為通車應准另組商業機關，自備車輛，居中承辦，祇通客車，不通貨車，每日客車亦以對開一次為限，偽國車輛則絕對不許入關。凡涉及偽滿及可解釋為承認偽國或其政權存在之處者，概從避免。擬以此為通車之標準原則，悉力與之周旋。中正焦思熟慮，舍〔捨〕此別無他道，應請中央責成行政院□同主管人員，即依此與對方商洽，俾得突破難關。在商洽進展之過程中，為力求慎密起見，並請中央授汪同志兆銘及中正以考慮決定之全權。如所擬之標準原則相距尚遠，不能辦到，則中正等仍當請命中央重加指示，不敢稍有踰越，祇期中央密為授權之決定，俾便進行，則汪同志與中正當負其全責，並不作為中政會議通過之議案，以維持中政會議之尊嚴。迫切陳詞，敬候公決電示。再者通郵問題，較之通車，尤為複雜。今國聯業已議決原則三項，急轉直下，我國亟應有以自處，尚祈併責行政院悉心計議，早日妥訂應付方針，另呈候核進行，以免自損立場，益陷艱困，不勝企禱。

002-080200-00169-053

■ 1934 年 5 月 28 日

朱家驊電蔣中正據報馮玉祥在蓬萊等待東北通車通郵案之時機將與西南派響應以發反蔣之通電

23 5 29

京

47704

南昌蔣委員長鈞鑒：

○密。據報馮玉祥在蓬萊縣，正向關東等待何種機會，通車通郵若能解決，則將與西南派響應，以發反蔣之通電，有於最近為之之意思。又傳聞馮假遊歷煙臺名義，暗中赴粵，利用中央與偽國通車妥洽機會，聯絡而西南領袖，並煽惑華北軍事長官一致反蔣等情。謹聞。

朱家驊呈叩。儉酉印。

002-080200-00166-093-002a

■ 1934 年 5 月 29 日

朱家驊電蔣中正申報登載交通當局否認進行東北通郵談判新聞已交中央通信社發表更正

23 5 29

南京（有線）

47942

南昌蔣委員長鈞鑒：

先密。蕭一山頃已到京，一二日內赴贛晉謁。今日《申報》又用大字登載交通當局否認進行通郵談判新聞一則，且滬上他報亦有，惟標題及措詞均各不相同。驊近來久未接見任何記者，更無涉及此事之談話與新聞發表。頃已交中央通信社發表更正新聞，俟明日登載後，再將更正稿另函呈閱。邇來時有捏造之消息或談話登載，實屬心存叵測，故意搗亂，殊堪痛恨。除繼續嚴密澈查來由外，謹先電陳。

朱家驊呈叩。豔酉印。

擬覆：查此種故意捏造搗亂，實有密為澈查追究之必要也。

如擬　五・三十

002-080200-00166-114-002a

■ 1934 年 5 月 30 日

中國國民黨中央政治會議決議在不承認偽政權原則下與日交涉關內外通車通郵案等暨相關辦法和往來電文，賀耀組電蔣中正日本因平瀋通車企圖往南方發展以福建為中心

平瀋通車辦法附發。〇〇。國交調整、通車通郵。

二十三年五月三十日

中央政治會議第四百十次會議

蔣常務委員中正感酉電陳述北寧鐵路通車標準原則及對通郵意見，請公決（本案經汪兆銘、顧孟餘、葉楚傖三常務委員附議）。

決議：在不承認偽組織及否認偽政權存在原則之下，可與日本交涉關內外通行客車問題，密交行政院院長汪兆銘同志、軍事委員會委員長蔣中正同志，依此原則負責考慮，妥善進行通郵問題，候行政院擬議呈報再核。

七月十一日

第四一六次會議

准行政院函：為據鐵道部呈，據北寧鐵路管理局局長殷同六月敬日電陳，奉令與日方商洽關內外通行客車具體辦法綱要八項，定於七月一日開始實行，轉請鑒核等情，除令准備案並函軍事委員會查照外，謹報請鑒核備案等由。經報告會議如右（未有決議）

照錄該辦法綱要八項如下：

一、每日由平瀋對開直達通車一列，稱為「北平瀋陽特別快車」，限於頭、二、三等客車及附掛之餐車、行李車。

二、通車事務交由中國旅行社與日本國際觀光局遵照中國法律合組之東方旅行社承辦，車票由該社發行。

三、一切清算帳目及行車業務均由該社遵照鐵路定章與路局接洽辦理。

四、所有直達通車之應需車輛及應用各品均用該社特定之標誌，在該社自用籌備之車輛未完成以前，暫由鐵路租給應需之車輛。

五、入關車輛一律在山海關受我海關之檢查。

六、東方旅行社由雙方委由中國旅行社與日本國際觀光局自行商量組合辦法，如需籌集資本添招商股時，中國股份應占過半數。

七、行車時刻仍維持北寧鐵路現行表。

八、預定七月一日實行通車，六月廿八日由雙方同時發表。

七月十八

第四一七次會議

准行政院函：為據鐵道部轉，據北寧鐵路管理局局長殷同六月儉電報告，與日方協商關內外通行客車經過情〔形〕，除令准備案外，謹檢同《平瀋往返特別快車處理辦法》請准予備案，經報告會議如右（無決議）（該處理辦法有八條四十二款）。

八月廿九

第四二三次會議

准行政院函：據鐵道部呈稱，查《平瀋特別快車處理辦法》近為便利實施，於第十九、二十及第二十一各條均曾略有修正，並未牽動原則，檢同修正本請鑒核等情，謹檢送原附《平瀋特別快車處理辦法》修正本，請鑒核備案。

決議：准予備案

十二月五日

第四三六次會議

准行政院函：據鐵道部敬代電稱，據北寧路局電稱承辦平瀋通車之東方旅行社一切組織辦法均未規定處，經遵照中央議決原則，與該社商定大綱五項，轉請核

示等情。查核所陳五項大綱尚無不合，應准照辦。除指令該部暫函軍事委員會查照外，請查照轉陳，經報告會議如右。（未有決議）

（檢附行政院原函油印一份）印 020 號

〇〇

廿四年四月十七

第四五三次會議

准行政院函：據鐵道部呈，據北寧路局呈報，組設平瀋特別快車，華方資團各緣由及成立日期，及該資團聘任對外代表兼東方旅行社總經理員名，並附錄訂定該資團簡章及董事會規則等件，請鑒核備案，轉請核示。經本院第二〇八次會議決議「通過」資團簡章及董事會規則，准由鐵道部備案特抄送原件，請轉陳備案，經報告會議。（未有決議）

（油印行政院原函檢附）

〇〇

第四八一次會議

二、行政院函稱：據鐵道部呈，據北寧路局長殷同呈，為對方屢提開行平瀋直達貨物列車，勢難終拒，擬請採用《平瀋特快辦法》商定原則，轉請核示一案。經飭據外交、財政、鐵道三部審查報告，認為開行關內外直達貨物列車，如中央認為不便拒絕，並日方承認切實履行《中國海關檢查通運貨物辦法》，似可准予照開。經本院第三三六次會議決議，照審查意見通過，並報告中央政治會議，特抄送原件，請查照轉陳。（原

呈印附）

抄北寧鐵路管理局局長殷同原呈

十月十六日

查平瀋特別快車開行以來，瞬已經年，因有東方旅行社介居其間，兩方鐵路機關得避免直接接觸，於我方一應主權，差幸尚無關礙。惟查當會商平瀋通車時期，對方曾提出貨物列車聯運問題，經我方再三力爭，始表示暫緩協商，曾經陳報在案。但自客車開行之後，迄今已一年有餘，對方已屢經提議平瀋直達貨物列車之開行，亟盼立能實現。雖婉拒至再，而默察情勢，恐無法再行推宕。竊查此項貨運通車，與中日貨物聯運情形似有不同，蓋聯運則中日雙方國有各路均須通運，而不限以區間，是以窒礙滋多，久懸未決。設援平瀋特別快車之例，開行北平、瀋陽間直達貨物列車，限以本路運輸，不適用聯運辦法，則將與平瀋特快初無二致，所不同者一為旅客，一為貨物而已。當於我方權利及國際問題，以及鐵路運率之差異，均尚不生影響。抑且對方堅持必行，此事恐難終拒，與其強而後可，何如及早妥為籌擬，則一切辦法尚可準情酌理，從容商訂，而不致過感威脅。茲為免除重大誤會起見，擬請採用《平瀋特快辦法》，商定每日由平、瀋兩站各對開貨物列車一列，互備應需車輛，限定噸額，貨票直達；所有輸入、輸出關涉海關稅收禁令諸端，則由海關負責辦理。換言之，即於東方旅行社現經承辦之平瀋特快以外，增加直達貨物列車每日往返各一次，一併由該社承辦。至其詳細辦法，如不用標誌及修理清算、押護、稽查諸端，均予仿照辦理。既不牽動中日貨物聯運事件，復與國有其他各路無涉。所有負責貨運，應由海關檢驗及損失賠償問題，端緒至繁。本案原則一經奉准，當由本局詳晰研究具體方案，隨時呈核。局長等一再考量，熟權利害，以為惟有依此解決，尚不致發生流弊。證以平瀋直通客車之往例，彼方尚無利用此項事實為國際宣傳，致我國處境不利情事。而彼方既已催促甚亟，則時機亦未便再延，茲謹將上開原則密陳鑒核，如蒙核准，當再與對方妥為商洽，相機應付，總期不致多所牽掣，致蒙影響。是否有當，伏乞 鈞鑒訓示，祇遵。謹呈鐵道部部長、次長

〇〇。國交調整、通車通郵。

行政部密函東方旅行社組織情形五項，請轉陳之原文。

案據鐵道部業字第二五五七號敬業代電稱：「據北寧路局機密漾電稱：『關於平瀋通車一案，自本年七月一日實行以來，節經分別陳報在案。惟所有承辦此事之東方旅行社一切組織辦法均未規定，當經遵照中央政務會議議決原則，與該社一再協商，以避免與偽組織直接接觸為主要目的。復以該社係中日合辦性質，尤應慎重考慮，故對於主權上，絕對不稍事通融，而用款方面則均從權辦理，敬將商洽大綱臚陳於下：（一）該社承辦權限，祇限於北平瀋陽特別快車之營業及清算事項，而一切行車等均由鐵路負責，俾免該社干涉路政。（二）該社資本金定為一百萬元，先收四分之一，各半擔任，本

路應擔負者為十二萬五千元。該社總經理定為中國人，副經理為日人。此項資金將來在榆關建築房屋或開設旅館。（三）該社每年經費，以不超過十萬元為度，由本路擔負半數，即以客票、行車票等價，提出百分之五給予該社充用。不足雙方補給，有餘雙方均分，此外不再支給任何款項，即該社名義之平瀋特快票經其他旅行機關代售者，亦予該社給予用金。（四）平瀋特快應建造最新設備之新車各兩列，此案對方原意擬由該社籌備，經一再磋商，始改為鐵路籌備，以免該社有實際上之鐵路資產，發生糾紛。關於本案現正詳加研究，應如何籌備，容再另案呈報。（五）該社承辦期限，定為三年。以上為該社組織情形，除與該社應行締結之普通營業契約，再行商定具報外，謹先撮要電陳，伏乞鑒察』等情。除俟該局續報到部，再行電陳外，理合據情陳報，仍乞鑒核示遵」等情。到院，除以所陳五項大綱，尚無不合，應准照辦。指令該部暨函軍事委員會查照外，相應函請查照轉陳為荷。此致中央政治會議祕書處。

院長汪兆銘。廿三 ・ 十二 ・ 四。

〇〇

抄行政院第一〇三一號密函

案據鐵道部業字第二七七五號密呈稱：

案據北寧路局四月一日文字第三一六號密呈稱：本局前准中國旅行社二月十六日第五二號函開：敝社上年奉令參加組織東方旅行社，辦理平瀋通車事宜，諸荷指示，並予協助，感紉無既。前因約期試辦六個月，年終屆滿，經敝社函報鐵道部，聲明自本年一月一日起依約停止參加，並請備案，以資結束。旋奉鐵道部第二六九一號公函略開：接展一月二十五日台函，以參加組織東方旅行社試辦期滿，依約自本年一月一日起停止參加，囑為備案函復。本部前請貴社參加組織東方旅行社，荷承贊助，感佩實深。茲既依約停止參加，業已如囑備案等因，敝社以本案既告結束，特登報公布周知。茲隨函檢奉敝社登報啟事一則，併請賜予察照為荷。等因，附二月十五日《申報》封面登載該社啟事一則。准此。查東方旅行社由中日合組，承辦平瀋特別快車一應事務，原係中日雙方商定辦法，自不便有所變更。今該社停止參加，國內並無其他經營旅行業務機關，足資替代。且本路既不便自行出面，似亦未便另行招商，及由任何人以私人資格接續承辦。迫不得已，擬由本局另組平瀋特別快車華方資團，繼該社與日方合組東方旅行社，以承辦此項業務。其組織擬採董事制，由本局各有關部分高級人員兼任董監，訂定資團簡章及董事會規則，以為依據，而不予對外發表。一切行文，概用資團法人名義，並以資團名義委託對外代表，與日方合組東方旅行社。為免除紛更起見，並由資團聘任中國旅行社原派代表張水淇，充任對外代表，繼續兼任東方旅行社總經理。至對外代表兼東方旅行社總經理之薪給待遇，概照雙方商定辦法辦理，其任期及權限責任，則於聘員之外，由董事會另函逐項詳細規定，徵其復允，以資限制，而免侵越。照此辦理，中國旅行社雖經脫離，僅我方內部略事變更，自不致影響對方，而使有所藉口。又查東方旅行社社內職員，依中日商定辦法，應雙方額數相等，今該社中日職員除總、副經理外，計各七人，其華員悉由張水淇邀約而來，服務半載以上，各著相當勞績。張既連任，自未便悉予更換，惟為期熟諳路章辦事便利起見，擬由該社原有華員中，抽調三人來局，量其才力，派酌相當職務，另由本局職員中酌選數人，調往該社服務，以期上下內外聲息相通，以便考覆而免隔閡。但該社會計方面事務較繁，非僅一人所能勝任，故擬由本局總務、車務兩處各調一員，會計處調三員，共為五員，以補該社三員之缺，並為維持雙方員額平衡起見，擬就該社被調三員之薪給總額，由本局就此五員量為支配，而僅以三員赴榆辦事。其餘會計處人員二人，仍留駐局，專任該社帳目清算事務。所有赴調該社各員，月薪改由該社列支，本局薪津應即停支，但擬請准予保留在路原資及路員其他待遇，如廉價購煤暨請領本人並眷屬乘車證等權益，並規定在赴調期內，非因過失及自動告退，絕不予以停職，以資保障，而安工作。平瀋特別快車華方資團簡章及該團董事會規則經已訂定，密令抄發本路各路關係部分查照，並由職同兼任該團董事會董事長，職文國暨總務處長徐濟、車務副處長陳清文、會計副處長王選兼任董事，鈞部特派兼代本路駐路總稽核黃振聲兼任該團監察人。該團暨董事會已於四月一日組織成立，並經由本局刊發該團圖章一方，文曰「平瀋特別快車華方資團之章」董事會，章一方文曰「平瀋特別快車華方資團董事會」同日啟用。所有本局應撥東方旅行社華方該社資金拾貳萬伍千元，嗣後即由該資團監督運用，以重路帑。該資團對外代表兼東方旅行社總經理一職，經已聘任張水淇充任，並已由董事會致函申定任期暨權限責任，以策進行。所有本局組設平瀋特別快車華方資團各緣由及成立日期，並該資團聘任對外代表兼東方旅行社總經理員名，理合具文呈報。附錄訂定該資團簡章及董事會規則，聘任對外代表兼東方旅行社總經理函稿，申定該代表權責函稿，及該員張水淇資歷一併呈請鑒核備案。至與東方旅行社互調各職員職名，容俟選定後另文具報，合併陳明。等情。附呈簡章規定等件到部，理合據情並抄同原呈各件，轉呈鑒核，伏候示遵。等情。據此，經提出本院第二零八次會議決議「通過」資團簡章及董事會規則，准由鐵道部備案。除函達軍事委員會查照暨指令外，相應抄同原件，函達查照轉陳備案。此致中央政治會議祕書處。

計抄送平瀋特別快車華方資團簡章及董事會規則各一件。

院長汪兆銘。二四・四・十六。

平瀋特別快車華方資團簡章

第一條　本資團定名為平瀋特別快車華方資團，依照中日議定辦法，合組東方旅行社，承辦平瀋特別快車一切事宜。

第二條　本資團額定資金五十萬元，先籌定十二萬五千元，由北寧鐵路管理局依實業投資例撥付之。

第三條　本資團設總事務所於天津，處理本團一應事務，一切規則由董事會制定之。

第四條　本資團設董事五人，由北寧鐵路管理局局長並指定副局長一人，總務處長車務、會計兩處華副處長充任之。監察人一人，由鐵道部特派北寧鐵路駐路總稽核充任之。

第五條　董事會以全體董事組織之，負責掌理本資團一應事務。設董事長一人，由北寧鐵路管理局局長充任，執行董事會議決各案。董事會辦事及會議規則另定之。

第六條　本資團聘用對外代表一人，秉承董事會依中日議定辦法，與日方合組東方旅行社，向雙方訂立合同，承辦平瀋特別快車。

第七條　東方旅行社總經理職務，議定由華員充任，即由本資團所委代表充任之。

第八條　東方旅行社華方資金，由本資團撥交該社總經理，即本資團所委代表負責管理，經中日雙方商定投資經營旅館等業務，其詳細辦法須經董事會裁決，其營業盈虧，依據該社帳表，由本資團復核，轉報北寧鐵路管理局。

第九條　東方旅行社經費，規定每年為十萬元，華方擔負半數，即以鐵路給予百分之五佣金充用，不足時由鐵路補足。如有敷餘，雙方鐵路均分。

第十條　本資團對於北寧鐵路管理局負資金保管之責，於東方旅行社華方資產及其業務，有監督稽考之權，其彼此相互間各項手續另訂之。

第十一條　本資團對於東方旅行社總經理，即本資團所委代表，為聘用性質，有監督統率之全權，其任期由董事會決定之。

第十二條　本簡章應呈奉鐵道部核准備案。

（完）

平瀋特別快車華方資團董事會規則

第一條　本會依資團簡章第四、第五條組織之，掌理資團一應事務，監督東方旅行社華方資金之保管運用，暨其業務上一切設施。

第二條　本會一應事務，依會議式表決之。

第三條　本會每月開會一次，日期時間由董事長定之，並得召集臨時會議。

第四條　本會非有全體董事列席，不得開會。開會以董事長為主席，如董事長因事不能到會時，得委託其他董事代理之。

第五條　董事於開會時不能到會，得委託相當人員代表列席，但須提出委託書送交董事會。

第六條　會議以多數表決之，如可否同數，取決於主席。

第七條　董事提議事項，應具案附以理由，於會期前三日提出之。

第八條　監察人得列席董事會議，但不得加入表決。

第九條　本會議決案執行時，由董事長代表簽署之。

第十條　東方旅行社與各關繫方面訂立契約及運用資金、改進業務、編制概算決算、進退人員等，凡直接、間接有關該社全體或華方一應事務，概應先由本會裁決，指示該社總經理即本資團對外代表執行之。

第十一條　東方旅行社總經理即本資團對外代表，由會聘用，所有該代表職責、權限、報酬等條件，概於聘任時函訂之。

第十二條　本會設祕書一人，承董事長之命，辦理本會一應事務，由董事長延用。

第十三條　本會得視事務之繁簡，酌用雇員。

第十四條　本會所議事件，登記議事錄內，送由發言各董事覆閱無訛，再由董事長署名蓋章，存奉備查，概不刊布。

第十五條　本規則應呈部核准備案。

002-080103-00001-003-001a~015a

■ 1934 年 5 月 30 日

中央執行委員會政治會議函蔣中正北平瀋陽通車案交汪兆銘蔣中正依照本會議決原則負責考慮進行至於通郵案候行政院擬議呈報再核等

逕密啟者：

准常務委員提出蔣委員中正提議略稱：「華北停戰，瞬屆一年，以通郵、通車問題不決，致撤兵遷延，交通梗塞，始終保持戰時之狀態，不特戰區善後要政無從進行，而社會不安，人心不定，尤足深慮。且東北土地為中華之土地，而東北人民皆為我國之同胞，休戚相關，精神相感。若長此隔絕，不設法補救，豈惟失地，實亦等於棄民！今者國聯諮詢委員會決議通郵原則，已認為基於事實之必要，聽由會員國之郵政機關與偽滿之郵政機關發生關係，而釋為與承認偽國無關。則通車問題我國獨當其衝，自屬無可避免，宜速定方針，自動主辦。竊以為通車應准另組商業機關，自備車輛居中承辦，祇通客車，不通貨車，每日客車亦以對開一次為限，偽國車輛則絕對不許入關。凡涉及偽滿及可解釋為承認偽國或其政權存在之處者，概從避免。擬以此為通車之標準原則，悉力與之周旋。請中央責成行政院督同主管人員，即依此與對方商洽，俾得突破難關。在商洽進展之過程中，為力求慎密起見，並請中央授汪同志兆銘及中正以考慮決定之全權。如所擬之標準原則相距尚遠，不能辦到，則中正等仍當請命中央重加指示，不敢稍有踰越。再通郵問題較之通車尤為複雜，今國聯業已議決原則三項，急轉直下，我國立場雖有不同，亦應有所準備。尚祈併責行政院悉心計議，早日妥訂應付方針，另呈候核進行，以免自損立場，而陷艱困。迫切陳詞，敬候公決！」等因。經本會議第四百十次會議決議：「在不承認偽組織及否認偽政權存在原則之下，可與日本交涉關內外通行客車問題，密交行政院長汪兆銘同志、軍事委員會委員長蔣中正同志依此原則負責考慮，妥善進行。通郵問題，候行政院擬議呈報再核。」除函汪委員外，相應錄案函達，悉查照辦理！此致蔣委員中正。

中央執行委員會政治會議。二十三年五月三十日。

機密

平瀋通車辦法

（一）北平、瀋陽間直達客車每日對開各一列，由公司負責經理。

（二）公司應自行籌備應需之各等客車及備品，在新車未造成（約壹年）期內，由路局租給公司以應需之車輛。

（三）清算帳目及車租並佣金之支付，均由路局與公司直接商辦。

（四）票據表單由公司名義發行之，其格式應由路局規定，公司對於鐵路現行規章並應遵守。

（五）關於通車一切事務之商洽、車輛之修理及其他技術上並事變責任等問題，均由鐵路與公司商定之。

機密

關於通車事辦法之商談　二十三年五月十四日在山海關

關於經由山海關客車之直達通車辦法，雙方根據委由第三者　　　　公司承辦之方針商談事項如左：

（一）公司地點：雙方同意設在山海關。

（二）公司名稱：認為使用不拘泥於地域等等之名稱較為妥當，姑擬左開各名稱以備研究。

甲、東亞通運公司

乙、

丙、

（三）通車應用車輛：雙方同意以由公司妥備為原則，但為濟目前（約　年）急需起見，商定由路局租給應需車輛，一年後公司自備車輛時，以左列方法之一行之：

甲、由路局分造優美客車，租給公司應用。

乙、公司自行籌款備車，其所需款項由中日合力籌集。

（四）公司組織：按照中國法律組織之。

（五）公司資本：擬為國幣壹百萬元，先繳四分之一，即貳拾伍萬元。

（六）公司職員：設總經理、副經理兼事務主任（包含會計事務）各一人。

（七）公司職員之選任：雙方自推舉總經理或副經理之一，以一定期輪流交替。

（八）公司職員之身分：原則上均屬公司職員，但必要時得令兼掌鐵路事務。

（九）通關：為檢查漏稅及違禁品關係，當在山海關站施行行李檢查，停車時間以四十分至一點鐘以內完了一切海關手續為要。

（十）通信關係：用公司名義直接通信，或經由山海關車務段長收轉。

（十一）通車編組：行李車二，三等車四，飯車一，二等臥車一，頭等臥車一，頭等瞭望車一（機車應否通過，另行協商）。

（十二）行車關係人員：一律在山海關換班（車僮應留車服務）。

（十三）對公司酬費：照通車所售票價提百分之五給予公司作為佣金，但公司經費不敷時，應由鐵路酌予補助，以不虧損為原則。

（十四）飯車經營：在公司租用鐵路車輛時期仍維持原狀，將來可歸公司兼營。

（十五）車票：用訂本式，其格式由鐵路規定，仍由鐵路各站發售，並得准由旅行社等代售。

機密　附件

公司組織大綱

一、茲由　　　　　代表雙方股東以承辦北平、瀋陽間之直達旅客列車為營業之目的，合組　　　　　公司。

二、本公司資本額定為銀幣壹百萬元，由中、日兩股東代表分認之。

三、本公司應設總經理及副經理兼事務主任（包含會計事務）各一人，以一定期限輪流交替，其餘執行業務應需員額由總、副經理商定之後，各推薦其半數。

四、本公司以每年一月一日至十二月三十一日為會計年度，每年度開始以前決定次年度之營業方針。

五、公司營業經費以在營業進款內支用為原則，如有盈虧均按股承擔。

機密　附件

公司承辦條件之要綱

（一）北寧路局允許　　　　公司按照現行規章負責承辦北平、瀋陽間之旅客直達通車。

（二）前項直達通車，應每日對開一列。

（三）所有直達通車應需之各等客車、餐車及應用備品，均應由公司特定標誌，妥為籌備。在新車未造成以前一年期內，准由路局租給需要車輛之半數。

（四）關於車租及佣金並清算帳目事項，均由路局與公司另行商訂。

（五）關於此項直達通車應用之一切票據表單，應由路局規定格式，交由公司發行之，但得委託路局各站為之代售。

（六）基因於北寧路局租給公司之車輛，而發生事故致他人受有損害者，應由公司賠償之後，再求路局償還。

（七）發生事故時，依左列辦法處理之：

對於在山海關以西發生之事故，其原因在基因於車輛以外者，不問其為不可抗力與否，統歸路局負擔。

（八）公司與路局間之清算事宜，依左列方法辦理之（後略）。

機密　參考

通車案之說明

備提案時之說明用

查上年五月，北方軍事當局與關東軍訂立塘沽停戰軍事協定之後，所有在軍事占領狀態下之戰區各地、長城各口、以及唐榆間北寧路線，均於商談該停戰協定善後問題時，次第解決。惟對於北寧鐵路收回關內唐榆段路線時，日方首先要求解決通車，方允繼續商談交還辦法，意甚堅定。經我方一再拒絕，一時交涉曾陷於停頓，最後由我方勉允十月間再行協議，方得將北寧路唐榆段路線路產及車輛交還，於上年八月十三日正式恢復唐山至山海關之交通。此後日方對於此案，屢次要求協商履行，我方始終遷延，迄於今日。現日方已迭向我方嚴詞催促，默察情形，恐無法再行推宕。按此項問題，本屬軍事協定善後事項之一，在我國對於東北四省領土，並未承認放棄之原則以下，恢復通車，原無不可，祇恐事實上處理稍有不當，匪獨有涉及承認偽組織之嫌，且足以貽國際之口實。政府再三慎重，意即在此。顧目前狀況，日方既迫不及待，若不設法別謀解決途徑，則牽動整個外交，致華北發生嚴重情形，均屬可能。是以中央對日外交，實有權衡輕重、相機因應之必要。當經詳加研究，擬基於對偽組織不發生直接關係為原則，就鐵路業務方面，恢復由北平至瀋陽直達旅客列車。所有一切辦法，概由中日雙方商定，交由中日合辦之公司負責承辦。其文書往返、手續接觸，均限於鐵路與公司直接協商。凡足以牽涉外交，或有承認偽組織之作用者，絕對避免。經以此意向日方提出，獲得相當之諒解。至如何實行，自應責成鐵道部轉飭北寧路局，妥慎籌備，以昭鄭重。依此原則，當不致軼出範圍，有所牽掣。事機迫切，未容緩圖，撮要說明，敬請公鑒。

機密　參考

談話稿　備為當局發表用

關於北寧鐵路關外段通車問題，茲由中日雙方商得解決辦法，定於　月　日實行，事前業經政府同意，責成鐵道部飭由北寧鐵路妥慎辦理。北方之緊張局面，當略展舒。昨據交通界負責當局，發表談話如次：

去年五月，華北中日軍事當局締結塘沽停戰協定，所有在軍事占領狀態下之一切善後，如接收戰區、接收長城各口，以及接收北寧鐵路唐榆段，均由雙方疊〔迭〕次商談，逐漸解決。其中關於通車一案，當去年交涉北寧鐵路收回唐榆段時，關東軍即堅持先行解決通車，我方一再拒絕，當時交涉曾因此一度陷於停頓狀態。最後方允約定去年十月間再行協議，北寧鐵路唐榆段始得實行交還，並於上年八月十三日恢復唐山至山海關交通，嗣後戰區及長城各口之交接、保安隊之輸送、日軍之撤退，乃得次第實現。而通車一案，國人慮其有與偽組織發生直接關係嫌疑，終未解決。近日以來，日方再四催促，勢非置諸不理所能濟事。且此項通車問題，本屬停戰協定善後範圍以內。為解除北寧路軍事占領問題之一端，在我國對於東北四省領土主權，並未自承放棄前提之下，由北寧路恢復直達遼寧通車，亦屬當然之舉。祇恐事實上處置稍有失當，致貽承認偽組織之口實，不可不慎重考慮其辦法，以免流弊。亦知通車一事，究屬局部問題，政府既不願因此而牽動整個外交，致北方更發生不幸之情勢，相機應付，勢非謀一適當解決辦法不可。適最近國聯關於中國事件之顧問委員會，討論滿洲郵運，曾決定三項原則，即各會員國之郵政機關與滿洲國之郵政機關發生關係時，只認為行政機關與行政機關為維持郵政技術上之運用而發生之關係，而不能視為國家與國家間，或政府與政府間之關係，絕不因此而與不承認滿洲國之原則有何牴觸。鐵道運輸業務，與郵政事例相同，就此解決通車，則在此項鐵則之下，當無虞有所誤會。因責成北寧鐵路，由　月　日起，恢復由北平至瀋陽直達旅客列車，藉杜日方藉口。其辦法係將此項通車交由中日雙方合組之公司負責承辦。此種事例，係採用萬國臥車公司承辦國有各路臥車辦法，藉使關內外行車以及一切手續接觸、文書往返，均得由第三者居間處理，庶使兩鐵路對方不發生直接關係。且所有執行事項，統限於單純的鐵路營業事務，絕不涉及任何形式的或事實的政治問題。故甚望社會對之，應認清其事務範圍，萬勿比附援引，曲為解釋，甚且於日人之宣傳輕予附和雷同，致授人以柄，反自陷於不利之處境云。

機密　參考

通車問題與事實承認偽組織之解析

備由中宣會通電密令各級黨部統制全國輿論

通車問題，喧騰於世，行將一年。此次決定方案，不特竭力避免兩鐵路之直接接觸，且避免以偽組織之機關為對象，形式上固已絕無承認所謂偽組織之虞，仍恐不免懷有疑慮，貿然附會，致其結果乃不免為他人張目者，是則毫釐千里，不可不慎。吾人為糾正此種錯誤觀念起見，不得不就所謂事實承認問題加以解析。

所謂事實承認者，有嚴格之界說，即必須為國家行動，且直接涉及中央政府之事，而又足以解為有事實承認意思之行為是也。必此三項條件具備，然後事實承認之內容方屬充足。否則雖係國家行動，而其事不涉中央政府，又或其事雖涉及中央政府，而事件不含承認意思，不能作為事實承認之解釋者，均不得勉強附會為事實承認。上項界說之根據，在國際聯盟之議決案。去年國聯通過調查團報告書，決定不承認「滿洲國」後，旋又議決關於不承認「滿洲國」之辦法多條，於去年六月十二日通告各會員國遵行。其辦法中且主張雖係國家行動，但不直接牽涉中央政府之事，亦不得作為事實承認之解釋。蓋國聯以為惟中央政府始有承認他國之資格及權力；如所事既不涉及中央，所與周旋者又為無權承認他國之地方機關，則雖有與偽組織之接觸行動，仍不得解為事實承認。事實承認條件之嚴格如此。該項辦法中，又主張雖係國家行動，但在特殊形勢下不得已之行為，仍不得作為事實承認之解釋。此項規定，本係國聯對各國在東北駐有領事所謀之救濟，良以東北現狀，各國均派有領事，雖係國家行動，但不因此而視為承認「滿洲國」，事實承認條件之嚴格又如此。此外，最近國聯關於中國事件之顧問委員會，討論滿洲郵運曾決定之第三項原則，即各會員國之郵政機關與滿洲國之郵政機關發生關係時，只認為行政機關與行政機關為維持郵政技術上之運用而發生之關係，而不能視為國家與國家間、或政府與政府間之關係，絕不因此而與不承認滿洲國之原則有何牴觸。故就鐵路運輸業務言之，即局部間之運輸聯絡攸關之通車事件，原不必國家始能辦理，甲路局與乙路局之兩行政機關，因運輸技術上之運用而發生之關係，不能視為國家與國家或政府與政府間之關係。依國聯最近事例，此義至為明顯，何況即此局部間之運輸聯絡，尚不以偽國組織為對象，且有第三者介在其間，一切毫無直接之接觸，自更與所謂事實承認之說，相去甚遠也。

依上所說事實承認之界說己〔已〕明，其條件嚴格，不容附會，吾人試一考通車事件，對上項界說之解釋如何：

（一）通車交涉之起因於《塘沽協定》善後事項之接收軍事占領下之鐵路問題，其對手方，自始即為關東軍主持一切。路局既非國家，其行為即非國家行動；而對方主持者之關東軍，更非偽組織之國家。

（二）通車為鐵路運輸業務之一種營業行為，與中央政府不相牽涉，且不得解為含有事實承認之意思。

（三）路局有權主持之運輸業務，其行為非必以國家為主體，以某種客車交由某公司承辦，國有各路與萬國臥車公司，夙有此項事例。

（四）以通車較領事之駐在及郵政之交通，在後二者確係國家行動，猶且因特殊形勢之要求，否認其事實承認之嫌。若通車之本非國家行動，現因軍事占領之特殊情勢（我對東北始終認為被日人臨時軍軍〔事〕占領，無所謂「滿洲國」），而不得已〔已〕交涉辦理，且雙方絕無接觸，更不得視為承認之事實表示。且因此維繫，益〔亦〕可表現我國絕不放棄東北四省之人民領土，反可因上例而得法律與事實之根據也。

依據上述，通車結果，絕對不能解為事實承認，以與事實承認之界說毫不相涉也。願國人勿過於重視事實承認嫌疑，而輕於附和雷同，使人得藉口謂中國因此即表示事實承認，或且曰中國人固自視此為事實承認也。

002-080200-00167-069-002a~019a

■ 1934 年 6 月 2 日

汪兆銘電蔣中正去電措詞除敘述不得已情形外似宜說明國聯諮詢委員會關於通郵曾決議為機關與機關之關係不能視為國與國之關係似此絕無承認偽組織之嫌

23 6 2

南京。無線。

48510

南昌蔣委員長賜鑒：

冬午秘贛電敬悉。佩密。去電措詞，除敘述不得已情形外，似可說明「國聯諮詢委員會關於通郵，曾決議機關與機關之關係，不能視為國與國、政府與政府之關係；今通車交由商業機關居中辦理，並機關與機關之關係亦已避免，似此絕無承認偽組織之嫌」等語，希酌。

弟兆銘。冬印。

002-080200-00093-085-002a

■ 1934年6月13日
黃郛電楊永泰通車案既經提出中政會通過而京中當局猶復秘不承認是徒啟社會之猜測等

南昌行營楊祕書長暢卿兄：

灰（十）、文（十二）兩電均奉悉。依迭次報告判斷，是通車案發表當無重大反響，不如提早公表。蓋既經提出中政會通過，而京中當局猶復秘不承認，是徒啟社會之猜測，疑為真有不可告人之隱。弟處其間，左右為難。此間新聞日載譏誚個人之詞，不曰「由後門出，密會殷同」，即曰「早出晚歸，密議進行」。欲表明態度，則忤中央意旨；欲緘默不言，則含沙射影，似假漸真。前日炸彈之來，或即因此。現兩粵既無顧慮，能否提早實現並公布，以免內外兩方之猜疑？乞密陳見復為感。

弟郛。元。

李雲漢，《抗戰前華北政局史料》，頁69。

■ 1934年6月30日
中央政治會議祕書處電蔣中正中政會議決在不承認偽組織及偽政權之原則交由汪兆銘等與日方交涉華北通車通郵問題

政治會議祕書處陷電

鈞座感酉電提案，豔日經汪、顧、葉三委員商決附議。

本晨提議得議決如下：決議在不承認偽組織及否認偽政權存在原則之下，可與日本交涉關內外通車問題，密交行政院長汪同志、軍事委員會委員長蔣同志，依此原則負責考慮，妥善進行通郵問題，俟行政院擬議呈報再核除另函外，謹先奉聞。

002-080200-00169-052

■ 1934 年 7 月 4 日

黃郛電蔣中正為解決北寧路炸車事件當懇託柴山兼四郎請求關東方面諒解使協議能維持運作另對與東北通郵航空聯絡之事中央意見如何盼予明示

23 年 7 月 4 日

自莫干山發

號次：2698

特急。南京蔣委員長勛鑒：

〇密。炸車案後，曾於冬日電殷局長有所指示，略稱：「通車被炸，至深感慨。苟不從掃除國民心底之不平痛下功夫，今後禍患之來實屬防不勝防。從前日方私人交換意見，常有縮小非戰區域、撤退平榆駐軍、拋棄治外法權等說以餌我；今則僅僅欲廢申合事項，保全戰區主權而不可得循。是以往雖兩國少數之顧全東亞大局者誠摯的提攜，殊死的努力，恐將犧牲淨盡，而結果仍無裨於東亞大局，此則至可痛也。為今之計，惟有坦白率直的懇託柴山武官，電商關東是否能諒解我方之誠意，與我以相當之安慰，使一年來我個人滿面汙穢得洗一洗，三年來之國民之滿腹抑鬱稍舒一舒，然後吾人始有繼續努力之餘地。此實東亞百年安危大計與兩民族榮枯盛衰之所繫，切望日方遠見之士深思而採納之。愚意廢協定而另訂替代之物，目下內外情勢恐談不到。惟廢申合事項，雙方以善意的精神共守協定，勿片面履行，勿曲加觀聽，侵害我方主權，實必須辦到。盼兄妥加研究，慎為運用。至兄南行之期，不必亟亟。現在通車伊始，隱患滋多，善後各端，全賴擘劃。能於十五日前抵此，足矣」等語。頃殷江電稱：「冬電敬悉。（一）連日在此，就尊電指示各項密為運用，並託柴山電關東，約岡村再度商榷意見，俟其電復決定日期、地點，當再續告。（二）日方因桐引咎辭職，迭派多人來平，意在表示勸慰之。桐事藉此表示中國民氣不可輕侮，此次政治力量已經用盡，而仍有如是結果，可知設法恢復民族感情，方為正當辦法。大約彼方對炸車事當不致有何枝節。（三）通郵辦法似應催交部速定成案，以便應付。（四）航空聯絡事昨與敬之談及，彼贊成由我方自行組織旅客航空巡航沿黃河辦法，以為解決。（五）冬江等日往來通車均安謐」等語，特送參考。關於殷電內（三）、（四）兩項，中央意見若何，乞電示祇遵。

郛叩。豪印。

002-090200-00015-218

■ 1934 年 7 月 9 日

黃郛電蔣中正已飭殷同赴牯嶺備諮詳商如何改善北寧路警及解決平瀋通郵與承允聯航等文電日報表

來電號次：20

姓名或機關：黃郛

地址：莫干山

來電日期：青

來電摘要：

頃殷局長魚電稱：「自冬日灤州有人圖炸鐵橋，刺傷隊警，及正義暗殺團警告書所述情形觀之，彼等目的地係在戰區之內。該區既無軍隊可資防範，而保安隊不得力，又不能責之地方，且不便明告日方，予以藉口，所恃僅本路路警，然紀律廢弛，毫無用處。路局對路警並不直屬，不能層層節制。為防護以後計，欲應付特殊環境，非有特殊制度不可。此種情形，絕非函電所能詳盡」等語。又接陽電稱：「昨柴山來稱，岡村因旅行暫難赴約，並謂關東對通郵事，仍望一氣解決，盼交部速定委員人選及日期地點，且送來關東所擬通郵草案一份。此外，航空聯絡亦送來草案三種，盼我方擇其一為準備表示，即可結束。擬日內親攜各草案南來，詳商應付。查岡村託故不見，復使柴山蹈進一步催解決通郵及承允聯航，非中央有澈底討論，恐僵局終無打開之望」等語。就此觀之，足見華北環境內外交迫。現已電飭殷局南來，到後擬請其到牯，以備諮詢。如何？盼復。
擬辦：
擬復：殷局長如南來，路警應如何改善，請兄一面電示，一面與汪院長、顧部長妥商。通郵與聯航不可並為一談，聯航總以拒絕為宜。所有步驟及內容，俟兄晤殷詳加接洽考慮後，弟再約期晤殷。何如？
已復。七．十二

002-080200-00436-115

■ 1934 年 7 月 13 日

何應欽等電蔣中正與日方航空聯運問題為免日人口實僅可設平津山海一線並無主張在黃河北岸設置機場等文電日報表等二則

來電號次：164
姓名或機關：何應欽
地址：北平
來電日期：元行秘
來電摘要：
日人於通車後，又促航空聯運之實現。日前晤桐生時，渠主張由我方自動設一公司，置飛機兩架或三架，辦理北平、平津、山海關、古北口等處之航運。職當答以古北口方面郵件甚少，似無必要。為免日人口實，只可設平津山海一線，並無主張或贊成在黃河北岸處可設置機場，與日聯運也。

擬辦：

擬存。

002-080200-00436-145

■ 1934 年 7 月 15 日

黃郛電蔣中正關東軍所提通郵聯航兩案正與唐有壬妥商而聯航問題正審查沿長城情形與利害以擬具方案

23 7 15

莫干山

201

牯嶺蔣委員長勛鑒：

佳機海及文秘牯電均敬悉。〇密。關東所提郵、航兩案，已由殷局長攜來，昨有壬兄亦到山，正與妥商應取步驟。其內容辦法，仍非有壬兄回京商承中樞及主管部意見之後，無從擬定。現擬俟一切商有頭緒，送請核定之後，再為答覆。至聯航問題，前議自行組織巡航沿黃河辦法，經詢明殷局長，「沿黃河」係「沿長城」之誤。此事不無研究餘地，當就現在沿邊情形與利害各點通盤審查，擬具方案，以供採擇。

郛叩。□印。

002-080200-00171-027-002a

■ 1934 年 7 月 16 日

黃郛電蔣中正關東軍所提通郵聯航案經商酌通郵案應避免與滿洲國機關接觸及通用偽滿郵票而聯航案應止於接壤地帶等原則

23 7 16

莫干山

271

牯嶺蔣委員長勛鑒：

○密。殷局長來，帶到關東所提通郵及航空聯絡兩原案，連日一再商酌，對通郵案主張應先確定原則。為絕對避免與滿洲機關之接觸及偽滿郵票之通用等項，擬先就此數點商得諒解之後，方作具體進行。來案係以偽滿為對手方，且涉及電信、電話，無討論餘地，決將原件退回。至航空聯絡，來有三案，除第一、第二兩案含有合辦航空或交換航空性質，決不與議外，據柴山聲稱，如能實行第三案，亦可滿足。該案內容為「中國依獨自之立場，在華北賡續一航空公司，然後於適宜之時機，雙方為聯絡之協定。其聯合先在接壤地帶，漸次各延長於內地」等語。就此案論，末段「漸次各延長於內地」句不無流弊，如能商允刪除，則本案頗有研究之價值。因（一）航空由我自辦公司，聯絡限於接壤地帶，則我方止〔只〕須在榆關、古北口、多倫等處設一航空站即可應付，而我反因有此航空每日巡視長城沿線，於邊防軍事獲益甚大。（二）長城為我今後國防最前線，無論日偽苟無聯航問題，彼方絕不許我用飛機前往探視。故此次如能將計就計自辦航空，至少可以獲得在戰區及沿邊逐日探視動靜之便宜。（三）可藉多倫設站事，促進解決多倫問題。因有以上三點，故聞敬之亦表贊同。惟上次電文誤將「沿長城」三字誤譯為「沿黃河」三字，以致不能不加顧慮。果如現在情形，似不無考慮餘地。惟如果可行，則此項航空技師必須由尊處遴選富有國家思想、軍事學識，含蓄誠〔沉〕著，而不流露者二三人以之充任，方為妥當。特電奉陳，諸祈卓裁見復為盼。

郛叩。諫印。

擬辦：

擬覆：通郵原則尚妥，聯航似以不辦為佳。如必須舉辦，亦祇能就兄所擬者加以考慮，航空公司必須我國自辦，航行祇以榆關、古北、多倫三處為限，固弟不寫有延及內地之語也。

批示：

如擬。七・十八。□批

已復。七・廿

002-080200-00171-042

■ 1934 年 7 月 25 日

黃郛電蔣中正中日大連第二次會議日方不允殷同所提之廢棄塘沽協定惟取締戰區浪人及整理李際春石友三部隊與日偽軍退等均已獲得解決文電日報表

號次：583

姓名或機關：黃郛

地址：莫干山

日期：有（午）

來摘要：

頃接大連殷局長敬電稱：「連日與岡村、喜多、柴山三人澈談戰區各問題，得相當解決：（一）澈底肅清戰區內不良分子，以後非督察專員會同日領事館給予許可者，不准逗留，現在者亦澈底清查。所有不良分子，均由我引渡日方，驅逐出境。（二）玉田保安隊移駐戰區以外，李部保安隊逐次更迭幹部，加緊訓練，以期改善。（三）新編保安隊因交替之五千外，其餘可作為警察隊配置於各縣。（四）東陵偽軍著即撤退，但須由我方完全保護。（五）通郵問題，在北戴河先協議原則。（六）大東公司，允為合法之處置。（七）多倫地區問題，允從速研究辦法。（八）使戰區正常化而為外交交涉之原則，無異議。

以上八項乞察奪。至廢除協定問題，彼等以為「非局部官憲為一宣言所可了事。慮中國政府現在立場，未必即能做到，故如是」云云。對航空聯絡，彼方謂為申合事項之一，不允放棄。經桐告以我方以現在情況，不願考慮及此，結果委柴山再為說明，並經說明「現在除建昌營、撤河橋、馬蘭峪、古北口四處積有少數日軍外，其餘各地均已全撤；即上述地點，亦已再三嚴令絕對不准干涉中國行政」云云。岡村現決留任，喜多決內調為參謀本部中國課長。據其密告，彼到中央部後，對關內小部隊關東軍之駐屯，擬根本撤消也。桐明日船回滬，詳容面陳。」等語。查（一）項雖有准許日商在戰區內雜居之嫌，但兩害相權取其輕，較無辦法的放任，實可減少無數糾紛也。（二）項玉田保安隊，即含混友三舊部，人數約千餘人；李部保安隊，即李際春舊部，人數約四千人。（五）項交部已否議有方案，能否派員負責，乞速核奪。（六）項所謂大東公司，係日浪人斂錢機關，在青島、榆關、天津各處專發下級華人出關入偽國證明書，每張限每人收洋三角五分，實屬不成體統。故此次一併向對方抗議，特為聲敘。即乞察核電復，餘容殷局長到山晤後再詳。

再近來報紙每日必以大字登載郛及對日交涉人員之行動，並有進行經濟合作、廢除協定等事項臚列其間。查經濟合作，日方雖有此野望，而並無此談判；廢除協定，亦為要價還價之舉，萬不容事前聲張。如此胡載亂登，妨礙交涉進行，實屬損害國家之尤。各地黨政軍各機關視若無睹，不予嚴重取締，流弊實深。應請公與汪先生特別設法，力為補救為禱。

擬辦：

擬復：通郵問題及報紙取締問題，當電商汪先生妥為進行。

002-080200-00436-215

■ 1934年9月9日

黃郛電蔣中正連日接見有吉明鈴木美通影佐禎昭等日方人士認為當今華北戰區清理及通郵問題固宜速解決然根本問題仍在華北治安與經濟提攜等情

23 9 10

上海

2363

特急。牯嶺蔣委員長勛鑒：

○密。連日分別見外交方面之有吉、有野，海軍方面之今村、佐藤，陸軍方面之鈴木、影佐。茲撮要奉聞如下：（1）態度以海軍為最好，外交次之，陸軍又次之。（2）日俄風雲除實發事件未可逆料外，一年以內兩國均無戰意。此層三方面人物同一看法，且提到此層，三方面人均極淡漠，若不甚重視者。然且軍縮問題即在目前，國際情勢不容再加擾亂，而雙方實際準備又非來秋不能完成。（3）軍縮會議，彼等有對內外兩方面之苦，故倡要求平等、廢棄舊約之高調，而對外有比較折中之方案。今舊約必宣告廢棄，同時即在預備會提出折中方案，內容不可知，大約側重於比率十：十：七，艦種不加限制兩點。總之，岡田首相最近談此，亦有「不必要之平等權，徒勞人民負擔，日本亦絕不致出此下策；惟不合理之拘束，使日本國防時受威脅，非絕對的不妥協、不畏縮，要求廢除不可」數語，可以推想其真相。（4）影佐初見時，頗自赧露侷促不安之象，繼而肆其挑撥手段謂：「中央派公至平，軍權自始即未授諸公，政權亦有名無實，僅僅財權與外交權，乃自塘〔沽〕協成後，首先即將財權剝奪，繼又將外交權收回，是中央不過要公到平端坐而已」等語，當即加以解釋，謂財權因收入不足，月月困難，係我自己拋棄；外交遇事商討，並未剝奪。最後彼表示相機再發表談話，自行訂正，兄亦未便再加窮追，遂別。（5）彼等聞兄不久北行，有吉表示安心；今村表示意外，蓋海軍料我絕不肯再去也。鈴木表示戰區清理及通郵問題，目前固宜速辦。然根本問題，仍在華北治安及經濟提攜兩點，請格外注意云云，特述乞察。

郛叩。青戌印。

002-080200-00178-059-002a~004a

■ 1934 年 9 月 27 日

黃郛等電蔣中正英使稱自國聯顧問會通過郵政辦法後英國已實行滿洲通郵中國似可參照辦理等語請商定辦法等文電日報表

號次：3215

姓名或機關：黃郛

地址：北平

日期：感（機）

來電摘要：

（1）英使有晨來訪，詢弟起居，已代致謝，並詢及通郵事，渠謂「前次在京與汪先生談及，以英國、中華商務較繁，年來商民因通郵不便，頗感困難，甚盼能早日解決。自國聯顧問會通過郵政辦法三條後，英國已實行通郵，但曾鄭重聲明此係技術問題，絕無政治承認之意義，中國似可參照辦理」等語。兄以中國立場與英國不同，且技術方面甚為複雜，必須慎重研究，方可陸續進行，但盼短期內商訂辦法，俾各方皆可滿意。渠甚感悅。（2）荷使同日來談葫蘆島借款事，懇令北寧路局與商結束，並謂原借款銀公司擬向中西部鐵路投資，俟結束後即可開始談判。兄以原借款經過不甚明悉，容飭路局查明陳核後，再作答覆。（3）美使請假回國，十月三日由平啟程南下，須明年正月底方回任，不及到牯辭行，囑代致意。（4）英使十月中旬到華南視察，兄以蘇俄加入國聯後，中東路出售又有成議，英國商務視察團不日到東北，雖係商人行動，實與其政府有密切關係，各國遷就事實，我國應付益感棘手，外交上有密切注意之必要。尊意以為何如，統希電復祇遵。

擬辦：

擬復敬悉。

002-080200-00441-263

■ 1934 年 10 月 1 日

朱家驊電蔣中正通郵事汪兆銘要求高宗武以由第三者另製入關印花且日戳避免有偽組織字樣等原則與對方談判

23 10 1

南京

3506

特急。牯嶺蔣委員長鈞鑒：

〇密。通郵事件前承鈞誨，並與黃膺白先生商談結果，即派高宗武君為郵政總局主任祕書，任出席首席委員，並派郵務長余翔麟、副郵務長曹鑑庭為出席委員於上月馬日到平，寢電報告「對方委員已抵天津，俟池局長自榆歸後，方能謀面」等語。又得儉電報告「今晚與對方首席委員談至十一時方休，對方提案範圍甚廣，所有航空電話、電報等通信事項皆包括在內。宗武以郵務以外事項無權接談，對方再三要求向部請示，宗武亦予拒絕，所得結果僅將對方提案推翻，約明日下午再談」等情，經即復電獎勉，並囑隨時報告。昨得豔電報告，並請示三項：「（1）在不承〔認〕滿洲國原則之下，專談通郵上之技術問題。（2）以誠意為基礎，不為成文之規定，均經對方接受。所請示者：（1）郵票問題對方讓步至改用印花票面上用郵政廳三字，票紙內用水印之滿洲郵政四字，花紋未定，是否近於變相郵票，請為考慮。（2）不直接交換郵件及改換銷號日戳，對方不肯贊同。（3）對方要求快信、匯兌、掛號、包裹等等均須辦理，並謂做不到祇有決裂。現定東日正午再談，會議前途頗難樂觀，如何？乞火速電示。汪院長、唐次長，乞轉陳」等語。昨晚晉謁汪先生請示，奉諭此事可寬以時日，多事磋磨，並謂曾與高君言之商議結果，以郵票問題倘對方另製入關印花，其印花上須由第三者（如東方旅行社之類）出面，日戳同樣避免涉及偽組織之任何字樣，務希堅持不直接交換郵件。至快信、匯兌、掛號、包裹等之單據上，並由第三者出面告之。知勞廑注，謹以奉。嗣後情形，仍當隨時報告。

朱家驊叩。東印。

002-080200-00184-036-002a~004a

■ 1934 年 10 月 2 日

朱家驊電蔣中正據高宗武報稱日方要求須承認偽滿郵政廳郵票上須有滿洲郵政廳五字郵戳須用偽國現用者等汪兆銘對此表示當堅決拒絕並囑委婉發言以免破裂之責

23 年 10 月 3 日

自南京發

號次：3555

牯嶺蔣委員長鈞鑒：

先密。據高宗武東電稱：「卅電謹悉。本下午第三次會談僅及郵票間，雙方堅持成見，經多方辯難，仍不讓步，只建議貼有偽票之入關郵件任聽我將偽票塗抹或撕拋，以示不承認。此節在事實不易辦理，理論上亦難自圓，但對於既有建議而又不讓步，只得轉請訓下次再談。頃探豔日會談，對於所請之訓示已到：『（1）須承認滿洲郵政廳。（2）郵票上須有滿洲郵政廳五字。（3）郵戳須用偽國現用者。（4）入關普通信件資費須定三分非五分』共四項。惟我方昨日收到之電訓為免僵局起見，至今尚未宣露。上述對方建議應否加以考慮，乞電示。現在以前請訓示未到為辭，一面設法疏通，盡量祇磨」等語。下午請示汪先生，知先已得高電，出示復稿，除第四項可從長討論外，餘均堅決拒絕，並囑婉轉發言，免破裂之責，驊亦完全贊同，頃覆高一電，囑遵照汪先生電辦理。倘彼方無讓步餘地，務使破裂責任由彼負之，謹聞。

朱家驊呈叩。冬亥。

002-090200-00015-240

■ 1934 年 10 月 2 日

黃郛電蔣中正汪兆銘通郵案郵戳交換局及郵資似可採用國聯議決原則而集中討論郵票問題另已派李擇一等人協助談判

23 10 2

北平

3561

南京汪院長、牯嶺蔣委員長勛鑒：

◯密。極密。通郵預備會議已由雙方委員於九月廿八日、廿九日、十月一日會談三次，彼方所提出者為通信全般事項，郵政之外尚有有線、無線電報、電話及航郵等項。其說明意旨除航郵外，無非恢復九一八事變以前之狀態云云。我方則堅持：（一）不涉及任何承認偽國形式。（二）限於會談通郵技術。（三）不為任何形式的協定及換文等三項。再三磋磨，方於（一）（三）兩項表示接受，（二）項則謂如現委員無此職權，可暫不談，將來仍望辦到。現在爭執問題較重要者，為郵票、郵戳、交換局及郵資等四件。其中，郵票問題彼方允將現行之溥儀肖像郵票改換其新票圖案，並可參加我方意見。我方主張票面全部避免滿洲國或滿洲字樣，彼方僅允避去國字，用滿洲郵政廳字句。其他郵戳日期，我方主用西曆，彼主仍用現曆，而避去康德年號。交換局我主設代辦所為中介機關，彼主郵局間直接交換。郵資我主照關內通行制，彼主照各自通行制。現雙方各自請示，已成停頓之局。郛意我方應取方略，對郵戳、交換局及郵資各點，自無妨適用本年五月國聯議決原則，表示容納；而集中爭點於郵票，但技術上亦苦無適當較善之辦法可資替代。彼方除專門委員外，關東派儀我大佐、柴山中佐參加，故我方亦於部派委員外，令李參議擇一、殷局長同參加協助。特電密達，至祈鑒察，並指示一切為禱。

郛叩。冬申機印。

002-080200-00184-071-002a~004a

■ 1934 年 10 月 4 日

汪兆銘電蔣中正關於中法對飛事若日本能承認不再提議關內外通航則建議可與日本先訂約而續與法國商訂

23 10 4

南京

7

漢口電報局探蔣委員長賜鑒：

江秘牯電敬悉。佶密。中法對飛，日本必援例請求，似不如先與日本商洽，而以不再提議關內外通航為條件。

日本能承認此條件，則與日本先訂約，而續與法國商訂。如此，一方日本覺得稍占面子，一方我亦得免與偽國通航之麻煩，似較先與法國商訂為有益。尊見如何？祈賜覆為荷。

弟兆銘。支印。

002-080200-00185-011-002a

■ 1934 年 10 月 4 日

黃郛電蔣中正東北與關內通郵及交換局等問題苟不依照廬山決定之第二項適用國聯原則辦法實無法自圓其說及詢對此有何解釋善法打開僵局

中華民國廿三年拾月五日

第 3758 號

發報局名：北平

武昌。張主席。皋密。請譯呈蔣委員長勛鑒：

極密。關於通郵預備會議，業於冬電詳陳，諒邀察及。此事兄回平後，按照廬山決定四項進行，因力避涉及承認偽國形式之嫌，故郵票在所必爭。惟交換局等問題，苟不依照廬山決定之第二項適用國聯原則辦法，實無法自圓其說，技術上亦想不出辦法。現雙方距離極遠，大有僵持之勢。聞交通部方面對於廬山決定四項中之第二項，即適用國聯原則一項，稍有異議，故對高宗武君訓令中抽去此項，故此僵局無法展開，先後會議五次。本晨不得已，業經決定我方部派之高君回京，彼方儀我大佐回關東，各請各訓。不知我弟對此有何解釋善法打開僵局，以助成廬山決定之原議。俾首當其衝者，不致陷於進退維谷之困境，至深禱幸，並盼電復。

郛叩。支亥機印。

002-080200-00185-001

■ 1934 年 10 月 8 日

蔣中正電黃郛郵票及郵戳均有爭持之必要交換及郵資問題似不妨稍示讓步以為票戳之交換

譯發

廿三年十月八日擬稿

十月八日下午四時核發

北平外交大樓黃委員長膺白兄勛鑒：

冬申機電敬悉。峯密。郵票及郵戳均有爭持之必要，否則不承認偽組織即等於空言。交換局及郵資問題，似不妨稍示讓步，以為票戳之交換也。未審尊意如何？

弟中正叩。〇〇。齊酉秘譯印。

002-090200-00014-033

■ 1934 年 10 月 15 日

朱家驊電蔣中正全民報刊載日滿郵政條約定於十一月上旬在長春簽字之新聞及條約內容轉呈鈞察並已飭員探詢

23 10 15

南京

542

急。西安蔣委員長勛鑒：

○密。據郵政總局轉據北平郵務長密報稱：「本月五日，《全民報》載有日滿郵政條約定於十一月上旬在長春簽字之新聞一則，內容共六條如下：（1）滿、日兩國間郵費劃一；（2）滿洲國郵局整理；（3）二重施設廢止（二重施設即滿鐵附屬地與偽國郵局間郵件之轉遞）；（4）滿、日兩國包裹、小匯兌、普通匯兌、電信匯兌、直接郵遞（滿日小匯兌制度已於八月一日實行，其普通匯兌與電信匯兌亦將於十一月上旬附同締結條約）；（5）滿鐵沿線轉來滿日郵政交換郵局廢止；（6）兩國郵票通行使用。查第六條所稱通行郵票辦法，實所僅見，即在朝鮮隸屬日本以前，亦未有此先例，且由偽國寄發之信函如貼用日本之郵票，而能在偽國通行，則將來寄往外國郵件貼用偽票問題，亦可一部分解決。此點頗關重要」等情。查該項日偽郵約第三條規定「二重施設廢止」，諒指廢止南滿區域內日本郵局而言。按民國十一年間簽訂《中日互換郵件協定》時，曾附有換文一件，聲明南滿區域內之中日郵政關係仍適用一九一零年之協定。上述第三條規定如屬確實，似與該項換文不無關係。又第六條規定兩國郵票通行使用，此實為國際創例，如其通行範圍不止在日偽境內往來，而對於國際郵件亦一律使用，則其影響甚大，尤以寄至我國之郵件為最甚。惟報章所載翔實與否，尚不可知。除密飭北平郵務長隨時探詢呈報外，密呈鑒核等語。除續據報轉呈外，謹電陳乞鑒察。

交通部長朱家驊叩。刪印。

002-080200-00186-114-002a~004a

■ 1934 年 10 月 19 日

朱家驊電蔣中正通郵問題之對策可否用第三者如東方旅行社印發印花日戳及單據抑或由中國郵政總局印就交彼方應用

23 10 19

南京

715

蘭州蔣委員長鈞鑒：

篠秘陝電奉悉。〇密。前項消息如果實現，則通郵問題之對策，擬仍照商定之：（1）用第三者如東方旅行社之類，所有印花、日戳及一切單據均由其出面；（2）或另商定郵票式樣，由中國郵政總局印就，交彼方應用。兩項辦法堅持到底。倘二項消息完全實現，則日、偽郵票郵局完全合一，不啻東四省與日本內地相同。因日戳之地各關係，以萬國郵政公約而論，將含有承認日本領有東四省之窒礙。設通郵問題得照上列兩項辦法，擇一解決，則政府對外對內似較易措辭，與前年停辦東省郵政時發出之通告宣言抗議，不至十分牴觸。如何之處？伏乞訓示遵行。

朱家驊呈。皓酉印。

擬辦：

擬覆：如能照一或二兩項辦法辦到最佳。請與汪先生及黃膺白先生詳加討論，切實運用為盼。

002 080200-00187-104

■ 1934 年 10 月 23 日

朱家驊電蔣中正據高宗武多次電云東北通郵事經多次會談同意郵票面滿洲郵政為滿洲郵票及日期用西曆地名用洋文及其曾做備忘錄呈汪兆銘等情形

23 10 23

南京

944

特急。西安蔣委員長：

○密。昨接高宗武智、馬兩電。智電略謂巧日下午會談，對方之讓步為：（一）另製郵票祇用於入關郵件，惟票面之「滿洲郵政」四字，改為「滿洲郵票」四字。

（二）郵戳日期用通曆，地名用洋文，小地名無洋文者仍用中文，並固執要用新京之地名。會談歷三小時，我方未與同意，故定本日上午再談。本日會談初由藤原發言，大意為貴方自有貴方之觀察與立場，但敝方對於通郵並不急切，且並無用意想作一圈套，使貴方承認滿洲國。不過國聯既有議決案，敝方不過望貴方承認「郵政廳」三個字而已，否則無所謂其通郵；若用第三者，則難免周折，在世界上並無此先例，似此情形實不必再行繼續談判。儀我、柴山均以強硬態度發言，無非牽強附會，自立理由。終由翔麟發言，收束大意為此來原抱迅速完善解決此事之志願，今因種種情形，藤原先生確認為不必再談，似為失望。此或是雙方委員努力未到，或是其中無途徑可以努力，但相信雙方已極努力。一國發行紀念郵票，每因國家或政府有大事可資紀念，並不為郵政有事而發行紀念郵票，此可證明郵票與國家或政府有關係。現在有所謂滿洲國在世界上亦尋不出先例，故欲應付此特殊情形，須用特殊方法，且已切實聲明用第三者定不至〔致〕延擱郵件。雖定明日會談，但會議已趨破裂，我方已極堅忍周旋，而不必再談之郵票發自彼方，並經我方於本日會談結束時加以聲明矣。馬電大意，膺白先生極憤慨，謂郵票以第三者出面絕對辦不到，中央此項主張是否欲因通郵問題而使中國再繼續吃虧，或是中央方面何人有此把握能將此點做到，否則是騙我北上，今我雖北上，但尚能南下云云，懇速賜方針等語。經汪先生電復不承認滿州郵票及日戳，膺白先生亦同此主張但仍持原議，驊回部亦電飭遵照辦理。頃又接高宗武養禡二電，養電略謂原定馬日再談，嗣因無話再說，改由池、李、儀我、柴山四人會商，另覓新途徑。結果由藤原提出日文備忘錄，當夜請宗武會商，其原文如下：（一）滿洲方面暫行新製郵票使用於信件及明信片而不表示滿洲國字樣，（二）上記事項以同意下記事項為條件：（甲）通郵實施期日須待新郵票之發行而先行實施，在此期間內對於貼用向來之郵票者，不得征收不足資費，（乙）例如特殊郵件及包裹郵件等之須貼用高額票，而仍貼用向來之郵票者，亦不得徵收不足費貼，（丙）包裹及匯兌事屬通郵之一部，須同時實施之，（丁）關于通郵事務，應由雙方郵政機關間直接辦理之，（戊）用現行國內所用之戳記，（己）普通郵件之郵資依照郵政廳各自明定，（庚）地名及郵政機關等之名稱悉依現行制度，（辛）對於電信電話之聯絡，實施應不後于通郵之時期，對於飛機郵遞聯絡之實施，尤應於最短期間內促其實現，並須得黃委員長之明言。宗武閱竣責對方以無誠意，所提條件與原定原則去離更遠，我方實難考慮，對方亦知理短，一面稱只供參考一面仍要宗武表示。宗武當夜攜此備忘錄晉謁膺公，逐條說明其不可接受之理由，膺公僅謂介公所指兩點業已做到，與我人見解似有不同。今晨原定會談，宗武託病不往，由翔麟出席，先詢藤原昨文所提之件是否貴方最後之願望，藤原答云是，不過貴方如認為辦不到請說明理由，以便回去報告，當由詳麟逐條細釋，駁其理由不成立，辦法作不到，並謂電信、電話、飛航等不在所使命之範圍內，無所表示。藤原答稱本人對於余君所說句句贊同，但希望原諒敝方困難，對於郵票問題應予敝方以機會，使能向民眾掩飾得過，而郵戳問題上用新京之洋文拼音則無由他法可以解決。武麟細析備忘錄各點，覺與膺公對武等所表示者亦相去甚遠，因膺公固曾對天津梅津司令表示某一線電報接通一事，可請交通部再加考慮，電話一項未明底蘊無從表示，但此二事絕對不能併入通郵問題內談判，作為一種條件。膺公之表示甚明瞭而對方不守信義，居然列為附項條件之一，對方意在造成種種事實為承認偽國張本，此項存心現在漸漸揭露，所以郵務問題未了，而電務、航空之要求已踵接而至，對方存心用意在在暴露，故布誘陷陣線云云。禡電略謂養電發後，李擇一兄來述藤原對於昨夕所提之備忘錄認為錯誤，請不必電報中央，免生誤會，將原文退回或撕毀之，並謂因為彼此一向開誠相見，故敢將敝方心坎話奉告，聊供參考而已，此項備忘錄應作為未曾送交貴方為是，並對宗武個人表示歉意云云。汪先生已先復電獎勉，驊頃亦復電慰安，謹此電聞，餘俟續報。

朱家驊呈叩，漾印。

002-080200-00188-096

■ 1934年10月25日

唐有壬電蔣中正楊永泰東北通郵交涉因郵票及戳記涉及國家主權而有所爭執謀以交通部人員當折衝之責以黃郛為居間者可留迴旋餘地

23 10 25

南京

1620

特急。北平蔣委員長行轅、楊祕書長暢卿先生勛鑒：

侑密。通郵交涉已至圖窮匕見，其必爭焦點厥為郵票及戳記兩者，尤以前者為關係重大。此間熟思以郵票為物，所以表示國家主權所在，固不必記明某國發行字樣，或刻劃國徽花紋，始具備國家之觀念，例如英國郵票並無何等顯著標記，而人人即熟知有英國存在，良以其為英國政府所發行故也。現在雙方爭執之郵票，如仍具備郵票之要素，則不論其易逆像為狗頭，改偽國為郵廳，彼固可移花接木，即以此郵票為彼偽國郵票。是我方代表舌敝唇枯、苦心焦慮所得者，適為偽國制訂郵票而已。將來通行我國全境，則政府將無以自解於國民，所慮如此，故不得不把牢通車辦法前例，以第三者為主體，以防將來流弊。而通車辦法既為雙方所訂立，我若援用，在彼亦不能認為有意為難。總之，彼此見解不同之點，我所可許者為事實上通郵之便利，所必爭者為法律上國家之立場，而彼乃欲於事實外，並欲取得法律上之根據。觀其對郵票一點，斤斤然不肯略為放鬆，其心可知，益使吾人感覺非特別慎重不可。即就騮先個人言，渠亦絕不欲通郵條件劣於通車也。膺白先生因此事極感困難，然此事之困難固早在意中，故謀以交通部人員當折衝之責，使膺公不至獨當其衝，以居間者之地位，留迴旋之餘地，庶可專心於華北政務之整理。凡此用心，當蒙明燭。我公在平作若干日留，敬祈便示為荷。

有壬叩。有申印。

先抄送第□列表呈閱，擬抄發膺白一閱，再行酌覆。十・廿六

已抄送。十・廿六

002-080200-00188-090

■ 1934 年 10 月 31 日

朱家驊電蔣中正與東北通郵依國聯通過之原則適用於通過中東路之國際郵件並未言及偽滿組織而關內關外郵件之名稱及文字措辭應如何著墨請予指示

23 年 10 月 31 日

自南京發

號次：1147

限即到。北平蔣委員長鈞鑒：

艾密。頃接高宗武等卅未、申兩電敬悉。關於通郵問題蒙鈞座指示，採用國聯通過之原則及郵票問題二項辦

法；（1）由關內郵政致函關外郵政委託發行特種郵票，專備入關郵件之用。（2）致函關外郵政認可某類特種郵票，可貼用於入關郵件，但聲明即係不承認偽國郵票之意，囑詢驊等意見，並勉以為國犧牲等因。此案關係重大，驊始終只以慎密為宗旨，事事秉承院長方針、鈞座指示而行，不敢輕自主張。就目前情形仔細研究，似覺下列數點極為重要，謹縷陳如次：（甲）國聯通過之原則，係指對通過中東路之國際郵件而言，未及與偽組織通郵事件。此點關係對日交涉根本問題，應請十分注意，原件另電奉上。（乙）關內郵政對關外郵政行政行文函內封面若用其名稱，即承認其組織，又不能用其他代替名詞，甚難著筆。（丙）聲明即係不承認彼郵票之意，將來在文字上應如何措詞，方能收效，頗難有妥善辦法。上陳各點，鈞意如何？懇即電示。

朱家驊呈叩。世申印。

002-090200-00015-226

■ 1934 年 10 月 31 日
朱家驊電蔣中正譯呈國際聯盟顧問委員會通過滿洲郵運問題決解辦法

23 年 10 月 31 日

自南京發

號次：1165

特急。北平蔣委員長：

〇密。世申電計呈鈞鑒，謹將國聯顧問委員會通過原文譯呈察核，文曰：「（甲）EXTRA COMITE CONSULTATIF II（一）中分為三節，第一節敘述國聯祕書長依照英政府來函之請求，將此經過滿洲郵運問題送交顧問委員會審查。第二節先行用顧問委員會報告。第二節之姑妗，本顧問委員會已將滿洲國非萬國郵政公約會員一事，提醒聯合會各會員。中國政府所建議之方法，須於滿洲國加入該萬國郵聯時，始能發生，次顧問委員會對上述二步略加解釋。第三節表明顧問委員會對英政府所舉問題之意見：（一）滿洲國交通部不能請求適用萬國郵政條約之條款。（二）聯合會會員國得將其郵件寄由滿洲，經過各行政機關採取此種方法後，認為適宜時，得考量此項郵政機關間通常慣例，所採取之專門辦法。（三）國聯會員國郵政機關與滿洲國郵政機關因上述方法而發生關係，只能視為機關與機關間之關係，不能視為國與國、政府與政府之關係。倘國聯會員國郵政機關致函滿洲國郵政機關，須於第一次聲明此只能視作一機關與他機關之交涉，而不能視為一政府與他政府之交涉，且不含有應用萬國郵政公約之意」等語，謹聞。

朱家驊呈叩。世酉印。

002-090200-00020-039

■ 1934 年 11 月 1 日

唐有壬電楊永泰經常與朱家驊晤談東北通郵案及此事不可過急已勸慰勿激昂並向駐京日武官疏通雙方意見等情

23 11 1

南京

1693

特急。北平。蔣委員長行轅、楊祕書長暢卿先生勛鑒：頃電計達。侑密。通郵案無日不與騮先晤談，渠以責任所在，毀譽攸關，當然不能不特別慎重。加以英、德各使之注意，渠更感將來難於立言，絕非故意為難，此層壬可以保證。現在病在對方太知我方底蘊，即如介公對高、余訓話，此間日本武官即已悉其內容。壬告以蔣委員長僅訓告高、余勿使會談決裂，至如何辦法仍看南京意見。壬意此事不可操之太急，一面勸慰騮先無事激昂，一面經由駐京日武官疏通雙方意見，俟得當後，再訓令高、余進行。惟交涉本同演劇，若大家都唱同樣腔調，大家都扮同樣面孔，此劇必然失敗。所謂異途同歸，此時正不必擠在同一路上。以壬愚見，介公殊不宜久居北平。蓋對方態度強硬，不無取瑟而歌之意也。至膺公怒壬，正如一家人子弟偶然挨長者之罵，本是常事。且此案即了，他案又來，膺公應付終當有窮，不如趁此作難一番，使對方知難，而稍戢其予取予攜之野心。如膺公辦事，將來只有益，無損耳。掬誠上言，祈弗宣示。

有壬叩。東二印。

002-080200-00190-007

■ 1934 年 11 月 7 日

汪兆銘電蔣中正東北通郵問題提出國防會議通過郵票郵戳及我方設商辦通信機關與雙方各自定郵資等條文並已電知黃郛

11 8

南京

1408

急。歸化蔣委員長賜鑒：

佶密。通郵問題似已至最後決定之時際。茲經與騮先兄熟商，本日提出國防會議通過方案，並電膺白兄全文如下：通郵問題由高、余兩君與對方談判，弟等擬俟最後適當時機，始由我兄出而指導，使雙方得一終結。近據高、余兩君報告及與主管部熟商，擬定最後方案，本日提出國防會議通過如下：（甲）郵票：（1）協商特種郵票全套，專供由關外入關郵件之用。郵票上除花紋、數字外，不用其他文字，由商辦通訊機關書面委託彼方印發。彼方所用郵務上之一切單據，其入關者亦均僅用某地郵局名義，不另冠以其他字樣，年、月、日用公曆。（2）在特種郵票未製成以前，暫維現狀。（3）普通信件、明信片、快信、掛號信同時辦理，包裹及匯兌另議。（乙）郵戳使用西文日戳，並用公曆及一九三二年七月以前之拼音地名，或一九三二年七月以前習用之西文地名；惟新京等大地名，得用（A）（B）等無關地名字首之字母代之。（丙）由我方設置商辦通信機關，在交換地點設該機關辦事處辦理交換一切郵件及彼此業務上往來之文件。（丁）郵資雙方各自定之云云。已另電高、余向對方提出。要之，此方案內容實已至最後讓步之界限，因所謂商辦通訊機關乃我方片面設置，無須得對方之同意，僅須得其瞭解於通郵一切事務毫無妨礙也。事勢至此，對方若不慨然接納，則僵局已成，無可挽回，尚祈我兄大加斡旋，不勝企幸。弟兆銘陽，敬祈察核賜示為荷。

弟兆銘。陽印。

002-080200-00191-007-002a~004a

■ 1934 年 11 月 8 日

黃郛電蔣中正曾於六日致電唐有壬說明中央與華北對於東北通郵談判事應互為體諒另王克敏接吳振修兩電文轉供參考

23 11 8

北平

1439

太原蔣委員長勛鑒：

涉密。於通郵事曾於魚日致電有壬文曰：「前奉漾電，適值介公到平，客多事繁，延未作復，至歉乞恕。通郵談判就公言，多爭一分是一分，弟亦國民之一，豈甘自外？就私言，吾儕同舟共濟，痛癢相關，中央若受責難，弟亦何能自全？年來大局有折一足而全體不穩勢至為明顯，故中央之不能不體諒華北環境，亦猶華北之不能不兼顧中央立場，二者一而二，二而一者也。明知吾兄處境亦極困難，然弄僵終非至計。萬一不歡而散，第一今後之影響如何？第二是否能從此永遠迴避通郵？若發生種種惡影響，以後仍不能迴避通郵之事實，則國家所受無謂之苦痛，吾人良心上能否不負責任？吾人此次出而任事，敢信彼此均係肝膽相照以救國，與一般互相結合以做官者之見解當有異同。現在情勢日緊一日，敢請切實與精衛先生商謀一打開之道。若能得大駕來平一行，尤信於大局必有裨益。臨電無任，迫切待命之至」等語。頃叔魯兄接吳震修虞電文曰：「頃見膺公致有壬電，措詞婉轉，用意公正，各當局頗為感動。有壬連日周旋奔走，煞費苦心，今得此電，助力不少，日內或可打開僵局，少候一二日再定行止。如何？乞代詢明電示」等語，特併轉達參考。

郛叩。庚。

002-080200-00191-023-002a~003a

■ 1934 年 11 月 8 日

黃郛電蔣中正擬定東北通郵問題在山海關設郵務代辦所及郵票種類花紋等通郵交涉建議

23 11 9

北平

1453

特急。太原。蔣委員長勛鑒：

鑫密。頃為通郵事接汪院長陽電：「通郵問題由高、余兩君與對方談判，弟等擬俟最後適當時機，始由我兄出而指導，使雙方得一終結。近據高、余兩君報告及與主管部熟商，擬定最後方案，本日提出國防會議通過如下：（甲）郵票：（1）協商特種郵票全套，專供由關外入關郵件之用。郵票上除花紋數字外，不用其他文字，由商辦通訊機關書面委託彼方印發。彼方所用郵務上之一切單據，其入關者亦均僅用某地郵局名義，不另冠以其他字樣，年、月、日用公歷〔曆〕。（2）在特種郵票未盡事宜製成以前，暫維現狀。（3）普通信件、明信片、快信、掛號信同時辦理，包裹及匯兌另議。（乙）郵戳使用西文日戳，並用公歷〔曆〕及一九三二年七月以前之拼音地名，或一九三二年七月以前習用之西文地名。惟新京等大地名，得用（A）（B）等無關地名字首之字母代之。（丙）由我方設置商辦通信機關，在交換地點設該機關辦事處辦理，交換一切郵件及彼此業務上往來之文件。（丁）郵資雙方各自定之云云。已另電高、余向對方提出，要之此方案內容實已至最後讓步之界限，因所謂商辦通信機關乃我方片面設置，無須得對方之同意，僅須得其瞭解於通郵一切事務毫無妨礙之。事勢至此，對方若不慨然接納，則僵局已成，無可挽回，尚祈我兄大力斡旋，不勝企幸。」當復庚亥電：「陽電敬悉。郵事彼方膠執，所提最後案不肯通融，連日與彼方委員反覆譬解，再三磋磨，彼等僅答以端候南京答覆，不復有所表示，並聲言彼等對最後案雖一字一句，亦難讓步等語。今國防會議通過案，在我已如尊電所示，已達最後讓步之界限。然兩相對照，距離仍遠。以弟愚見，一面要顧到我方立場，一面又要打開僵局，最大希望如能運用，使彼方對其原案第三項之實施辦法，謀認我方在山海關等處設置郵務代辦所，為辦理一切通郵事件之機關，事實上與商營通訊機關無甚懸殊，而表面上不率直的有商營字樣，或者較易接近。此種字樣辦法，且可使我方對入關郵件先在此處整理一道，免得各種不穩郵件朦〔蒙〕混入關，轉入內地。一面即以此為各處郵局對關外之承轉機關，自必較之在上海總局直接免去不少麻煩。即尊電甲項後段，對一切事實上之顧慮各點，亦可全部解消。至甲項（2）（3）兩款，本已不成問題，聞高、余二君早有報告。乙項郵戳用西文、西曆亦已一致，惟新京僅允用拼音西文，對我所提用（A）（B）等代字認為無商量餘地。丁項郵資不成問題。弟所引為顧慮者，即彼此商定後，如任其自由變更專用郵票之種類、花紋以及一切辦法，尚不無流弊，不能不預為防範。改變應於彼等所提原案五項之外加添（以上辦法有變更時，應由雙方預先協議）之一項，以示限制。果能辦到此步，似已與通車辦法已極近似。」正屬稿間，高、余二君攜鈞電來見，謂「遵示將國防會通過案如何提示彼方，其日期、其方式全體反對一致，應請黃委員長指導」等語，弟當告以「在條項內容以外之提出日期及方式，與交涉本身無關宏旨，可請二君自由照常處理，因二君曾說明若涉及條項內容之指導，仍須請示中央故也。知注附陳，並祈示復為禱」等語。按在山海關設郵務代辦所，及郵票種類、花紋及一切辦法有變更時，雙方應預行協議二點，均係遵照吾弟在平時所示辦法，幾經磋商，勉獲得對方諒解。倘得如此辦法，似從前各種顧慮已可解消。惟復汪先生電中未便明白說明，故僅作愚見「能辦到此步，似已與通車辦法已極近似」之語。尊見若以為可，尚祈力予主持，並盼電復。

郛叩。庚亥機印。

002-080200-00191-027-002a~007a

■ 1934 年 11 月 10 日

朱家驊電蔣中正先前與日本無線電臺通報未能做通郵問題之交換確是失策及中日實業公司借款整理與日無線電臺通報經過容再另陳

23 11 10

南京（有線）

14221

特急。太原蔣委員長鈞鑒：

灰秘晉電奉悉。艾密。此次整理之中日實業公司借款，並非西原借款之一部。前此與日本無線電臺通報，未能作通郵問題之交換，確是失策。荷蒙訓示，感愧交縈。至中日實業公司借款整理，及與日本無線電臺通報之經過始末詳情，容再另函陳報。僅先電謝，仰祈鑒察曲宥是荷。

朱家驊呈叩。灰戌印。

002-080200-00191-066-002a

■ 1934 年 11 月 12 日

黃郛電蔣中正現中日關於東北通郵問題爭執之處在於郵政處理機關郵戳地名以歐文書寫委託代印郵票等三處現日方對此不置可否相距似已不遠請察核示復為盼

23 年 11 月 12 日

自北平發（有線）

號次：14291

南昌蔣委員長勛鑒：

峯密。吾發灰敬悉。此案陽日汪先生來電，詳告國防會議通過案各條項，庚日復汪一電，略述鄙見，同日並將與汪往來原電轉發太原，請弟核示，計日當可轉到邀覽。近日迭與彼方交涉，彼方雖不允公然標示民辦或商辦字樣，致與談代表所提原案牴觸，但事實上由我方面設置郵務代辦所，由我方面解作中日機關則可默認。此外，對於代辦所在山海關等處設置，俾我方便於整理，及以後對於辦法如有變更，均應預先協商兩層，悉照吾弟所指示與商，均可辦到。現在此案爭執之點有三，即（1）商辦字樣如上述。（2）郵戳地名僅允用歐文，新京拼音不允以（A）（B）代字。（3）致函託代印郵票，如照中央案不必定項，彼方答覆則純屬我方之事，彼方不置可否，相距似已不遠，乞察核示復為盼。

郛叩。文機印。

002-090200-00015-239

■ 1934 年 11 月 14 日

汪兆銘電蔣中正東三省通郵案須磨彌吉郎對何應欽朱家驊唐有壬云關東軍已答應中國所提方案若予委婉堅持當可達到目的

23 11 15

京

14619

特急。南昌蔣委員長賜鑒：

〇密。民信局較地方郵局為有利，元電已詳。須磨總領事歷對敬之、騮先、有壬諸兄重言申明關東軍方面已經答應，其言必非杜撰，我方若能委婉堅持，當可達到目的也。

弟兆銘。寒印。

002-080200-00192-018-002a

■ 1934 年 11 月 16 日

汪兆銘電蔣中正通郵案最大癥結在於既不能局部解決又不能祕密解決蓋一經解決勢須將所商結果報告國聯以銷當初我國請求封鎖東省郵政之原案

23 年 11 月 16 日

自南京發

號次：14940

南昌蔣委員長賜鑒：

◯密。通郵案糾纏無已，幾經波折，自至最近郵票、郵戳兩點已將近解決，以片面的第三者為交換機關一層，對方亦勉予默認，大致可謂就緒。惟對方所取於我者必求明白記載，所予於我者則閃爍其詞，將來實施時必感困難。其尤可顧慮者，則雙方條件雖已接近，而精神則相距仍遠。通觀此案前後，對方最初所提條件，係用滿華郵政協定名稱，羅列郵政、電信、無線電、航空諸端，當經嚴詞拒絕，始行撤回原案，縮小範圍為郵政一項。然其後仍復提出一次，見我方態度強硬，則又自動撤回。現在本案將近合尖之際，對方提案文字動有「直接通郵」、「滿華雙方」、「滿方」等字樣，且有作成協定之暗示，並獨違反當初原則，尤足徵圖窮匕見之意，已電知高、余二人對於紀錄文字嚴密注意。惟對方既蓄意如此，則將來文字上不免發生激烈爭執，其意義之嚴重，甚或超越具體條件而上之。弟已堅囑騮先兄務宜委曲求全，勿使功虧一簣，然仍不能不作萬一決裂之覺悟。總之，此案最大癥結在於既不能局部解決，又不能祕密解決。蓋一經解決，勢須將所商結果報告國聯，以銷當初我國請求封鎖東省郵政之原案，又須將所定辦法通令全國郵局遵照辦理，非若通車案限於一隅，可以避人耳目，故有時不得不爭其所不能爭。好在騮先兄深明大體，決不致故為束縛，尚祈鑒察為幸。

弟兆銘。銑印。

002-090200-00014-032

■ 1934 年 11 月 17 日

唐有王電楊永泰東三省通郵案經李擇一殷同等人奉命周旋折衷已有轉機對中方意見頗能容納若不生枝節此案可告段落

23 11 17

南京

1753

南昌貢院背三號。楊祕書長暢卿先生勛鑒：

侑密。通郵案在膺白先生指示之下，經高、余二君之掙扎，殷、李二君之斡旋，刻已大有轉機。頃接來電報告紀錄文字，於我方意見頗能相當容納。若不發生其他枝節，本案當可告一段落。謹電奉慰。

有壬叩。篠印。

002-080200-00192-073

■ 1934年11月18日

黃郛電蔣中正頃致汪兆銘電云柴山兼四郎儀我誠也聲稱通郵談判已瀕破裂並有恫嚇警告之語故宜審量因應，蔣中正電汪兆銘詢因應通郵談判意見

北平（有線）

15179

特急。南昌蔣委員長勛鑒：

鑫密。頃致汪院長篠亥電文曰：「本日柴山武官、儀我人佐求見，聲稱通郵會談已瀕破裂。回溯兩閱月來，彼等諒解我方立場，首先通過不涉及承認偽滿原則，以示誠意；復於郵票、郵戳尊重我方意見，完全讓步以後，乃我方忽又提出第三者居間通郵之說，始終堅持不肯重加考慮，以致荏苒遷延至半年。今日最近彼方又勉從我方之意，默認我方在事實上設郵務代辦所之類之居間承轉機關，於山海關、古北口等處為片面的辦理通郵事務之第三者機關，而我方代表必固持標明所謂民信局或通信社，以為顯示第三者之標示，是根本與彼方立場不能相容，使彼等兩個月來之努力盡歸泡影。照此情形，除破裂外，實無他途。請求切實電達中央，為最後之考慮，並請一、二日內為切實之答覆。柴山並聲言，如果此事不能圓滿解決，彼對關東從此將無發言權，此後決不敢再與聞任何事項。彼明日即頃啟程赴滬，奉召參加駐華武官會議。如果從實報告，將何以塞好事者之口，恐於中國政治問題不無影響，務請注意及之等語。儀我並稱彼廿四日必離平，因滬上之武官會議之後關東亦有會議，彼已奉到命令，必須前往出席，不能再來等語。此類口吻是否可視為空言恫嚇，抑或含有警告性質，實有不能不鄭重審量。弟勉附驥尾年半，於茲力有未逮，心實謂危，逆料日內儀我必來催詢，弟處無從答覆，究應如何應付之處？敢請速為電致高、余兩君遵照為禱，並盼電復」等語，特達。

郛叩。巧午機印。

代電

廿三年十一月廿三日擬稿

汪院長尊鑒：

膺白篠亥電所述通郵談判情形祕電，計邀察核。此事應付，未審尊見如何？請示覆為荷。

弟中正叩。〇。敬秘京。

002-080200-00193-033-002a~005a

■ 1934 年 11 月 18 日

黃郛電蔣中正轉述汪兆銘告知東北通郵問題處理經過其關鍵仍在第三者代辦問題等請查照

自北平發（有線）

號次：15180

特急。南京蔣委員長勛鑒：

鑫密。頃致唐有壬巧未電文曰：「昨晚上汪院長一電，諒能閱及。此項局勢之鬧僵，約言之有四端：1. 不利用國聯原則，改〔致〕成步步荊棘。在牯議定之步驟中，本有此一項，而高、余所受之訓令中，不知何故卻無此項。2. 各方穿插太多，聞見不一，故情勢之緩急，彼此遂異其看法。3. 承辦者為顧全自身權責起見，其著眼點不免囿於問題之本身，通郵以外之連帶影響未能兼顧。4. 外交技術太差，前後槍法亦亂，致雙方因衝動而猜疑，因猜疑而更衝動。查旬月餘以來，高、余兩君每遇困難，必來陳商，前後不下二十餘次。弟則知無不言，言無不盡，但始終未蒙採納一辭半句。然弟仍會外協助，分別疏解，自信已竭我智能。至昨晨會散，彼此已圖窮匕見，又分來請見。當即先約高、余兩君來談，知問題仍在第三者居間之一點；彼方可默認郵務代辦所等不甚明顯之名稱視為第三者可，視為非第三者亦可；我方必須加入紀錄標明為確實之第三者，而用東方民信局之名稱。弟斟酌各方情報，恐影響及於全般大局，則所爭者小，而所失者大，為國家計，絕非至策。然仍體念高、余兩君難以獨負重任，乃下決〔心〕對於改用『郵務代辦所』名稱之一點，許以由我負一切責任，而仍未能得其嘉允。其時，柴山、儀我早已繼踵趕到，在別室已等候逾時，不得不出往晤面，而彼所言及如彼（請參閱致汪院長原電）。昨宵徹夜未能成寐，反覆思維，弟自身究竟是何身分？謂為局中人乎？則一字半句無置喙之權。謂為局外人乎？則最終責任，彼方仍視我為行政院之駐平代表人員，在我個人身上。嗚呼！此情此景，吾兄請代我思之，其將何堪？前數星期見情勢不佳，逆料有此一日，固〔因〕經過複雜，非筆墨所能盡，故始則電請震修兄北來，冀託伊轉達，而彼不來。繼復電請吾兄惠臨，而兄又未能離京，現在時機已迫，鈴木由粵歸來，語調大變。上海、關東又分別有會議，預料今後大局之推移，必在此三五日內種其因。即不為國家前途計，而吾人同處漏舟，不能不互關痛癢。究應如何應付之處？敢乞火速見教，無任盼企。再正屬稿間，柴山來電話謂：『又得滬電，知滬會開議過半，等待柴山參加已來不及，電令不必再行』等語，故柴山南行說已作罷，乞轉陳汪先接洽為禱」等語，特達。

郛叩。嘯未機。

002-090200-00015-233

■ 1934 年 11 月 18 日

黃郛電蔣中正對於中央突然改變東北通郵談判條件以致雙方協商將至破裂且未經知會對此表示不滿

23 年 11 月 18 日

自北平發

號次：15231

特急。撫州蔣委員長勛鑒：

巧、巧午及嘯未三電想均達覽。涉密。郵事今夏偕同汪先生在牯，本有商定之步驟與原則，初不料開談之後，方發見主管部給予委員之訓示範圍，已將適用國聯原則主項抽去，以致會商前途荊棘橫生。此間自得上月齊酉秘漢電後，即曾遵照進行，幾經曲折，方得勉將郵票、郵戳問題有一解決。及自我兩委員回京，請訓返平之後，忽又堅持提出第三者為中間機關之問題，主張郵件之交換以此，郵票之發行亦以此，對方乃認我為故意使會談逆轉，愈益堅持絕不讓步。中間幾經疏解，勉允作為我方片面之設施，可以默認，但對於我方公然標示民信局等類之企圖，仍絕不通融，會談至此已瀕破裂。對方失望之餘，衹知來兄處催逼允否之答覆，殊不知兄之身分地位至今不明。謂為局中人耶，則中央對牯嶺所商定之步驟及原則在何時變更，因何故變更，固未承見告。即此次忽而提出國防會議，而有所議決，忽而提出政治會議，而有所討論，事前均無所聞。事後國防會議雖有一議決案見告，至政治會議則至今並無通知，僅在報端隱約透漏〔露〕，及私友函電之報聞耳。中央所派員每遇困難，輒來陳商，但從未有一辭一句表示有所稟承。此種情形，又豈足為外人道？若謂為非局中人耶，則所處之地位如是，年餘之經過如是，雖具百喙以自辯，亦絕不足以取信於人。明知強鄰貪得無厭，事即告成，未必能從此安妥。但事若不成立，即受重人之影響，故敢不避嫌怨，不計毀譽，一再建議關於此事，應從適用國聯議決案之康莊大道向前進行，庶乎無論對內對外，均可振振有辭。今不此之圖，乃冀於漏舟風雨之中，為羽毛獨惜之計，竊未見其可耳。總之，事至今日，可否一言可決？如始終陷兄於既非局中人，又非局外人之窮境，兄實無法自全，並亦無裨於大局，惟有堅請還我自由，俾得遂其窮荒遯跡之願而已。再電縷陳，不盡所懷。

郛叩。巧申機印。

002-090200-00015-234

■ 1934 年 11 月 19 日

黃郛電蔣中正汪兆銘東北通郵會談中日雙方正式表示破裂及詢中央是否訓令宣告或取消破裂表示以徐圖補救

北平

15294

特急。南京汪院長、南昌蔣委員長勛鑒：

鑫密。今晨通郵會議，雙方均為當場正式表示破裂，彼方委員藤原、儀我偕柴山均來辭行。晤談之頃，有決定之表示，郛當告以：「君等前晚來談，我已切電中央為最後之斡旋，各方電報昨午始發全，尚未得復，何不稍候須臾，俟得復後，再決行止？」彼等謂：「高君為中央負責委員，彼既奉有訓電，決然破裂，我等萬無留理。」郛又告以：「高君本日突然表示破裂，事前我絕無所聞，但我以為我既去電斡旋，在理應候我回話之後，方可作為決定，否則未免不情。」儀我答謂：「我等亦作如是想，但中方委員已負責表示，我方尚何留戀？照理，我應於破裂之一小時內去電報告關東，現尚未辦，正因此點，不無躊躇。」郛當勸以暫留二、三日，候最後答覆如何。彼允獨留儀我至今晚八時車行，藤原仍四時離平，但聲言如仍由高君撤回會談破裂之表示，則不妨勉詢我意，暫留二、三日候信等。今晨開始會談，郛發車來，得有消息，在會談時遽然表示破裂，更未預有商量。本日參加會談者除高、余二君外，僅殷局長一人，亦臨場方知，不便發言。而柴山瀕行復聲稱本人認為事無可為，擬堅決求去云云而別。高君等至今未見，已囑擇一親覓詢明是否奉有中央訓令，宣告破裂；抑或尚可取消破裂，表示徐圖補救之發。均須擇一回報之後，方可得知，特先電陳，盼火速賜復為禱。

黃郛叩。效未機。

002-080200-00193-067-002a~004a

■ 1934 年 11 月 19 日

黃郛電蔣中正據汪兆銘來電謂唐有壬十九日晚至北平作通郵談判最後決定暫挽留日方代表作折衝

北平

15308

特急。南昌蔣委員長勛鑒：

效未電計達。鑫密。擇一晤高、余二君，將柴山等與郛所談情形告知，並將以汪院長來電謂有壬兄既定本晚來平作最後決定。二君宜於四時以前善為措詞，挽留對方代表暫數日，留作有壬兄來後折衝之餘地。高君始當機立斷，前往婉達挽留之意，對方已允暫不成行，特聞。

郛叩。效酉機。

002-080200-00193-068-002a

■ 1934 年 11 月 19 日

黃郛電蔣中正前電所謂中方設置郵務代辦所解作中日機關一語之中日兩字係電碼中間兩字之誤

23 11 19

北平

15311

南昌蔣委員長勛鑒：

嘯未及巧未電均敬悉。峯密。所謂我方設置郵務代辦所解作中日機關一語，「中日」兩字係電碼「中間」兩字之誤，特電乞察。

郛叩。皓機印。

002-080200-00193-069-002a

■ 1934 年 12 月 6 日

黃郛電唐有壬萬一不歡而散是否能從此永遠迴避通郵則國家所受無謂之苦痛等

南京外交部唐次長有壬兄：

前奉漾（二十三）電，適值介公到平，客多事繁，延未作覆，至歉乞恕。通郵談判就公言，多爭一分是一分，弟亦國民之一，豈甘自外？就私言，吾儕同舟共濟，痛癢相關，中央若受責難，弟亦何能自全？年來大局有折一足而全體不穩之勢，至為明顯，故中央之不能不體諒華北環境，亦猶華北之不能不兼顧中央立場，二者一而二，二而一者也。明知吾兄處境亦甚困難，然久僵終非至計。萬一不歡而散，第一今後之影響如何？第二是否能從此永遠迴避通郵？若發生種種惡影響以後，而仍不能迴避通郵之事實，則國家所受無謂之苦痛，吾人良心上能否不負責任？吾人此次出而任事，敢信彼此均係肝膽相照以救國，與一般互相結合以做官者之見解當有不同。現在形勢日緊一日，敢請切實與精衛先生細商，謀一打開之道，若能得大駕來平一行，尤信於大局必有裨益。臨電無任迫切待命之至。

弟郛。魚申。

李雲漢，《抗戰前華北政局史料》，頁69-70。

■ 1934 年 12 月 14 日

汪兆銘電蔣中正通郵全案已結束茲寄上紀錄全文

23 12 14

北平

5047

介兄賜鑒：高宗武、余翔麟兩君昨已回京，通郵全案已經結束，茲將紀錄全文寄上。此乃最後定本，比較上次有壬兄所帶回京，似更周密也。數日來尊體何似？甚念。報載牙恙復發，確否？專此敬候痊安。

弟兆銘□ 十二・十九

民國二十三年十二月十四日上海郵政總局代表高宗武、余翔麟同參加員殷同、李擇一，與關東軍代表藤原保明同參加員儀我誠也、柴山兼四郎會於北平，關於通郵在不涉及「滿洲國」承認問題原則之下，商定辦法如左：以下上海郵政總局簡稱甲方，關東軍簡稱乙方。

一、通郵於雙方郵政機關間行之，因此在山海關、古北口設轉遞機關。

二、通郵用之乙方特種郵票，其面上不表示「滿洲國」及「滿洲」字樣。

上記郵票印製四種使用，於函件、明信片、掛號、快信等務力求貼用。

三、郵戳在乙方則用現用歐文。

四、郵資由郵政業務主管機關各自定之。

五、關於通郵事務之文書（單據在內），儘量標用公曆，不表示「滿洲國」及「滿洲」字樣。

六、通郵實施期為明年一月十日，於同月五日前後公表之，但包裹、匯兌則自同年二月一日起實施。

七、通過西比利亞之郵件，依照舊例辦理。

八、本辦法之變更，須經雙方之相互協議。

九、依上述之旨趣作成《處理出進山海關古北口郵件暫行辦法》及《處理出進山海關古北口郵政匯兌暫行辦法》，如附件（另冊）。

通郵辦法之諒解事項

民國二十三年十二月十四日上海郵政總局代表高宗武、余翔麟同參加員殷同、李擇一，與關東軍代表藤原保明同儀我誠也、柴山兼四郎會於北平，關於通郵辦法其諒解事項如左：

以下上海郵政總局簡稱甲方，關東軍簡稱乙方。

一、關於通郵辦法之公表除協議部分外，其全部不得公表，並不得為惡意之宣傳，但「通郵於雙方郵政機關間行之」當然不在發表之列。

二、通郵用之乙方特種郵票，其花紋由乙方預示甲方。

三、向甲方寄發之郵件上，乙方以誠意努力使用特種郵票。

四、甲方對於由乙方寄發之郵件，倘已納足郵資，則雖誤貼普通郵票，得免徵欠資，但以極少數為限度。

五、乙方在現用歐文郵戳之局，則使用歐文郵戳；在現用中文郵戳之小局，則得用中文郵戳。

以上現用中文郵戳中，務不表示「省」字。

六、關於通郵之文書（單據在內），乙方以誠意努力不表示「滿洲國」及「滿洲」字樣。

七、所有兩郵政業務主管機關往來之文書，由乙方所發者以郵務司長 Director General of Posts 為發信者，以郵政總局局長或郵政儲金匯業總局局長為收信者，而由天津郵局轉交。由甲方所發者，以郵政總局局長或郵政儲金匯業總局局長為發信者，其由代理人簽名者，則附書代理者之職銜，並於本文末尾為奉命 By order 之表示，以郵務司長為收信者。

002-020200-00026-007

■ 1934 年 12 月 20 日

朱家驊呈蔣中正十四日上海郵政總司代表高宗武余翔麟等與關東軍代表藤原保明等商通郵問題經過詳情並附通郵辦法諒解事項及補救辦法等

擬將來信及通郵兩種附件暨對外航空問題摺列表呈。關於航空問題應如何另加擬辦？請核示。

閱。如擬。六、七

介公委員長鈞鑒：

久未獲晉謁，殊殷蟻慕。恭維政躬康復，允符頌私。太夫人仙壽，閱報始知，後期未克趨叩，罪歉奚如。通郵問題昨高宗武、余翔麟兩君自北平返京報告經過詳情，呈閱通郵辦法九條、諒解事項七條，並擬具補救辦法五項，轉遞局承攬合同七條，至此後之接洽處理等事，在郵務人員方面當飭隨時留意，現正起草公布文字、通告方式及新聞等。此案幾經波折，備極困難，現始告一段落。所有詳細經過情形容再面陳外，知勞廑注，謹將通郵辦法、諒解事項、補救辦法、承攬合同抄錄，附函上呈鑒核。專肅。敬請鈞安

朱家驊　謹上。十二月二十日。

民國二十三年十二月十四日上海郵政總局代表高宗武、余翔麟同參加員殷同、李擇一，與關東軍代表藤原保明同參加員儀我誠也、柴山兼四郎會於北平，關於通郵在不涉及「滿洲國」承認問題原則之下，商定辦法如左：以下上海郵政總局簡稱甲方，關東軍簡稱乙方。

一、通郵於雙方郵政機關間行之，因此在山海關、古北口設轉遞機關。

二、通郵用之乙方特種郵票，其面上不表示「滿洲國」及「滿洲」字樣。

上記郵票印製四種使用，於函件、明信片、掛號、快信等務力求貼用。

三、郵戳在乙方則用現用歐文。

四、郵資由郵政業務主管機關各自定之。

五、關於通郵事務之文書（單據在內），儘量標用公曆，不表示「滿洲國」及「滿洲」字樣。

六、通郵實施期為明年一月十日，於同月五口前後公表之，但包裹、匯兌則自同年二月一日起實施。

七、通過西比利亞之郵件，依照舊例辦理。

八、本辦法之變更，須經雙方之相互協議。

九、依上述之旨趣作成《處理出進山海關古北口郵件暫行辦法》及《處理出進山海關古北口郵政匯兌暫行辦法》，如附件（另冊）。

通郵辦法之諒解事項

民國二十三年十二月十四日上海郵政總局代表高宗武、余翔麟同參加員殷同、李擇一，與關東軍代表藤原保明同儀我誠也、柴山兼四郎會於北平，關於通郵辦法其諒解事項如左：

以下上海郵政總局簡稱甲方，關東軍簡稱乙方。

一、關於通郵辦法之公表除協議部分外，其全部不得公表，並不得為惡意之宣傳，但「通郵於雙方郵政機關間行之」當然不在發表之列。

二、通郵用之乙方特種郵票，其花紋由乙方預示甲方。

三、向甲方寄發之郵件上，乙方以誠意努力使用特種郵票。

四、甲方對由於乙方寄發之郵件，倘已納足郵資，則雖誤貼普通郵票，得免徵欠資，但以極少數為限度。

五、乙方在現用歐文郵戳之局，則使用歐文郵戳；在現用中文郵戳之小局，則得用中文郵戳。

以上現用中文郵戳中，務不表示「省」字。

六、關於通郵之文書（單據在內），乙方以誠意努力不表示「滿洲國」及「滿洲」字樣。

七、所有兩郵政業務主管機關往來之文書，由乙方所發者以郵務司長 Director General of Posts 為發信者，以郵政總局局長或郵政儲金匯業總局局長為收信者，而由天津郵局轉交。由甲方所發者，以郵政總局局長或郵政儲金匯業總局局長為發信者，其由代理人簽名者，則附書代理者之職銜，並於本文末尾為奉命 By order 之表示，以郵務司長為收信者。

補救辦法

一、交換問題

通郵談判歷時兩月，最大爭執即係直接交換與間接交換。對方堅持直接交換，進而不承認我方第三者機關之存在，以相鉗制。我方最後出路，祇有運用技術力謀補救，先使第三者機關得以成立，且充量表見其係屬商業性質，則一切難題將迎刃而解，對於國家之立場、民眾之解釋，庶可以自圓其說乎。於山海關現有郵局之外，另設一「山海關匯通轉遞局」或「匯通轉遞社」，現有之郵局則名為臨榆郵局，與南綏中郵局遙遙相對，執行互換事務，則山海關匯通轉遞局有如奇峰特出，不能不認為第三者之機關矣。

凡出進山海關之郵件，向在火車上之郵車內點交接收，今為表現由第三者居間承轉之意義起見，擬將左列二辦法認真實行之：

（甲）由該轉遞局派二人穿著繡有「山海關匯通轉遞局」字樣之制服，隨同押送火車郵件人員在郵車點交接收往來之郵件。

（乙）凡發出關外之郵袋，其吊牌之書寫應如下示：

郵件第某號

山海關匯通轉遞局代轉

長春郵局收

上海郵局寄發

由關外收來之郵袋，統應於吊牌上接收局名稱之前加蓋戳記，其文曰「山海關匯通轉遞局代轉」，惟此項加蓋戳記之工作在天津以前卸下之郵袋，由押送火車郵件人員在火車上為之，其係由天津局收及轉之郵袋則由天津局為之。

匯通轉遞局之經理，係用郵局裁退人員；其成立之經過，則由該經理具呈於郵政總局說明志願，由郵政總局發交天津郵局與之訂立合同，其呈文及合同略如附件。

為表示該轉遞局完全係一商營性質起見，擬採佣金制度，按匯票總額抽給佣金，惟佣金之計算係隨合同第二條內應賠之郵資而伸縮，其結果仍成為一定之數目，以適合於實際之開支。

二、郵票問題

關於本問題，對方機詐甚深，用意極細。我方欲求補救，本屬甚難。旬日以來，夙夜苦思，幸得一法認為適宜。對於以前徵收欠費、以後不徵欠資之矛盾不用詳釋，已能使人了解，而對方之使奸使詐經此補救，亦盡失其作用。其法甚簡，僅於每件郵件及包裹之郵票上加蓋一戳記，其式如左：

「此信係本局承轉，所有無效郵票表示之郵資，均由本局賠繳。山海關匯通轉遞局印。」

關外所用之特種郵票，仍由該轉遞機關書面委託關外關係方面印製發行。

三、郵戳問題

此點補救之道，惟有塗消之一法。將來入關郵件均集中於天津、北平、濟南、青島、上海之七局，分別整理尚無困難。即有遺漏，因蓋有轉遞機關之戳記，亦不至被人指摘。

四、郵資問題

將來入關之郵件納資四分，即係郵政封鎖以前之資率，可以不必補救。

五、單據郵袋

幾經交涉，方得對方允諾以誠意努力，不於文書及單據上有「滿洲國」及「滿洲」字樣，但郵袋上字樣尚未答應，已暗中設法，不久當可達到目的也。

按以上辦法與國防會議決案之精神尚屬相符，如果切實施行，尚能補救一切，謹候　鈞裁

余翔麟　謹擬

山海關匯通轉遞局經理黃子固（以下簡稱甲方）情願承攬經轉出進山海關之郵件及包裹暨匯兌事務，與河北郵務長（簡稱乙方）訂立合同，條款如左：

一、關外貼納郵資所用之特種郵票，由甲方以書面委託關外關係方面印製發行。

二、由關外寄來之郵件，均用前條所指之特種郵票貼納郵資。如有誤貼無效之郵票，其所差短之郵資

應由甲方賠繳。

三、出進山海關及古北口之郵件、包裹、匯票統由甲方居間承轉，甲方在古北口所設之支局，名為古北口匯通轉遞局。

四、由關外開來之匯票，其核對據統由甲方及其支局按郵政儲金匯業總局匯兌處頒定之章則，折合實兌數目登載於核對據後，分別轉往兌付局，以便兌款。折合數目如有錯訛，甲方應負賠償之責任。

為表示上述責成起見，凡入關郵件或包裹均由郵局代蓋左式戳記：「此信係本局承轉，所有無效郵票表示之郵資，均由本局賠繳。山海關匯通轉遞局印。」

五、乙方應給與甲方以佣金，其計算率係照入關匯票之總額，每百元抽佣一元，按月給付。惟上述第二條所規定應賠之款，即在佣金之內坐扣之。

六、甲方應出具壹萬元之保證書交與乙方，並應受乙方之指揮及監督。

七、本合同之有效期間為一年，在期間前之一個月內如雙方無異議，即繼續有效。

002-080200-00197-055

■ 1935 年 2 月 28 日

楊杰電蔣中正熱河西部日偽軍之調動及東北通郵日人設置檢查機關情形

漢口軍事委員會委員長蔣鈞鑒：

密。據密報，熱西日偽軍之調動及東北通郵日人設置郵政檢查機關情形如下：（一）自大灘會議終了後，熱西一帶之日偽軍復員已漸見完畢，所有徵發民間大車亦均發還。前由開魯開赴多倫之日軍混合兵三千名，仍經原路開回朝鮮，同時調至承德之飛機，亦陸續飛回錦州，並聞錦州飛機場決於二月中旬開始擴大。（二）自東北通郵後，日方深恐中國信件多有奸宄，因即制定通信檢查制度，除由瀋陽關東廳遞信局布置郵政警察網外，並在長春、大連兩處設立郵便警察專門訓練班，造就檢查信件專門人才。關於檢查一切經費，聞已列入關東廳預算案內等情。據此除分報外，特代電呈。

職楊杰叩。儉書印。中華民國二十四年二月二十八日發

楊杰儉書

據密報，熱西日偽軍之調動及東北通郵日人設置郵政檢查機關情形，（一）、（二）項擬列呈東三□。

東。批閱。

002-080200-00211-106

■ 1935 年 3 月 5 日

管翼賢陳方電楊永泰有關殷同與土肥原賢二等談中日提攜問題並與島田隆一交換通郵航問題意見

24 3 5

□□

2325

行營楊祕書長暢公鈞鑒：

〇密。芷兄譯呈：（甲）殷同談中日提攜問題，經土肥原、磯谷等先後來平表示意見，歸納約有四端：一、東北四省收入不足相抵滿洲國之支出。二、滿洲國存在一日，日軍即一日不能取消軍事準備，故耗費浩大。三、日人歐化程度高於東北居民，移民不能吃苦，故政策失敗。四、日本亦顧慮占據東北土地，而得罪全中國人民。如中日提攜辦到，則可取消滿洲國，交還東北。我方與日折衷人員對此認為非無因，但須應付得宜。東北四省或可作到名存實亡地步，否則仍歸泡影。（乙）關東軍航空課長島田隆一昨與殷同交換關內外通郵航問題意見，微晚返長春報告。

翼賢、陳方叩。

002-080200-00212-134

■ 1935 年 7 月 4 日

何應欽電蔣中正北方外交問題均無適當辦法若無根本改善辦法即再去亦於國家無補益

24 年 7 月 4 日

自南京發（無線）

號次：3290

特急。成都委員長蔣：

講戍秘。蓉電奉悉。哂密。北方外交問題如航空、聯運，如經濟提攜等均為某方所急切盼望解決之問題，但目前尚無適當應付之辦法。職到平一年有餘，勉力維持，心力交困。若中日問題無根本改善辦法，職即再去，亦於國家無絲毫補益，徒增鈞座之憂勞也。

職應欽。支申秘印。

002-090200-00017-016

■ 1935 年 7 月 26 日

朱家驊電蔣中正日本要求東北通航事擬於不得已時交北寧路主持以北平古北口及天津大連兩線為限及蔣中正復電即照冬酉侍秘峨電所示各節辦理

24 7 26

南京（無線）

特急。峨眉。蔣委員長鈞鑒：

艾密。漾、有未兩電計邀鈞鑒。頃又接王代委員長有申電稱：高橋今日自津回平，言航空合辦之說，歷時已及半年。此次開會，在日方觀之，以為合辦必無問題，不料仍復從頭說起，殊覺失望。現已四日未得部復，日方預〔與〕會人員皆有重要職務，勢難久候，希望廿七晚以前予以確答合辦與否一語而已。高橋復言如允合辦，其條件有商量餘地，此則其表明之意。如果至時尚無確答，是何變化，殊不可測等語。即復以昨接王局長敬電，即復以此詞。對於此事，在通電後，始知聯航須繼續商談。繼聞日方有合辦之議，他無所知，故此間即著手籌備，以便於六月以前實現聯航，以實現塘沽未了之事。如以戰區關係，日方要求在商談未開始與結束以前，我方不先行辦理。繼以桐聲兄赴日，何部長主暫緩，以平津事件發生延至今日，此間經過如是，何謂有意延擱也等語。並准王局長來京面商，意俟經中央星期二會議核定，當即奉告，請先設法轉知等語。因時間迫促，先行就近飛函孔代院長請示，並請於萬不得已時，交北寧路主持，並東方旅行社辦理，以北平、古北口及天津、榆關、瀋陽、大連兩線為限，謹電奉告，復候訓示。

朱家驊叩。宥戌印。

譯發

廿四年八月六日下午十二時核發

特急。南京朱部長騮先兄勛鑒：

宥戌電悉。〇密。關於日方要求通航事，即照冬酉侍密裒電所示各節辦理可也。

中正。虞秘蓉。

□八□

002-080200-00242-055-002a~004a

■ 1935 年 7 月 28 日

朱家驊電蔣中正日本堅持合辦東北通航並指定瀋陽至平津等各線及楊永泰復電所述情形已無濟於事並嚴切追查電報延誤情形

24 7 29

南京（有線）

5884

特急。成都轉峨眉蔣委員長鈞鑒：

艾密。沁亥電計達。今日王局長來京報告：日方企圖堅持合辦，先以北支為詞，指定瀋陽至平津，北平經張家口至多倫，北平至太原，天津經濟南至青島，青島至大連等線為第一步，以後逐漸擴廣，禁止平行線，對於已成線路留作將來討論等，目前迫我方承認合辦原則，以為基礎。日人用意之深，現更明顯，前擬於萬不得已時，委託東方旅社經理北平經古北口至承德，及天津經榆關至瀋陽兩線，以示限制，作為最後之讓步。據該局長報告與觀察，即此亦萬難做到。謹此先行陳明，餘容續報。

朱家驊叩。儉亥印。

譯發

廿四年八月十六日擬稿

十六日下午四時核發

南京交通部朱部長騮先兄勛鑒：

自密。七月廿八日，兄由有線致委座儉電，本月銑日始接到，延誤至此，亦足見有線電政之一斑，請嚴加追查。電中所述情形已為明日黃花，弟亦不必轉陳檢閱矣。

弟楊永泰叩。銑酉蓉。

002-080200-00245-046-002a~003a

■ 1935 年 7 月 30 日

孔祥熙電蔣中正華北聯航問題國防會議議決中日合辦限商業性質等原則

24 7 31

南京（無線）

4856

樂山蔣委員長鈞鑒：

啜密。今日院議，據朱部長提出華北聯航問題，報告日方要求中滿合辦，甚為堅絕。查此事現已超過《塘沽協定》申合事項原議，允否關係國家前途甚鉅，設不速謀解決，又恐惹起其他糾紛，當經決議送交國防會議。並據朱部長抄送從前關係文件前來，弟始悉四月間，我兄已有寒午侍參筑電致何部長應欽指授機宜，內中主張，至佩卓見，故於本月下旬國防會議已議決原則三項如下：（1）中日合辦應仿照歐亞中國航空公司前例，限於商業性質。（2）合同中絕不能有「滿洲國」字樣。（3）航線以平津與關外及大連間之聯絡為範圍。以上三項，電告吾兄，俟得復後實行等語。時機迫切，急待示遵。特電奉聞，尚祈迅賜電復為禱。

弟熙叩。京秘陷印。

002-020200-00026-021-003a~004a

■ 1935 年 8 月 1 日

何應欽電蔣中正與朱家驊商定日方折衝辦法由東方旅行社增設航空部辦理組織資本均獨立設置等四點辦法責成王若僖殷同辦理

24 年 8 月 2 日

白南京發（有線）

號次：4955

特急。成都委員長蔣：

世未秘蓉電奉悉。哂密。遵經與騮仙〔先〕兄商定中日航空聯運辦法數條，仍責成王局長若僖、殷局長同再與日方折衝，其辦法要點：（1）由東方旅行社增設一航空部辦理之，其組織、資本、會計均獨立，設置董事會、監察人。（2）資本中國占三分之二，日本占三分之一，並照中國法律辦理。（3）飛行線路規定二條，一由天津經榆關至瀋陽，二北平經古北口至承德。

（4）期限定為四年。其餘詳細辦法，並由騮仙〔先〕兄另電詳呈。

職應欽。東戌秘印。

002-090200-00017-013

■ 1935 年 8 月 2 日

蔣中正電何應欽朱家驊東北通航事合辦公司須不背國際先例避免妨礙中國歐亞既定合同若日本堅持中滿合辦取消其他平行線專用日人等要求則停止交涉

特急。南京。上海何部長、南京交通部朱部長勛鑒：〇密。日方要求合辦通航事，依塘沽申合事項，原只能就戰區互辦接航，今要求合辦公司通航，即令讓步接受，亦須不背國際航空先例，並避免足以妨礙中國、歐亞既定合同之點。航線略有擴展，尚無不可，唯擴展須有限制，所謂「華北五省通航」一語勢不可許。至日方九項要求中，所謂「中滿合辦」固無商量餘地，至取消其他平行線及郵件獨占兩點，違背中國、歐亞兩公司合同，亦不便照辦。又技術人才，我方已陸續養成，似亦不能專用日人。如日方堅持前議，不允讓步，唯有停止交涉而已。希兄等照此意酌核辦理，何如。

中〇。冬酉侍秘戔。

八月二日發出

002-080200-00242-028

■ 1935 年 8 月 4 日

蔣中正電孔祥熙華北聯航問題所議決三項原則可行

譯發

廿四年八月四日擬稿

四日上午十二時核發

特急。南京行政院孔副院長庸之兄勛鑒：

京祕陷電敬悉。○密。關於華北聯航問題，所議決之三項原則可行，希即依此辦去。

弟中正。文祕養。

□。八・四。

002-020200-00026-022

■ 1936 年 10 月 19 日

蔣中正電宋哲元任何對外協定未經中央核准萬勿簽定及詢其與日通航和經濟合作進行程度

發文號次：41

25 年 10 月 19 日

即發。北平宋委員長明軒兄勛鑒：

密。報載駐京日總領事崛內於篠日在平與兄簽訂中日通航協定，現正由雙方商訂公司組織及章程等項，此事已遍傳中外，而中央毫無接洽。關於通航問題，外交部張部長與川樾大使正在交涉中。報載果確，影響外交甚鉅。又據報傳經濟合作亦已商訂大綱，其細目當待議訂等語。查日方對我正欲分化地方行政，以遂其企圖。凡遇重要問題，我中央與地方自應密切聯絡，採取一致政策，始克有濟。任何對外協定未經中央核准者，望萬勿簽訂。究竟通航與經濟合作，兄處已進行至如何程度？希迅即電復為要。

中正。皓戌機京。

002-080200-00270-065

■ 1935 年 10 月 23 日

朱家驊電蔣中正據李景樅報告與須磨彌吉郎商定中日上海福岡通航事以換文條件方式簽定合約待華北日機違法飛行之抗議結束後再定合約等情

24 年 10 月 23 日

自南京發

號次：56

限即刻到。奉化溪口蔣委員長鈞鑒：

艾密。頃據李景樅報告：養夜十時汪院長召見，十一時半得晤。關於中日上海福岡間通航事，院長於九時接見須磨祕書，談至十一時半始畢，即諭李景樅此事業與須磨商定，以換文條件簽訂合約，至發生效力之日期俟換文條件經日方做到後，再由雙方商定。換文方式為我方由外部函日大使館，要求日方先將外部迭次關於華北日機違法飛行之抗議圓滿解決後，始能再訂合約發生效力日期。而日方則復文外部允可接受，並已與須磨約定漾日下午三時辦妥，同時由交部代表與日本遞信省代表將合約簽訂等因。又囑李景樅轉告家驊漾晨十時往談，為時至迫，祈即訓示。

朱家驊呈叩。漾子印。

002-090200-00017-028

■ 1935 年 10 月 23 日

汪兆銘電蔣中正日允諾上海福岡間通航合約俟我華北航行解決始生效

號次：64

姓名或機關名：汪兆銘

來處：南京

漾電

10 月 23 日到

10 月 23 日送出

摘要：

日方表示允諾在換文上聲明上海福岡間通航合約，應俟我外交部為華北自由飛行之抗議得到解決時，始能發生效力。此與在京所談目的相符，似宜允諾，盼即復。

南京汪院長尊鑒：

漾、養各電敬悉。○。華北自由航行如未得到完滿解決以前，若政府再訂其他通航合約，不惟無以對國人之質疑，亦無以對吾人之良心。請電兩若情面與領空之比較，孰重不可以私害公也。如失土一片，則只限於一片而已；若失領空一點，則全國可立時而亡。外交若不上正軌，無論任何航空協約，不可商訂也。未知兄意如何？

弟中正。敬午機溪。

002-020200-00026-039

華北特殊化與
華北自治運動

■ 1933 年 5 月 6 日

何應欽電朱培德蔣中正等日人近利用張敬堯供給費用在平派人四出收買軍隊勾結漢奸以推倒國民黨組織華北國相號召並擬於近期以便衣隊在平市暴動開始發令當令軍警嚴防

22 年 5 月 7 日

自北平發

號次：a2014

特急。南京軍事委員會朱主任並轉汪院長、唐主任、南昌蔣委員長：

英密。日人陰謀無所不用其極，近復利用張敬堯來平住東交民巷，派人四出收買軍隊，勾結漢奸，假借段芝泉名義，以推倒國民黨、組織華北國相號召。聞由日方供給費用五千萬元，段宏業、陸宗輿等亦供其奔走，並擬於最近期內即以便衣隊在平市暴動，開始發難。除令軍警嚴密防範外，謹聞。

職應欽。魚戌行秘印。

002-090200-00019-212

■ 1933 年 10 月 9 日

劉膺古電蔣中正得粵方消息華北韓徐于另有結合與日方密謀屆時西南亦與聯合及刻下湖南地位重要如何自處尚請指示等情

10 月 9 日

長沙（有線）

特急。南昌委員長蔣鈞鑒：

華密。極密。（1）頃得粵方確報，華北韓、徐、于另有結合，業與日方密謀組織華北新局面，西南亦與聯合。一俟華北發動，西南決即同時響應，以倒鈞座。刻下祇因湘南一路未通，故正在竭力拉攏。幸此間當局深明大義，絕不為所動。不過湘南地位極難，不幸華北果成事實，屆時鈞座又移力北上，則西南及剿匪問題將何處置，不能不請示於未然也。（2）何總司令陽赴茶陵一帶視察督剿，佳回長沙，擬寒回萍鄉，刪召集第二縱隊各領，將開進剿孔匪會議。最近期內擬來南昌，親向鈞座請示機宜。（3）西路軍最近進剿均頗順利，迭有斬獲，倘有最短期內將匪肅清，使無內顧之憂，則一切均有辦法。職惟有竭盡忠誠，扶助何總司令剿匪，以報知遇而已。謹呈。

職劉膺古叩。佳印。

002-080200-00126-099-002a~003a

■ 1933 年 12 月 13 日

汪兆銘電蔣中正以我方對日取消極態度日方必不滿意而有援助張學良之可能我方除堅決抗戰外只有擱置藉作緩衝俟中樞安定再圖解決等文電日報表等三十八則

姓名或機關：汪兆銘

來電號次：24614

日期：元

來電大意：

真中秘贛電敬悉。據弟觀察，漢卿回國後，若不得日方援助，必不敢動；若得日方援助，則必定無疑。而以現在情勢，則日方實有援助漢卿之可能。蓋自《塘沽協定》以來，我方對日純取消極態度，不衝突，亦不妥協，日方自未能滿意。若有人甘作傀儡，取攜聽便，日方亦何樂不為。萬一此局面形成，吾人除堅決抗戰外，祇有暫行擱置之一法，聽其鬼混，藉作緩衝。俟反側清除，中樞安定，再圖解決，亦未為非策。弟前說姑備一格，以俟參考耳。

擬辦：

擬復：漢卿縱甘作傀儡，因以往之關係，日方亦不置信。如仍挾有火力，逼處關內，日方尤不放心，似不必顧慮。未知兄於別方有所聞乎？

002-080200-00432-024

■ 1934 年 3 月 10 日

吳鐵城呈蔣中正日軍閥近又積極醞釀華北國筒井雪郎已到濟南游說如華北有權者不從則援助溥儀入關

6323

報告：

據報頃從此間日人方面所得消息，日軍閥對於華北國之醞釀，近又積極進行，旅順最高法院院長筒井雪郎已到濟南遊說。日軍閥之意，如華北各方有權力者不從其議，則援助溥儀入關等語。謹呈委員長。

吳鐵城謹呈

中華民國廿三年三月十日

擬轉詢向方筒井雪郎曾否到濟？有何說詞？

如擬。三・ 十四奉批

列表呈閱。

已轉。三・ 十五

002-080200-00154-001

■ 1934 年 4 月 4 日

王均電蔣中正日軍官假借遊歷名義協助劉桂堂匪部現已派部追擊劉匪再由趙君邁促日軍官返徐並請諭示後續處置辦法

23 年 4 月 4 日

白徐州發

號次：□ 701

南京軍事委員會委員長蔣鈞鑒：

誠密。江日接濟南韓主席電開：「查日本軍官落合及和田二人，此次在北平軍委會假借游歷開封、濟南，徐州等處為名，其實對於劉桂堂殘匪補充，確有預定計畫。到徐後希設法制止他往」等語。但落合、和田等到徐未下車，即轉新浦，當將上項各情電告東海李專員、稅警團趙團長會同以和平有效方法，促其返徐。如何情形，尚未見復。查日人向以助長我內亂為其乘機侵略一貫政策，此次該落合、和田率意直趨其指定游〔遊〕歷範圍之新浦，而適為劉匪潰竄之方向，則韓主席偵查所得，不為無因。除已派相當部隊截擊劉匪外，特來電呈。倘該日人等到徐，應如何與之周旋？伏乞指示。

職王均呈叩。支辰印。

002-090200-00020-020

■ 1934 年 6 月 12 日

蔣鼎文電蔣中正日軍酒井隆等與胡漢民鄒魯協商對閩問題和西南技術合作事及坂西利八郎到華北聯絡國家主義派另洪文德與臺灣司令洽商接濟事等陰謀

6 月 12 日

漳州（有線）

50232

急。南昌委員長蔣：

周密。據密報：「（1）日武官酒井、佐藤先後赴港與胡協商，又派日老民黨萱野到港謁胡，並入粵訪鄒，協商對閩問題。據查，如西南能與技術合作，經濟彼可無條件援助。（2）日派貴族議員坂西暗到華北活動，聯絡國家主義派，令谷村與張學良部師長劉韓東密謀為國家主義青年黨軍事組組長，劉表示有三師力量。（3）閩保安團長張雄南已返德，其團附柯杰夫尚留臺灣。（4）洪文德前同岩崎敬太郎赴臺灣，與臺灣司令商接濟，查已允將槍械一千桿、手提機槍一百桿同輪運同安，交其接收」等語。除餘〔飭〕屬密防，並電陳主席外，謹稟。

職蔣鼎文叩。元戌印。

002-080200-00168-106-002a~003a

■ 1934年8月18日

陳儀電蔣中正閩赤匪欲組北上抗日先遣隊企圖打破國府封鎖政策與日軍正面衝突減輕日俄在滿境之緊張等及日謀在華北設緩衝政府且在華南獨占經濟市場等

23年8月18日

福州

1278

急。牯嶺委員長蔣：

口密。閩省最近匪我形勢及管見所及，謹於銑午電陳，諒邀鈞察。茲據滬方確報，赤匪之新方略：「（1）利用民眾之抗日心理，在閩赤匪組織一北上抗日先遣隊，企圖得民眾及他團體（聞與某方已有諒解）同情，擴大戰線，打破國府之封鎖政策。（2）赤匪打開閩省後，自然與日軍發生正面衝突，則籍〔藉〕此減輕日俄在滿境之緊張。即使問題擴大，其戰場在中國境內，而俄可從中漁利，並籍〔藉〕此牽制日方軍隊。（3）乘本年之天災，利用農村破產，激動各處農民暴動搶米。（4）各處天旱，農民無知，迎神求雨，不幾經行政院出示禁止，彼則籍〔藉〕此宣傳，謂即此一點，政府亦不同情於民眾，激動民眾暴動搗毀官衙或黨部。日方現行之方略：（1）對華北極欲造成一變形之緩衝政府，否則即推進滿州〔洲〕偽國或造成華北國。（2）對華南極謀經濟市場之獨占。（3）日外務省之一部，頗有主張廢除《塘沽協定》一部者，但少壯派對此極端反對。在華少壯派已由駐滬楠本武官頂名起稿，向日軍部提出強硬之反對。（4）少壯派反對有吉公使，謂其外交較弱，對華認識不足，恐將更換」等語。儀按所報各節，證以他方報告，甚為確實，似此閩省所處地位關係華南至鉅，實有重視之必要，謹電密陳，茲備參酌。

職陳儀。嘯酉印。

002-080200-00175-003-002a~003a

■ 1934 年 9 月 11 日

黃郛電蔣中正據殷同電稱柴山兼四郎希易軍閥政治為真正文官政治方能解決戰區與關東軍一切河北省問題及整理戰區外應謀戰區建設等情

23 9 11

上海

2435

牯嶺蔣委員長勛鑒：

峯密。頃殷同電告略稱：「（1）詹道豐本日赴京，擬以個人名義游日，敬之助旅費五百元。臨行，柴山託詹於謁汪時，陳述對河北省問題，謂極希望易軍閥政治為真正文官政治，尊重主權，切言如欲所有戰區以及關東軍一切問題之真正解決殆盡，非此著實現不可。此係柴山頃間來寓親告者，絕非無因之談。（2）直派與于已成水火，張遠伯之弟原任津市財局，已被撤。（3）小張派人訪柴山，詢以現在可否與東京取聯絡。如能諒解，當不辭前往一行。柴告以為張計，應努力練兵，不必急求脫穎，言婉而諷；並謂魏魯輩聲言已獲得關東諒解，絕非事實。（4）馨航、馨遠等別成一派，孫與岡村有舊，馨航對柴山、若杉曾有一度聯絡，然空氣均過於事實。（5）綜合以上各情，可注意者二點：一為戰區癥結在河北政治，二為公行期稍緩，遂發生盲動，在在有關大局。（6）此次整理戰區之外，如尚能稍謀戰區建設，或於弭患無形之道不無效果。此則需款較鉅，非政府具有決心，難期實現。（7）昨鐵部電北寧提款百萬，已照解」等語，特達參考。關於（6）節所述，弟意云何，便乞見教。

郛叩。真申印。

002-080200-00179-010

■ 1934 年 9 月 27 日

何應欽電蔣中正據吳佩孚密告近日梅津美治郎大迫通貞勾結石友三等組織便衣隊計劃擾亂平津等情

北平

9343

急。委員長蔣：

訓密。極密。據吳子玉遣人密告：「近日，天津日人梅津、大迫二人勾結石友三、陳嘉謨、劉桂堂、方振武暨昔年吳之幕友白興亞、符定一、易敦白、劉永謙、周愚夫等多人，組織便衣隊，定期擾亂平津，擬推吳為華北首領，雖經吳嚴詞拒絕，以大義相規勸，但彼輩仍堅持強辯。視其情形，此種陰謀之進行，恐難中止。吳本人實莫可如何，恨怒交並，因此事關係太大，故派人密告。並聞梅津給石、劉等每人洋五萬元，命其在一月內大舉，如過期無成效，即逐出日租界，以後不收容留保護」各等情，除分報並密令駐紮平、津、平〔保〕各軍隊一體嚴防外，謹聞。

何應欽叩。商震代。廳機感印。

002-080200-00183-002-002a~003a

■ 1935 年 1 月 26 日

蔣中正電何應欽察東方面應採軍事處置從速劃定停戰線縮小緩衝區並請北平軍分會另給名義派遣岳開先前往談判等情

發文號次：1409

24 年 1 月 26 日譯發

24 年 3 月 28 日抄送

北平何代委員長勛鑒：

敬申行秘、有午行秘兩電誦悉。〇。關於此事，擬定原則如下：（一）務求速了，勿使遷延，以免擴大。（二）察東方面，如能亦劃定一條停戰線，以示限制，或可免其進無止境。（三）停戰線祇作為軍事處置，萬不可有「國境」字樣。（四）停戰線雖不妨延長，惟緩衝地區則務求縮小，其詳由兄酌定，但沽源、獨石口兩處為必守之據點，萬不可劃入。（五）此事既作為軍事處置，應避免外交、政治方式。岳開先前往談判，不宜用特派員名義，似應由軍分會臨時以別種名義派往為佳。如需就近酌派一、二能員前往張垣，為岳協助，亦由兄決定。（六）敬申行秘所提注意事項三點，極為愜當。

中正、兆銘、郛。宥未機京。

002-080200-00202-123

■ 1935 年 4 月 26 日

黃郛電楊永泰東北以張學良于學忠為中心積極拉攏日本及日方亦意圖造成華北獨立政權並擅自局部強制通航與日急進派主張驅逐黃郛政權暗殺殷同等

24 4 26

莫干山

2634

特急。巴縣行營楊祕書長暢卿兄勛鑒：

有子電奉悉。康密。極密。親譯。別久至念。現在綜合各方報告，似局勢頗有變化：（1）東北以張、于為中心，積極拉攏日方。于在津大事聯絡，張亦密派員參加。（2）日方看我無力，且與介有歷史關係，彼所希望之造成華北獨立政權已絕不可能，故亦轉向牽就。（3）于、宋有聯合運土利益，且同係魯籍，前因察東事件宋部又已懾服，且已密聘口籍顧問，故于、宋自然而形成一氣，日方視為較政整會易於利用而有力。（4）聯航問題雖承介公明確主張負責主持，然京中仍各自顧立場，或仍互相推諉，屢次函電商榷，終是指東劃西，話不鬥爭，大有去秋談判通郵時之舊感。（5）因此遷延又遷延，未能與日方切實談判。現日方因不能再待，已於篠日開始片面強制通航，每週二次，由承德而平，而津，而榆，而錦州，現中央尚秘而不宣，然日久暴露，恐無以善其後也。（6）最近日方急進派有公然主張驅逐黃郛政權及暗殺殷同者。（7）京中政局又現散漫與頹唐之象，有壬等暗中時為其退休打算。（8）金融恐慌潛滋暗長，日甚一日，近上海已倒錢莊三家，聞尚有繼倒者。以上各節，理應詳報介公，促其注意者。一因是非太多，關係太大，未便形諸筆墨；二因匪勢猖獗，危及成都，不忍以此擾其神、分其心，故除聯航問題簡略的交換意見及情報外，餘均未報，茲將最近所得確實情報一份另航快郵寄。此報係與我有關之一日人祕密送來者，如兄以為可，盼與此電一併用最速方法密達介公為要。承邀川遊，弟亦本有此打算，下月內或可實現。介公如能於此時回渝，則面商種種，尤可詳盡。兄處如有消息，盼速電示。再綜觀上述情形，弟之不再北返，已無討論之餘地。惟待何時機、用何方式發表較為相宜，切盼有以見教。

弟郛。宥莫印。

批閱。□

暢卿我兄大鑒：宥電計達，茲附上譯件一件，計兩頁，乞察閱後參照前電酌辦為幸。順頌大安。

弟郛拜啟。四 • 二六。

此件係由日文譯出，後面紅字乃自嘆之詞，非原文也。

據某方確報（四月二十二日）：

軍部因關於航空問題之無解決曙光，而一方美國又實現其太平洋橫斷計畫，頗現焦燥〔躁〕，而以南京當局之態度為遺憾，故決逕情直行，根據既定方針，以促南京當局之反省。如有阻止，則以實力排擊之。

此項自由飛航之第一次定期飛行，已由關東軍所屬飛行隊於十七日開始。今後當即定期按時飛航（按本日已有第二次飛航）。

滿洲航空會社長岡部某四月初間飛來北平，曾語余（日人）擬請將現在東交民巷之中東路局辦事處房屋撥交該社應用，已由高橋求得關東軍之諒解。

以上均為中美航空協定所受刺激，固不待言。但察軍部意，其最後目標在一掃在華之英、美、德之航空勢力，今反見南京當局有幫助美國完成其太平洋橫斷飛行之成功，乃愈使其極度感受刺激。

又，最近綜合天津之關東軍及滿洲機關情報如左：

鑒於華北政情停滯，將來應造獨立式之自治政權基礎之論頗盛，其原因為于學忠之對日接近，張學良派密使與梅津聯絡，故華北政情已有山雨欲來之勢。現酒井與大迫擔任指導輿論，而酒井已乘東京召集參謀長會議之便回京運用，以求中央變更對華北之政策。

據大迫中佐談話，現在華北欲無視東北勢力、樹立黃郛政權已不可望，且不可能，故不如指導東北現存勢力，以求安定為得計。東北系如欲令其親日，自不得不驅逐黃郛勢力云云。

但根本大佐之主張，則為欲求華北之安定，日本仍應擁護黃郛，使盡其經綸，因其人格、資望、見識無出其右者。如華北而排擊黃郛勢力，則不免又流為軍閥地盤，蹂躪民生，絕無永久安定之望，卒至造成華北混亂之局面，日本亦毫無利益。故為日本計，當然在打倒軍閥，圖民生之安定，與中國有能之政治家協力為要云云。凡此適可代表軍部之統制派，而與大迫中佐等之意見成對立。

又，據某機關之情報：

欲驅逐黃郛於華北，應先暗殺殷同，因其人格、見識及其政治的手腕至為可恐，實為今日中國政界之一人。黃郛又深信其人，任以一切。若無今日之殷同，則黃郛絕不存在。故欲自華北驅逐黃郛，非先除去殷同不可。

又，另一機關之報告：

謂殷同身邊將有異變。

余為黃郛閣下之敬慕者，又為但願中、日兩國招徠平和，而救人民於水火之希求者，故密陳如上云云。

鄰國之賢，敵國之仇。

古訓昭垂，知所處矣。

（此數字係膺白自註）

002-080200-00221-070

■ 1935 年 5 月 22 日

于學忠呈蔣中正高橋坦聲稱關東軍視戰區為占領地帶華北前途堪虞

委員長鈞鑒：

謹肅者，查日方對於戰區保安隊防地發生異議一事，已於前函具陳，當蒙察及。茲日本高橋武官復約本府參議陳東昇往晤，說明彼方對於戰區之立場，意謂關東軍原視戰區為占領地帶，今雖依《塘沽協定》交還中國，而其觀念至今尚存，若華方即視作中國領土，可以隨意行使職權，則彼此觀察之點根本不同，應請了解戰區乃特殊區域，遇事務與日軍磋商，俾免糾紛。又聲述彼方代表意見之性質，意謂日方代表於會議時所提意見，皆係依據陸相、參謀總長及關東軍司令長官之訓令，絕非個人所能任意變更，務請諒解各等語。其他談話各節，與儀我前次所言大都相同，察其語氣嚴刻強橫，直無我容喙餘地。按現在戰區附近一帶實際狀況，純為喧賓奪主、遍地棘荊。凡其舉措設施悉具深心，用以掣我之肘，從彼之欲。所有鐵道沿線，彼既庇於條約，分段駐軍。自鐵道南迄海濱如昌黎、樂亭等處，原為省保安隊防區，而不准以新保安隊換防，主張由劉佐周部撥隊分駐，意在使我政權不及，而後可為所欲為，無人過問，以遂其走私行隱之便，諸若運銀、輸毒、走私貨皆其著例。由鐵道北及長城如遵化、遷安等處，歸新保安隊分防駐守。然腹背受制，呼應既感不靈，照顧每慮難周，於是沿城各口林立，隨時可有匪類竄進，以行其以鄰為壑之計。最近日稱在遵化以北剿匪，要我警團後退，以免誤會。及退，而駐羅文峪之日軍轉退撤河橋，使多數匪人得以乘虛掩入，可為明證。現我之保安隊雖完全開入，但屯駐一隅，進退維谷，動輒得咎，是戰區以內之治安直屬無法維持。據此以觀其代表談話，強橫既如彼，戰區情形困難又如此，加以近來彼方尋隙設詞，造言生事，亟亟不可終日。竊慮以為值此使節昇格，競言親善，其武力派或有未甘，焉知不欲故意釀出嚴重局面，從而借端起釁，以資一逞，即華北前途隱憂堪虞。學忠職責所在，適當其衝，自應隨時秉承鈞旨，勉力應付，期渡難關。惟是與彼方交涉，常此由地方自行磋商，端恐力薄效鮮，轉為多生枝節，沉溺愈深，似宜由中央以整個力量向其談判，即較鄭重謹嚴。最要能將其駐軍在戰區以內活動範圍予以規定，則地方應付自有依據，理合將戰區情況一併密陳，是否有當，伏乞鑒核施行。專肅。敬頌鈞綏。

職于學忠謹肅。五月二十二日。

002-020200-00025-008

■ 1935 年 5 月 26 日

何應欽電蔣中正汪兆銘經于學忠調查並無高橋坦所稱遵化縣長庇護孫永勤股匪事且孫匪經我警與日軍連日進剿已全部擊潰

24 年 5 月 26 日

自北平發

號次：758

特急。巴縣委員長蔣、南京鐵道部一號官邸院長汪：

〇密。本月廿四日，接日武官高橋坦書面通知，文曰：「今晨關東軍來電如次，囑將要點轉達於貴方：（1）此次遵化縣長等確有庇護孫永勤股匪之事實。從來國境附近貴國方面之方面官吏，有庇護擾亂熱河匪徒之事，此為不可容許者也，故該軍問責任。（2）關東軍數月來雖施行掃除擾亂熱河之孫永勤股匪，然因貴國官方之庇護，輒向貴國領土內逃遁，因而不得消滅之，故不得已擬自動將所需兵力進入遵化一帶，以期澈底消滅之也」等語。經職轉令于主席學忠查明事實經過，去後頃據于主席呈復，略謂：「（1）五月五日，駐馬蘭峪日本警備隊長岩闔大尉通知我方稱：日軍在長城一帶剿匪，因避誤會起見，我團警須退長城南廿五里云云。惟退廿五里須在遵化城以南，經再三商定，退至十五里。其時，日軍設司令部於羅文峪內大河，尚彼此尚聯絡後日軍東進，設司令部於撒河橋百丈道河迤，曾通知我方十五日正派員向該司令部接洽填防，而孫匪已乘虛入關，在大屯、侯家寨等地。此當日孫匪竄入之實在情形也。（2）當孫匪竄入關內時，我方新、舊保安隊正在換防，一部分尚在開拔。遵化方面，十四日僅到李宝玉部三個中隊，人數稀少，而匪人數據聞約有一千以上，槍械頗多，故當時因兵力不敷，未能即行進剿。（3）孫匪竄入時，以助剿劉匪為號召，曾託農民向遵化縣長要求供給子彈，當經嚴詞拒絕。後接該匪來函，痛罵何縣長假借外力、壓迫民眾等語，則日方所謂庇護孫匪云云，不攻自破」等語。昨據報告，孫匪經我特警聯絡日軍，連日進剿，其大部已竄至三屯營東北之茅山溝，其中另一股竄距三家店雞鳴村，業被日軍包圍，將該匪全部擊潰，詳情續聞。

職應欽。宥巳行秘印。

002-090200-00016-349

■ 1935 年 6 月 4 日

汪兆銘電蔣中正據蔣作賓電稱向外務省口頭抗議酒井隆在天津發表倒蔣談話及廣田弘毅重光葵等均表示無擴大意可見酒井隆談話意在恐嚇祈鎮靜迅速應付

24 年 6 月 4 日

自南京發（有線）

號次：1150

特急。成都。蔣委員長賜鑒：

佶密。頃接雨岩兄電如下：「今見報載酒井在天津發表打倒蔣委員長、華北應速謀獨立之談話，當即非正式向外務省口頭抗議三點：（1）無國際禮儀。（2）引誘我國內亂。（3）無親善誠意。並質問酒井係正式陸軍官吏，是否代表日政府而發言，抑或代表日本陸軍總意？當答酒井談話報載恐不甚確，即有此談話，亦不能代表何方式。廣田又謂仍請照前由桑島轉達之意，迅速了結，則我可負責不生其他問題。重光亦謂聞有任張羣為河北省政府主席之說，果能實現，當無問題矣云云。綜合各方意見，似無擴大之意，見酒井談話意在恐嚇，祈鎮靜迅速應付，至祈隨時密示」等語，特達。

弟兆銘。豪印。

002-090200-00016-323

■ 1935 年 6 月 7 日

唐生智電蔣中正據報梅津美治郎召集會議討論對付華北方法及對於中國遷延態度將採嚴厲手段等

24 6 7

南京

1383

限即到。成都委員長蔣：

○密。頃本處得今晨關於華北最近消息二則：「（一）日本華北軍司令官梅津中將決於今（七）日在司令部招集會議，因何應欽答覆不滿意，故討論日軍應採取何種步驟，重要日軍將官全體出席云。（二）陸軍省發言人謂如中國當局仍遷延不負責，陸軍長當自動採取嚴厲處置一方法。中國方面如不接受日方屢次警告，此種嚴厲處置絕不可免。以上訓令已發往日本駐華北軍事當局及高橋，同時亦已令梅津通知華北當局及中央政府日方態度云」等語，合即電陳。

職唐生智叩。陽申高一印。

002-080200-00228-076-002a

■ 1935 年 6 月 8 日

陳韜函楊永泰可否往訪喜多誠一及已派人偵察宋哲元韓復榘代表與梅津美治郎密謀事等及楊永泰復電不必往訪並請繼續注意宋哲元等動態

暢公祕書長鈞鑒：

前上寸稟，諒蒙鈞察。華北事件七日以後，情勢較為嚴重，茲將關於此項之日文報紙附呈察核。惟閱今日《京津日日新聞》云，日本參謀部派喜多大佐來華接洽華北問題，喜多曾為南京駐在武官，韜與之頗為相契，往往談及中日問題，彼曾表示相當之同情，較之其他日人確係良善分子。可否往訪，勸其對今茲事件毋過事苛求。但按諸春秋之議，大夫無私交；況兩國間形勢又險惡如斯，可否往訪之處，未敢擅專，用特函稟，伏乞示遵。如可與其接洽，即乞電致軍分會何部長轉告韜，以便遵行（喜多到華尚須二、三日）。茲附呈《京津日日新聞》報數紙，並希察閱。專肅。敬叩崇安。

陳韜謹肅。六月八日。

附呈日文報紙一束、署密電碼一冊

002-080200-00229-136-002a · 003a

■ 1935 年 6 月 10 日

蔣中正電何應欽以赴陝北剿匪為名將黃杰關麟徵兩師集中洛陽及囑宋哲元緩和察東情勢並告磯谷廉介擇期相晤

發電號次：A541

24 年 6 月 16 日譯發

24 年 9 月 27 日抄送

北平何部長勛鑒：

青申、佳戌申、未亥各電均悉。○。黃、關兩師想已調動，准照佳亥電辦理，但須以調往陝北參剿為名，並以車運洛陽與西安集中實行參剿，則對內較易應付，又應以調防形式出之華北。既決隱忍，則察東亦應設法緩和，切屬明軒負責運用。但中央軍既經離冀，則對磯谷不必再說面商字樣，只說有機亦願相見可也。

中正。灰未機蓉。

002-080200-00229-011

■ 1935 年 6 月 13 日

戴笠電蔣中正駐津日軍會議內容對中國此次容納各要求認係暫求苟安絕不令反日色彩於華北等情

24 6 13

南京

1896

成都委員長蔣鈞鑒：

〇密。駐津日軍司令部於真日下午二時召開重要會議，計到梅津、酒井、土肥原等二十餘人，討論內容謂「此次中國容納各項要求，實屬暫求一時苟安之辦法。中國向無誠意，吾等絕不再令反日色彩再發現於華北，同時須謀實現第二步華北與滿洲國之合作，絕不能因中國已容納條件而終止」等語，謹聞。

生笠叩。元巳印。

002-080200-00230-085-002a

■ 1935 年 6 月 14 日

吳醒亞電蔣中正據報粵桂與日密約北犯及日本宣傳韓復榘宋哲元不滿中央遷就日本將有行動又長江一帶日浪人漢奸擬伺機反動

24 6 14

上海

1731

限即刻到。成都蔣委員長：

◯密。（一）頃據報兩粵與日有密約，將乘機發動桂出湘、粵出贛。（二）日方宣傳魯韓、察宋憤中央對日遷就，將有不滿之行動。（三）探自日武官室密息，潛伏長江一帶日浪人及漢奸甚多，擬伺機發動等語。綜上數點，雖確否待證，特電奉呈，以供參考。

職吳醒亞呈。寒印。

002-080200-00229-123-002a

■ 1935 年 6 月 14 日

管翼賢陳方電楊永泰平津民眾盼中央派員主持華北軍政及酒井隆仍反對商震任津沽保安司令與高橋坦盼中國履行條件等

24 6 14

北平

2888

楊祕書長暢公鈞鑒：

實密。芷兄呈：（1）平市謠諑較前更熾，民眾切盼中樞簡員主持華北軍、政兩務。（2）酒井對商震之津沽保安司令仍反對，商請楊廷溥疏通無結果，敬公行前曾商之湯爾和，湯謂俟元日軍會議後，再定行止。及元竟行，酒井等極惋惜之。（3）此間黨部同志如鳥獸散，其平時浮誇，臨事又欠鎮定，輿論惜之。（4）高橋談盼中國澈底屢行條件，日方無擴大意，政整、軍分兩會撤消後，將以冀省府為解決懸案之對象。

002-080200-00229-122

■ 1935 年 6 月 15 日

何應欽電蔣中正獲日方祕密《北支工作之第一階段》文件說明更換河北省主席與天津市長應是工作之開始應更加壓迫中國將河北變成反蔣根源等文電日報表

來電號次：1913

姓名或機關：何應欽

地址：南京

來電日期：刪（戌秘）

來電摘要：

前託曾擴情攜呈密件，計蒙鈞覽。頃又獲得日方祕密文件一件，其標題為《北支工作之第一階段》，其說明：「（1）因省主席及市長之更換，以為現在工作已達成第一階段之目的者，非也。實際之工作，應由此而開始。並且今後之工作，更應覺悟因省主席及市長更換之結果，而發生相當之困難。（2）對於今日之事態，心理不可緩和，而對於支那方面，要更加重其壓迫。（3）蔣委員長今日對日問題、對國內問題均陷窮境，應使其窮狀更加一層嚴重與深刻化。（4）今日在北支之工作，最小限度要將河北省完全為反蔣之根源，續達此目的後，方可認為第一階段終了。（5）第二工作為誘發其內亂，然後最低限度以黃河以北事實上之獨立為目的」等語。謹聞。

擬辦：

擬併復悉。

002-080200-00453-093

■ 1935 年 6 月 15 日

戴笠電蔣中正聞日偽擬以晉閻錫山為華北新政權之主體已委其為靖王

24 6 16

南京

1909

特急。成都委員長蔣鈞鑒：

〇密。據張家口報告：「元日，宋哲元於辦公室對各廳長彼稱，日偽擬以晉閻為華北新政權之主體，已委閻為靖王，閻已派蘇體仁前往接委」等情。謹聞。

生笠叩。刪亥印。

002-080200-00230-080-002a

■ 1935 年 6 月 17 日

蔣中正電汪兆銘意決以何應欽為河北省主席以解華北之危

發電號次：A847

24 年 6 月 17 日譯發

24 年 10 月 1 日抄送

南京汪院長尊鑒：

○。河北主席此時惟有敬之兄承令為宜，否則華北與國家事以後更無了局。如其即時直接回平，則必為日方繼續環繞糾纏，痛苦更無止境矣已。只有以河北主席名義先回保定就職，而將軍分會事務逐漸移保辦理，一俟數月之後局勢稍穩，再覓妥人替代，或屆時再將軍分會取消，如此方能解除苦痛。故弟意決任敬兄兼領河北主席，乃為黨國一線之光也。何如，請與諸同志詳商速決。

弟中正叩。洽未機蓉。

002-080200-00230-093

■ 1935 年 6 月 19 日

蔣作賓電外交部據密報日方欲在北方組織一反中央勢力先以冀晉察綏魯為範圍

南京外交部：

二○一號。十八日。呈閱。據密報，若輩以中國將趨統一，認為不利，欲在北方組織一反中央勢力，先以冀、晉、察、綏、魯為範圍，俾與中央脫離，以便為所欲為。現正積極進行，並欲利用閻主任為傀儡云云。查此計若成，無異第二偽國，望速密防，無使奸計得售，苟我內部能團結，外人自無法侵入。

賓。

《中日外交史料叢編》第五編《日本製造偽組織與國聯的制裁侵略》，頁347-348。

■ 1935 年 7 月 5 日

管翼賢陳方電楊永泰中日經濟提攜後日擬組華北國石友三在平企圖反動等謠言及北平軍政無專人負責前途堪慮

24 7 5

3016

楊祕書長暢公鈞鑒：

實密。芷兄呈：（一）日來北平謠言甚熾，撮要報告：（甲）閻、韓、商合作，推閻成新局面。（乙）中日經濟提攜後，日擬組華北國。（丙）石逆友三在平企圖反動。（丁）袁良辭市長，克敏或兼任。（戊）何其鞏運動日人保伊任平市長。（己）日人幫助叛徒擬魚、陽、庚變亂。（二）北平軍政無一負責專人，前途極可慮。

管翼賢、陳方叩。

002-080200-00236-013

■ 1935 年 7 月 18 日

何應欽電蔣中正轉秦德純蕭振瀛電松井石根所提新條件最後決定四條

26 7 19

成都委員長蔣、南京軍事委員會：

律密。頃接秦德純、蕭振瀛銑亥電稱：「松井所提新條件，在德純患病期間，由振瀛赴津與酒井交涉，幾經磋商，最後決定四條：（1）松井所提分區辦法及張北各縣用蒙古保安隊維持治安，並以卓委員充司令一節，日方允諾自動撤消。（2）撤退區域保安隊人數，松井所提二千人太少，我方所定七千人太多，決定折中為四千或五千人。（3）商都嘉卜寺本不在撤退區城內，惟日方希望將來由察省自動陸續改成保安隊。（4）日方派參謀六浦到察，協同張司令允榮赴張北各縣視察，如所約各事均已履行，則按上述辦法實行，否則另議。除電張家口負責人員迅速切實履行前與土肥原所定條款，期免別生枝節外，謹電奉聞」等語。謹聞。

職應欽。巧午秘印。

002-020200-00025-057

■ 1935 年 7 月 19 日

宋哲元張自忠電蔣中正日人壓迫我軍退出察北使蒙古自治政府便於實現演成傀儡政府再圖南侵

號次：4371

成都委員長蔣鈞鑒：

〇密。據報：「日人此次實行壓迫我軍退出察北各縣，其目的在便於實現蒙古自治政府，以民族自決演成傀儡，再圖南侵。現熱察蒙旗及百靈廟蒙古受日人壓迫以製造成熟，短期內即對〔將〕發動，以兵力占據察北。至於日人所謂無領土野心，並指我保安隊人數過多等皆係藉詞，實則一緊一張，均為既定計畫」等情。謹聞。

職宋哲元。張自忠代叩於軍參。

002-090200-00016-186

■ 1935 年 8 月 6 日

北平軍分會電蔣中正等據北平憲兵司令報告日方動向情報

武昌委員長行營、南京軍委會、行政院、參謀本部：

（密）據北平憲兵司令報告情報如下：（一）天津日駐屯軍參謀長酒井隆，前曾飛往長春與關東軍召開之北滿及華北軍事對策會議後，業於前日返津，當即在其軍部召集全體祕密會議，聞其內容係嗣後對於華北採取經濟侵略主義，並以股匪擾亂戰區，然後藉詞進兵，以便要求日在華北經濟上各種權利。（二）酒井隆氏並於二十三日晚十時，在其私邸召集石友三、王相臣、劉桂堂等會議，內容令石等速將戰區及熱河各地匪部集中興隆山，以便首先攻取察省，並派日人數名，分隨各匪部辦理外交，以免與日滿軍隊發生誤會。該匪部所用軍旗臂章，業經製成數萬份，分發應用。（三）日偽軍祕密協助多倫沽源之匪，乘機進攻察東，聞由偽滿借妥飛機二十架，及彈藥若干。（四）聞酒井隆與該部顧問武田南陽秘談，對於華北戰略如下：（1）首先攻取察省，次攻取戰區。（2）日軍假剿匪為名，掩護匪部占取平津。俟平津占領後，河南某部軍隊即可與大名一帶會匪聯合，攻取河南。至山東及山西兩省，則由日方警告取保境自衛態度，不准干涉，並與西南派聯合一致，推翻黨國政府，以上計劃均由日顧問武田指揮。（五）北平日兵營透出消息，現接軍部消息，因日俄情勢緊張之際，偽國應竭力擴充軍備，鞏固國防，所有陸軍及警察均須補充足額，並擬在平津地方招募華人入伍，其應募之限制，計分為下列三點：（1）純為滿洲籍者。（2）對日忠實人介紹或保薦者。（3）曾受過軍隊教育者。具有以上三點方為合格，一俟正式命令到達，即開始招募。等情。謹聞。

北平軍委分會。魚令總印。

李雲漢，《抗戰前華北政局史料》，頁331。

■ 1935 年 8 月 13 日

黃慕松呈蔣中正察哈爾省府現研討方策應付卓特巴札布擅令各旗群出兵案並聞日本委石友三為華北國執政及其擬發暴動等情報

呈為密呈事。案據北平確報略稱：「察哈爾蒙旗保安長官卓特巴札布日前未呈准省府，擅自通令各旗群按旗之大小，分派出兵三、五十名不等，著於廢歷〔曆〕七月一日齊集該長官公署，加以訓練，以備保衛張北各縣之用等語。各旗群接到通令後，即將原文轉報察省府，亦未出兵。省府對此極為重視，正在研究應付方案中」等語。又據報稱：「傳聞日人現委石友三為『華北國』執政，使石聯絡華北各界首領俾附日、『偽』，聞將於本年九一八紀念日前後舉行大規模之暴動。戰區軍事設備聞由薊密區保安總隊長張福堂（譯音）負責收編，長城內外之雜匪現聽張指揮者，已達三萬二千餘人」等語。理合密呈，伏乞鑒察。謹呈委員長蔣。

蒙藏委員會委員長黃慕松。中華民國二十四年八月十三日

002-080200-00245-102-002a~003a

■ 1935 年 8 月 19 日

蔣中正電王克敏商震在平召集研討河北中日經濟合作各問題

共兩頁，即速譯發。八 • 十九。

特急。北平政整會王代委員長、河北省政府商主席、北平袁市長、天津程市長勛鑒：

〇密。茲為集思廣益，便於討論應付中日經濟合作各問題，應提倡河北人士成立河北經濟協會，擬定河北經濟協會大綱七條如下：（一）為號召國內外資本、發展河北地方經濟事業起見，特組織河北經濟協會，研究討論及接洽左列事務：甲、中央及地方政府委託之國內外經濟事項。乙、本會團部及個人建議之國內外經濟事項。上列事項，以平、津兩市及河北省為限，但事業性質與他省市有關連者，亦得與他省市公私機關接洽進行之。本會研究討論及接洽之經濟事項，應依據法令經過應有之手續，分別辦理之。（二）本會會員以平、津兩市商會職員，銀行同業公會職員，各銀行、各實業公司

之總經理、協理、經理及經本會認定之經濟學者、專家為限。（三）本會總分會會所附設於平、津兩市銀行同業公會中。（四）本會由會員中推選委員九人，委員中附推常委三人，綜理會務。關於會員、委員、常委之職責，由委員會規定詳細章程，通告會員實施之。（五）本會經費由商會銀行、同業公會各銀行、各實業公司及會員分擔之。其分擔數目應由委員規定預算後決定之。（六）所有本會必須之其他辦事章程，由委員會規定。（七）本會由發起人呈請河北省政府、平津市府，並轉政委會及中央政府備案，即日成立。以上為大綱辦法全文，請即日在平召集平津商會、銀行公會主席及平津知名之銀行、實業兩人士，如周作民、吳鼎昌諸君等為發起人，在一旬內將此會成立，著手研究討論河北中日經濟合作各問題，以便屆時能接洽一切。其大綱辦法有不合宜之點，可酌加修改，希即妥速辦理為要。

中正。皓午。侍秘牯。

002-020200-00025-063

■ 1935 年 8 月 21 日

北平軍分會電蔣中正等日方綜合情報

武昌委員長行營、南京軍委會、行政院、參謀本部：

（密）。綜合情報如下：（1）前偽軍政部顧問多田少將，現被任為華北天津日軍司令官。按：關東軍為謀偽滿與華北之緊密，並欲置駐屯軍於關東軍指導之下，此次多田以少將任方面軍司令官，實為例外。多田就任後，其新發設施大可注意，徵之梅津最近談話中，有「華北局面殆如大雨欲來風滿樓，空中暗雲猶未去」一語，益可窺其陰謀未已。（2）日本大亞細亞協會幹事中谷武士〔世〕於六月下旬視察華北，據謂：「中國再建之方向厥為聯省自治，中日關係乃日本與國民政府，乃至於國民黨之關係，故國民黨不清算，中日癥結不能解消，中日親善亦不可能。至華北問題，並不因冀察事件解決而解決，問題寧自冀察問題解決後始，為期當此九月（即所謂九月問題）」，中谷此言因其四周關係確與軍方密切，頗甚重視。中谷此次北來目的，羞〔蓋〕欲自文化設施上驅逐歐美、蘇俄勢力，自思想上泯滅我國家觀念。（3）梅津司令官於八月六日赴塘沽檢閱日守備隊，並臨別訓話，略謂林陸相此次更動駐中國各員，用意極深，我國對華進行事件雖順利，但未達到最終目的。（4）日軍由古北口撤回熱河部隊，現仍集中承德、灤平，並未向各縣開拔，似有待機模樣。（5）日軍第九師團已於上月全部開到東北，分駐長春、瀋陽、遼陽、海城一帶。師團司令部設於遼陽，查該師團原定任務為接替熱河防務（冀察事件前消息），力〔乃〕現復屯駐南滿沿線，似非控制對俄起見。（6）長城各土匪均經日方收編為熱河警備隊，以石友三統帶開至黑河（原屬沽源縣境）一帶，預為將來占據察省之用。（7）駐興隆縣太后陵之偽軍第二營第四連，突於八月七日夜譁變，逕由長城口券門往邊北西火道一帶逃竄等情。謹聞。

北平軍委分會。箇令總令。

李雲漢，《抗戰前華北政局史料》，頁332-333。

■ 1935 年 8 月 24 日

周作民函蔣中正有關籌設河北經濟協會大綱並附件等事

介公委員長賜鑒：

久睽。□暉至深，葵向敬維，藎勞為國，跋履修途，又復返節蓉垣，彌殷瞻企，比由此間當局轉奉鈞電，以籌設河北經濟協會，仰見謨猷淵遠，欽佩奚如。竊謂華北經濟值茲環境，允宜以先發之策，免漫藏之虞。而知彼知己，由為先務，謹分別臚陳於左：

一、彼方之需求及其方法大致如左：

（甲）求其工業品銷售之市場及獨占；

（乙）求其工業品原料之取給。此項原料彼所亟需者，為棉、鐵、煤、毛四種：

（一）棉花：彼方紡織業近極發達，紗錠已達千萬，每年所需棉花約值日金七億圓至九億圓。即就去年彼邦貿易而論，進口棉花約值七億三千萬圓，出口棉布類約值四億九千餘萬圓左右，占彼邦進出口貿易之首位。此項棉花多仰給美國、印度、埃及等處，據其專家意見，一旦國際上發生變故，美若拒絕售棉，則其輕工業立須停頓。如中國能供給同類之棉總額之半數，不獨減少前述之危險，並可減輕成本至一億圓之譜，故其朝野上下對於此事亟謀解決。但華北所產多屬粗絨，不適彼用，此其所以有種種之圖謀也。

（二）鐵：彼邦重工業近亦發達，所需鋼鐵原料自多，去年進口額約值日金一億四千餘萬圓。對於龍煙鐵礦，近已兩次派員詳查。傳聞其計畫似採取合辦方式，資本五千萬圓，包括煉鋼計畫在內。

（三）煤：彼邦及東省產量不少（本國三千萬噸，東省一千一百萬噸），然以品質欠優，遂屬目於我北方良質之煤，以備煉焦，而尤注重於晉省之無煙煤，以充船舶之用。

（四）羊毛：彼邦纖維工業之發達不必贅陳，故其所需羊毛數量亦甚可觀，去年進口數量次於棉花，約值日金一億八千餘萬圓。

（丙）交通機關

（一）修築滄石路：聞彼方外交官及軍人非正式與我官廳接洽者已若干次。

（二）膠濟路延長至河南彰德。

（三）彼方軍人有將平綏路向西延至寧夏（舊包寧線）東，由張垣經通州築至秦皇島出口之擬議。

（丁）經營機關：東省事變以後，凡東省經濟事業，多由滿鐵設計經營，彼邦資本家及企業家鮮能參與其間，蓋彼邦軍人多持國家資本主義也。近來對於我北方經濟事業，因其主義及地理人事上之關係，似採同一手段，仍由滿鐵綜持，故龍煙兩次調查員均係該會社所派，近來盛傳興中公司之組織其資本亦係該社所出（附松岡近與林銑所談記事）。

二、我方應採之方針及應付方法擬議如左：

（甲）方針

（一）宜集官民之力量（人力、資力）速設相當機構，精密調查，具體計劃，貫徹實行，以為自力更生應付環境之主體。其方式或官廳、或社會，或官廳、社會合體，或形式上為社會性、而實質上為合體，以適宜為準。

（二）宜謀互惠平等之經濟提攜，力求不涉政治。蓋彼方經濟上之需求固如上述，而其手段難免不涉政治，影響所及，自屬至鉅。故宜從速自設機構，自圖建設，及早改善調節，藉免越組代庖，方能圖互惠平等之提攜。

（乙）應付方法

（子）對於彼方銷貨及獨占市場之企圖，應付之方，雖有物物交換制、定額分配制、輸入許可制等成規可資採用，然我國關稅僅僅增率問題，彼方已視為折衝標的之一，且彼所輸入於我者多為必需品，而我所輸出於彼者又多不適彼用，故上述成規亦難遽採行。為今之計，惟有各界自動節用，一面力自振興代用品，並改善輸出品，獎勵出口，以漸臻有可交換之具，然後能為相當貿易政策之運用。

（丑）對於彼方取給原料之企圖 應付方〔法〕分述於下：

（一）棉花：擬設河北棉業改進會，集合冀省棉業機關作統一具體之計畫，改進全省棉業。按照該項專家計畫，每年預算四十萬元，以五年為度，辦理棉種之改良、蕃殖及推廣，五年後可獲美種長絨棉花四百萬擔至六百萬擔。此項機關由棉統會、實業部、河北省政府、北寧路局（年來該路沿線曾小試植棉）及華北農產改進社（此社係去年作民與清華、金陵、南開各大學共同組織，專致力於棉業之改良，河北植棉試驗場似以該社定縣場組織較為完備）共同組織，月來迭與啟予、孟餘、公博、桐生及伯苓諸君往復協商，均表贊同，日內即可成立，陳請政府核准備案。附呈簡章，伏乞指政。

（二）鐵：龍煙公司計用資本五百萬元、借墊款項約二百萬元，兩共七百萬元左右，除礦產外，僅存鎔爐一座，配件尚不完全，此事在冀、察兩省諒無實力可以籌辦，似應在政府督率之下另組新公司，聘請專家擬具計畫，包括煉鋼規模較小、需款不多，具實行之可能性。彼不來求我，固應自開發；彼即來商，我有主體，所商僅資金及技術問題，或可不涉其他。

（三）煤：此事較複雜，尚未擬有方法。事關晉省較多，閻先生處梁方舟君曾來談及，具體辦法尚待考慮。

（四）羊毛：此項以尚欠深擘，未敢率陳，容續加考案，再行擬具辦法。

（五）鐵路：平綏路東西延長純係軍事問題。至滄石、膠濟兩路聞與我國國防有關，不知確否？如確屬關係國防，彼即有所要求，我可正當拒絕，自當不成問題；如其不然，似亦有因勢利導之必要。姑擬辦法如左：

（1）滄石路：彼方以華昌公司契約為口實，要求繼續履行，我方似可姑置不理。我方似可由鐵道部令設工程局，先行籌備，或由北寧路局修築亦可。以北寧、正太盈餘一部分及該路築成後之收入為財源，招集中國銀團及外國廠家共同供給資金及材料，剋期完成。如彼有所要求，而我又難拒卻，則地位亦僅在廠家借給資料之列矣。

（2）膠濟延長問題：此事鄙意可分兩段：（一）令道清路局繼續前議，將該路線延長至大名，所需資金及材料由鐵道部或該路局招集中國銀團及英國廠家分別供給，以該路收入儘先償還。此事曾由鐵道部顧、曾兩君，該路范局長及翁詠霓兄來商作，曾允為組織銀團助成之。（二）山東境內線路問題，鄙意亦應由鐵部或部省仿杭江或浙贛前例組織濟名路局（姑擬此名），招集中國銀團及外國廠家供給資金及材料，以膠濟路盈餘一部分或部省他種財源為還本付息之資。似此辦理，彼方縱有要求，亦僅屬經濟範圍以內之事，至於接軌與否，乃另一問題。至膠濟路借款距還期不過兩年有餘，此亦應預為準備之事件。鄙意應由鐵部擬具方案，遇機提與日方交涉償還半數，修改契約。蓋就現狀及華府會議之經過觀之，我方即有悉數償還之能力，彼方是否承受，不做他想，殊不可料，似不如自我先發，改訂契約中不平過甚之條件，較為合算也。

以上所陳，諒已早在洞鑒之中。作民譾陋駑鈍，悉足仰贊高深於萬一。惟兩年以來悉心研討，以為華北經濟問題之應付，尤宜具有組織與計畫集中力量（人材、資力），如所謂經濟參謀本部者，以資策劃進行。向曾擬有《華北經濟調查設計委員會章程草案》，統此坿呈清誨。該項草案亦經與啟予諸君商酌，僉表贊同，並以南開大學經濟學院對於華北一般經濟之調查研究歷有年所，成績卓著，擬由向辦此事之何淬廉、方顯庭兩博士擔任該部門。至於礦業專才，亦曾商請翁詠霓君物色，允為留意。惟茲事體大，綿薄或有未逮，今承提倡河北經濟協會，觀成之日，該項調查設計當可併入辦理要之。華北密邇強鄰，情形特殊，誠能集中力量，應付有方，庶可為國家增其屏障，亦為鈞座稍紓北顧之憂，統祈訓誨主持，俾資遵循而利推進，是所至禱。再，前由南昌行營機要課奉令頒發之朸密電本，現在是否仍可適用，並乞飭下祕書處賜復為叩。耑肅。祇頌勛綏。

周作民謹上。廿四年八月廿四日。

林陸相指示松岡總裁八大項目 譯八月廿一日《北京新聞》

以滿鐵為華北經濟開發之中心機關

（東京二十日電）林陸相與松岡總裁會晤，指示八大項目如左：

（一）在非常時國防與國策上，滿鐵之使命重大，故更須與關東軍聯絡。

（二）因滿洲國之獨立，滿鐵已由政治機關轉為事業機關，自後須留意此點。

（三）滿鐵須準備為華北經濟開發之中心機關。

（四）滿鐵社員須澈底認識其任務重大，為對滿事務局總裁。

（五）滿鐵之使命須重大化，刷新其社務，以期萬全。

（六）因治外法權撤廢與行政權移讓之結果，關於滿鐵附屬地行政權移讓，須善為處理。

（七）滿鐵之委員雖不參加日滿經濟共同委員會，但須特別協助之。

（八）滿鐵須留意滿洲開發之事業資金。

（東京二十日電）松岡滿鐵總裁訪問林陸相，就於滿鐵經營問題交換重要意見。林陸相謂滿鐵於滿洲事變以來與關東軍協力，在對滿之國策進行上非常努力，故對松岡總裁甚感謝。在此國防國策極強化之重要時期，尤望滿鐵極力協助，以達成重大使命。又滿鐵實際為對滿事務局總裁，且為日滿經濟計畫實行之根幹，為對滿國策之主體，故滿鐵須謀合理的繁榮，竭全力於社業之刷新，以期達成使命。至如滿鐵附屬地之行政權移讓，業經閣議決定，近將漸進的實現。就於此事善後處置，滿鐵首領亦須慎重考慮。又日滿經濟委員會雖為謀日滿經濟計畫實現之統制機關，然設立未久，而滿鐵數十年來於滿、蒙有豐富之經驗與智識，故須協助日滿經濟委員會，俾達成其使命云云。松岡總裁就於其抱負之滿鐵經營根本方針，復與陸相詳談而別。

河北省棉產改進會簡章：

第一條　本會集合河北從事棉業之機關團體等辦理全省棉產改進事宜。

第二條　本會由左列各機關團體共同發起組織之：

（一）棉業統制委員會河北棉業改進社；

（二）河北省政府建設廳；

（三）實業部；

（四）北寧鐵路局；

（五）華北農產研究改進社。

第三條　具有棉業學識經驗之人，得由發起人二人之介紹經常務理事會通過，加入為會員。

第四條　本會設理事若干人，互推常務理事　人執行社務，理事會章程另定之。

第五條　本會得聘用專家為顧問或專員。

第六條　本會第一期理事由發起人推舉，第二期起由理事會推舉。

第七條　本會設於北平。

第八條　本會設總務及技術兩部，各設主任一人，商承常務理事執行各該部事務，辦事員若干人。

第九條　總務部辦理文書、會計、庶務及不屬技術部之事項。

第十條　技術部辦理棉產之推廣、繁殖、實驗、調查、計劃、指揮、監督等事項。

第十一條　關於河北省內植棉一切改進方案，統由本會綜覈設計，指揮監督，以利推行。

第十二條　本會在河北省產棉區域內選擇適宜地點設立改進所、指導所執行左列各項事務：

（一）改良推廣棉產。

（二）改良棉田水利。

（三）改良棉產運銷。

（四）改良棉業金融。

第十三條　本會對於前條所列各事次第設計辦理，關於改善棉田水利、棉產運銷、棉業金融等項，得酌與河北各該關係機關合作進行。

第十四條　本會事業費由會員各機關團體以其原有之經費基金撥充，如有不敷時，由理事陳請政府補助，或向社會募集之。

第十五條　本簡章經會員通過，呈請政府核准備案後即生效力，修訂時亦同。

華北經濟調查設計委員會組織緣起附組織大綱

華北經濟調查設計委員會組織緣起：

國資不振，國力日孱，形勢阽危，不寒而慄。國人競言以生產建設救國矣，然證之事實，則生產愈絀，建設徒託空言，甚或舉措顛瞀，經濟因而破產。興言及此，尤屬痛心。華北土地肥沃，民風勤樸，農、礦物產蘊藏富饒，而平、津、青、唐等地工業雛形亦復粗具。誠能因勢利導，於此而謀經濟建設，吾知其必事半而功倍也。顧經濟建設萬緒千端，必先有精密計畫，使措施程序有條不紊，而計畫方案又必根據當地經濟實況實事求是，庶免閉門造車，出求合轍之弊。至於當地經濟實況，則非實地調查，詳確統計，不可得也。同人有鑒於此，爰組織華北經濟調查設計委員會先從事實地調查，進而貢獻計畫，以樹立華北經濟建設不拔之基，或亦國人所許聞而興起，相與戮力，以成斯舉者乎！是則同仁所祈響者矣。

華北經濟調查設計委員會組織大綱

第一條　本會定名為華北經濟調查設計委員會，由華北實業、銀行、交通、學術各界發起組織之。

第二條　本會以實地調查並研究華北經濟，設計謀華北經濟之建設為宗旨。

第三條　本會會址暫設於

第四條　本會會員分左列二種：

一、基本會員　以發起人為基本會員。

二、普通會員　凡贊成本會宗旨者，經本會基本會員三人以上之介紹，常務理事會之通過，得加入為普通會員。

第五條　本會設理事部，理事九人。初任理事由基本會員於籌備成立時推選之，繼任理事由理事會議推選之，理事任期為三年，連舉者得連任。

第六條　理事部互推三人為常務理事，主持部務，並複推一人為主席理事。

第七條　理事部之職權如左：

一、籌措本會經費並保管之。

二、決定會務及工作方針。

三、審核預算決算。

四、聘任幹事長及顧問。

五、審查幹事部工作報告。

第八條　本會設幹事部幹事長一人，由常務理事提經理事會議通過。聘任之幹事　人，由幹事長徵得常務理事同意選聘之。

第九條　幹事長職掌如左：

一、指導幹事分別辦理左列各股事務並處理之：

（甲）總務股　掌理關於文書、會計、庶務及不屬於他股之事項。

（乙）調查設計股　掌理關於經濟調查及設計等事項。

二、推薦顧問選聘幹事。

三、參加各項會議。

第十條　本會會議分左列三種：

一、常務理事會議　每月一次，由主席理事召集之，遇必要時得開臨時會。

二、理事會議　每半年開常會一次，由常務會議召集之。如有特別事故或經理事二人聯署請求開會時，得臨時召集之。

三、會員大會　無定期，理事會議認為有開會員大會之必要時，得召集之。

第十一條　本會設專門顧問委員，以備專題研究之顧問，其委員人由幹事長推薦，經常務理事會議通過延聘之。

第十二條　本會經費除七條之規定外，如有臨時開支，得由常務理事酌定支付之。

第十三條　本會各部辦事細則分別另定之。

第十四條　本大綱經呈請政府核准實行。

第十五條　本大綱如有未盡事宜，得由理事會議修改，呈請政府備案。

譯發

廿四年九月十九日擬稿

九月十九日下午二時核發

漢口金城銀行轉周作民先生：

八月敬日函暨附件均閱悉。□密。所擬應採方針及應付辦法極佩，蓋籌官廳與社會可不拘形式或實質之分，總以協力應付當前之環境為最要，尚盼本此主旨努力倡導，妥為規劃進行。

中正。號秘蓉。

002-080103-00018-002-154a~190a

■ 1935 年 9 月 23 日

周作民函蔣中正陳河北經濟協會成立及招待新聞記者情形並附件草案等事

介公委員長賜鑒：

前日肅上馬電諒登典籤。竊以河北經濟協會關係重要，密秉鈞旨與冀省經濟界同人及專家商討組織，祇因在此時會曾以行務赴連一行，返平後又攖小極成立大會，尚係力疾出席辦理，或恐未盡周浹。所有會章除呈請政府核准施行外，茲謹繕呈鑒覈。又以該會未成立以前，外間頗多懸揣之詞，故特先後分別招待中、日新聞記者（是晚，日本新聞記者如《大阪》、《朝日》、《每日》、《聯合》、《電通》、《時事》、《讀賣》、《滿洲》、《日日》及本市兩家均到，對於作之談話及說明表示澈底了解）發表談話，俾獲了解，該項談話一併錄塵清覽。至於河北省棉業改進會組設之趣旨及經過，前經函陳概要，知蒙鈞察，用將簡章及推廣辦法統此附呈，敬祈我公時賜訓示，俾有準繩，不勝仰企。耑肅。祇頌勛綏

周作民謹啟。廿四、九、廿三。

附件四

河北經濟協會章程草案

第一條　本會以調查研討河北經濟事業之發展，並應其必要協助國內外資金之運用為宗旨，故定名曰河北經濟協會。

第二條　本會應研究討論接洽之範圍限於左列各項：
（甲）中央及地方政府所委託之河北經濟及國內外經濟事項。
（乙）本會團體會員及個人會員建議之河北經濟及國內外經濟事項。
以上事項除在平、津兩市及河北省者外，若事務性質與他省市有關聯者，亦得與他省市公私機關協同辦理。

第三條　本會會員其資格列舉如左：
（甲）平、津兩市商會之代表。
（乙）平、津兩市銀行同業公會之代表。
（丙）各銀行、各實業公司之總經理、協理、經理。
（丁）經濟專家。
具有上列資格之一，經會員二人以上之介紹，委員會之同意，得為本會會員。

第四條　本會由會員中公舉委員九人，再由委員中公舉三人為常務委員，綜理會務。關於會員、委員、常務委員之職責，由委員會規定之。

第五條　本會委員之任期為一年，但得聯〔連〕舉聯〔連〕任。

第六條　本會設專門委員會，聘請專家主持調查研究及設計等事項。

第七條　本會設祕書二人，掌理關於文書、會計及庶務等事項，依事務之繁簡得酌用事務員。前項員額及報酬由委員會規定之。

第八條　本會總會設於北平，即假北平銀行同業公會為會址，將來認為必要時並得在天津設立分會。

第九條　本會大會每年召集二次，定於一、七月行之，由常務委員報告進行各事項。但遇有重要事件經委員會之議決，得召集臨時大會。

第十條　本會委員會每兩星期應開會一次。

第十一條　本會委員及常務委員均為名譽職。

第十二條　本會經費分為募款及會費兩項：

（甲）每年預算應需費用，由平、津兩市商會、銀行同業公會、各銀行、各實業公司設法募集。

（乙）每年各會員繳納會費若干其數目，由委員會規定之。

第十三條　本會收支各款每屆年終，由委員會造具決算書報告大會。

第十四條　本會辦事細則及議事規則由委員會規定之。

第十五條　本章程經會員會議決通過，分別呈由河北省政府、平津市政府轉請中央政府核准施行，嗣後如有應行修改之處，得由大會議決呈報政府備案。

河北經濟協會自同人等以服務社會事業之立場共同發起籌備以來，近甫就緒，於今日下午三時開成立大會，通過會章。本會設置之宗旨，在於調查研究協助河北經濟事業之發展，其工作方針均詳載於會章之內，故特贈一份用供參考。

同人等平日均服務於河北經濟界，深知河北之物產富饒，而同時農村社會仍極形凋敝，以言救濟，則非促進農、工、礦業之發展不為功。促進開發有賴於經濟，經濟力之取得首在自力之更生，以自身力量樹其基礎，始克供國際之需求。惟經濟關係複雜萬分，農、工各業均有其相互關聯，其未經開發者如何興辦，已經經營者如何改進，以適於現代式之條件，非先有縝密之調查研究，不足以明真象〔相〕而資規劃。河北此種機構尚鮮完備組織，故本會擬於此有所致力。

各種經濟事業之調查研究欲求具精詳，尤須賴專家從事其間，故本會分子除各實業界同人外，凡學者及專家亦儘量延致。

發展經濟事業需用資金，或進而利用外資，皆為事勢所當然。河北經濟事業將來之開發改進，有為自力所能勝者，亦有須借重外資者。惟何種事業需用國內或國外之資金，所需資金運用方法何若，亦須經專家等縝密之調查研究，方有準繩藉資斡旋。

近者盛倡中日經濟提攜，此項問題在平等互惠之原則下事誠可行，惟既言經濟提攜，其所資以提攜者究為何種事業，其所用以提攜者究為何種方式，尤須洞悉彼此物資需給之關係，適應互惠之精神，以臻完善，亦非先事調查研究不為功。

本會未成立以前，社會頗多懸揣之詞。今其宗旨、組織及辦法既具於會章，自邀各方之贊助，本會同人平日既努力於社會經濟事業，今後仍願本此立場，發揮服務社會之精神。凡涉及經濟範圍以內之事，自當隨時供獻其平日之經驗及研究所得，以策進行。範圍以外之任何設施，非同人才力所及，絕不敢過問也。

河北省棉產改進會簡章

第一條　本會集合河北從事棉業之機關團體等辦理全省棉業改進事宜。

第二條　本會由左列各機關團體共同發起組織之：
河北省政府；
棉業統制委員會河北棉業改進所；
實業部天津商品檢驗局；
北寧鐵路局；
華北農業合作事業委員會；
華北農產研究改進社；

第三條　本會會員分左列二種：
（1）團體會員：每團體各舉一人為代表，凡從事棉業機關而贊成本會宗旨者，得本會團體會員二人以上之介紹，經理事會通過，得為本會團體會員。
（2）普通會員：凡贊成本會宗旨而具有棉業學識、經驗之人，得由發起人二人之介紹，經常務理事會通過加入為會員。

第四條　本會設理事七人至十一人，任期三年，互推理事長、副理事長各一人執行會務，理事會章程另定之。

第五條　本會第一期理事由發起人推舉，第二期起由團體會員推舉。

第六條　本會每半年應由理事會召集會員大會一次，報告會務。

第七條　本會得聘用專家為顧問或專員。

第八條　本會設於北平。

第九條　本會設總務及技術兩部，各設主任一人，商承理事長執行各該部事務，辦事員若干人。

第十條　總務部辦理文書、會計、庶務及不屬技術部之事項。

第十一條　技術部辦理棉產之推廣、繁殖、實驗、調查、計畫、指揮、監督等事項。

第十二條　關於河北省內植棉一切改進方案，統由本會綜覈設計，指揮監督，以利推行。

第十三條　本會在河北省產棉區域內選擇適宜地點設立試驗場、指導所執行左列各項事務：

（一）改良推廣棉產。

（二）改良棉田水利。

（三）改良棉產運銷。

（四）改良棉業金融。

第十四條　本會對於前條所列各事次第設計辦理，關於改善棉田水利、棉產運銷、棉業金融等項，得酌與河北各該關係機關合作進行。

第十五條　本會事業費由會員各機關團體以其原有之經

費、基金撥充，如有不敷時，由理事陳請政府補助，或向社會募集之。

第十六條　本簡章經發起人議定，呈請政府核准備案後即生效力。

第十七條　本簡章如有未盡事宜，得由理事會修改後，呈請政府核准備案。

河北省棉產改進五年計畫大綱草案

河北省氣候、土質均宜於棉，民國二十年以來糧價暴落，植棉面積日廣。據中華棉產統計會報告，二十三年份河北棉田面積幾近八百萬畝，出產皮棉二百八十餘萬擔。然以河北耕地總面積論，棉田面積僅占十成之一，距可能發展之限度尚遠。為應國內外原棉需要起見，苟從事於植棉改良推廣，欲使河北棉田面積增加十成之一二當非難事。河北省棉產改進會既係省內從事棉業之機關團體集合而成，對於全省棉產改進事宜，亟宜議定計畫，循序進行，以求達到增加並改進棉產之目的。謹擬具計畫大綱草案，以供大會中採擇施行。

一、目標

本計畫著重生產方面，在五年期內以最有效之方法推廣棉田面積一千萬畝，增加細絨皮棉產額四百萬擔。

二、方法

為求達上項目標起見，進行方法分為兩途：

1. 採用國內外優良棉種，在宜棉而尚未植棉之地方或植棉不多之地方從事推廣，加以嚴密指導及協助。由此途徑，希望在五年內推廣棉田面積一千萬畝，增加皮棉產額三百萬擔。

2. 從改良棉種、改良栽培方法、振興棉田水利、增厚棉農財力各方面做去，希望五年中在舊有及新闢棉田內，增加每畝出產百分之二十，計可增加皮棉產額一百萬擔。

三、組織

河北省棉產改進會在理事下設總務、技術兩部，技術部下再分設左列各股及各施業分部：

1. 試驗股　設棉作試驗場一處（北平）、棉作試驗分場四場（定縣、通縣、滄縣、軍糧城）、棉種繁殖場十處（地點另定）。
2. 推廣股　設植棉指導所五十處（地點另定），散布良種、指導植棉及運銷。
3. 調查股　辦理全省棉田面積棉花產額之調查、統計及其他需要調查、統計之事項。
4. 水利股　研究並指導棉區開渠鑿井，以利灌溉，並在鹽鹼區引淡墾荒，提倡植棉。
5. 運銷股　設運銷處辦理棉農團體委託棉花運輸及銷售事項。

四、事業進行步驟

第一年　（1）創辦北平棉作試驗總場，接辦軍糧城、定縣、通縣三分場，接辦其他原有場所，就地擴充或新闢地畝，共設立繁殖四處。除軍糧城分場面積約為二千畝，通縣分場約五百畝外，其他各場均各約一千畝。

（2）選備國內優良棉種三萬擔貸予農民，加半還種。分為五十個單位，每個單位為六百擔，選擇適宜地點五十處各設一指導所，每所推廣棉田面積八千畝至一萬畝，設主任指導員及助理指導員各一人指導植棉方法，及棉農組織團體並補助軋花設備，以利調製而便運銷。

（3）創辦全省棉產調查統計，其方法希望比較其他方面較為嚴密，所得結果亦希望較為準確。

（4）開始研究棉區水利問題，但此項事業之推行，必須其他方面協助，方得進展。

（5）在天津設立棉花運銷處，接受內地農民團體委託代辦棉花運輸及銷售，其範圍視業務大小隨時酌定之。

第二年 （1）增設滄州（或其附近）棉作試驗分場一處，又增設繁種場二處，面積各約一千畝。

（2）各指導所加半收回棉種，並就地選購若干擔，全數貸出。每所本身連前共須推廣棉田二萬畝，增設助理指導員一人，五十所共推廣棉田一百萬畝。

（3）其他事業繼續辦理。

第三年 （1）增設繁種場四處，面積各約一千畝。

（2）各所加半收回棉種，並就地選購若干

擔，仍全數貸出。每所本身連前共須推廣棉田四萬畝，增設助理員二人，五十所共推廣棉田二百萬畝。

（3）其他事業繼續辦理。

第四年　以後各指導所推廣植棉，諒可深得農民信仰，大有不推自廣之趨勢，故本年僅擬將加半收回之棉種（各所至少應有三千六百擔）照舊貸出，不再增購，但加設助理指導員四人，以應需要。本年每所可推廣棉田八萬畝至十萬畝，全省共計四百萬畝至五百萬畝，其他事業均繼續辦理。

第五年　各指導所仍將增半收回之棉種貸出，並增設助理指導員八人。本年每所可推廣棉田十六萬畝至二十萬畝，全省共計八百萬畝至一千萬畝。

五、經費支出概算

（一）第一年概算

（1）會本部：50,000 元（包括總務、技術兩部職員薪金、辦公等費，連同運銷處在內）

（2）棉種：140,000 元（選購國內棉種三萬擔，每擔種價包裝運費作四元五角，共十三萬五千元。又選購國外純良棉種五百擔供各試驗場用）

（3）指導所：80,000 元（五十處，每處一千六百元）

（4）軋花設備：20,000 元（指導所五十處，每處

四百元）

（5）北平試驗總場：60,000 元（田地三萬元，房屋設備一萬元，職員薪及耕種管理費二萬元）

（6）軍糧城分場：50,000 元（土地改良一萬元，設備五千元，職員薪及耕種管理費三萬五千元，地租及灌溉費以收入抵支出不在內）

（7）定縣分場：30,000 元（地租八千元，設備四千元，職員薪及耕種管理費一萬八千元）

（8）通縣分場：10,000 元

（9）繁殖場四處：40,000 元（每處一萬元）

共計：480,000 元（各場產品收入約八萬元，淨支出四十萬元）

（二）第二年至第四年 軋花設備費無庸繼續，棉種費逐年減少，可以抵補指導所經費之增加，試驗總場購地設備費可移補設滄州分場之用，增設繁殖六處約可自給，故每年所需經費四十萬元均可足用。

（三）第五年經費因各指導所人數增多，各所需用一萬元共五十萬，連會本部及各試驗場共需支用七十五萬元，以各場產品收入十五萬元抵用後，約需支出六十萬元。

002-080103-00018-002-198a~217a

■ 1935 年 9 月 30 日

陳布雷呈蔣中正檢附傅銳譯〈日人心願中今後華北政權論第一〉和〈日人之華北經濟工作〉與〈日本無力對華資本活動〉等文

六、日人心願中今後華北政權論第一　　傅銳譯

原名〈「中國最近政治形勢之鳥瞰」——求心力與遠心力相尅關係之考察——〉，《滿洲評論》，第九卷第一號。

主筆：橘樸

摘要：說明遠心力中，雖有軍閥半封建之殘存勢力，西南分治合作之主張與共匪之西竄，而華北事件認為最深酷的、最大的遠心力，但非絕對的，祇能使華方善後處置，誠意的與既定條件不牴觸。在中國方面，除內蒙祇得放任，與軍事統制權受大限制外，其他政治的與經濟的統制權，仍大有再建之餘地。

一、

此處所謂求心力者，以聚集於南京政府國內之資本家的與統一的政治、經濟各勢力為中心，加上有利益時互相聯攜之外國勢力。所謂遠心力者：

第一、號稱軍閥之半封建的殘存勢力，此是本質的遠心力，歷史的應早晚有消滅之運命。迄今尚留存者，並非其自體之有強力，寧由對立新興資本主義勢力還於薄劣所致。

第二、割據廣西「分治合作」主義者之一團，但與鄰

近廣東政權之軍閥有所不同。

第三、共產主義者，其自身本有統一的勢力，在外國與蘇聯結托，在國內與資本主義爭勝，當然是一遠心力。

第四、與求心力相同，有利益之時與以上國內各勢力所結合之外國勢力。

本文目的，即將以上所舉各複雜之要素如何在此廣大半殖民地之中國舞臺上，互相跳躍，尤其與半年前相比較所發生之變化（指定華北事件），且其變化向何方面進行，各種問題，約略論之。

二、

過去半年，比較已達順進之「南京政權」之求心力，逢看一大蹉躓之時化，即可於去冬之紅軍西遷行動成功之事實可以證明。蓋朱毛部隊，現已與徐向前部隊在西康首都之打箭爐會合，占據形勝之地域，西可經青海、新疆與土西鐵道聯絡；東可迫成都、重慶，震駭四川全境，實予南京方面一大打擊。

三、

在此紅軍及蘇聯之遠心力迫脅之際，又於東北方面更使發生華北與察哈爾事件，更使南京政府受重大之遠心力。

華北事件使南京政府對於北方各軍閥，由多年苦心經營所得統制權，受了將近於覆滅之打擊。如此，華北五省必至復現小軍閥割據之無政府狀態。故華北事件，不得不認為最大的且深酷的遠心力。

四、

然華北之善後措置，祇與既定條件不牴觸，尚在南京政府之自由，即對於華北惟恢復軍事的統制權之自由受了限制，其他政治的與經濟的統制權，尚大有再建之餘地。

在此第一應考慮者，即是在華北代表之立場。日本不論外交機關或軍事機關，若認南京政府之態度無誠意時，對於孤立無援之華北代表者，可給予鞏固之政治的地位，經濟與金融方面亦然，例如華南銀行資本絕不能投入華北，故彼等即喪失華北之金融市場，此是較美國銀政策以上之威脅。故華北事件，實對中國給予最大遠心力的影響，然絕非絕對的，是在兩國之政治關係如何，不論何時，亦有轉向於求心力之可能性。

但察哈爾事件中，實潛有要求解放蒙古之性質。蓋因關係協定之一項內有「《塘沽協定》線之延長線與長城線之交叉點以東及以北地方，應撤退中國軍隊，而以保安隊擔任該地區內之治安維持。」（六月二十八日《大阪朝日》）

此等區域，包含河北省之懷來、慶延、赤城、龍關、獨石，與察哈爾省之沽源、多倫等各縣，對於「滿洲」國之緩衝的效果，固是主要觀點，但同時可使與蒙古民族相通。故察哈爾事件，對於南京政府實持有絕對的遠心力。

七、日人心願中今後華北政權論第二
——日本《改造雜誌》九月號，《東京朝日》東亞問題調查會主事太田宇之助原著——

摘要：華北問題已告一段落，此後華北政權建立，為最首要根本問題，但須與日、「滿」兩國地理的、政治的、經濟的特別環境相適合而可特殊設施與有比較的強度自治權。此亦不違背中國現在一定限度之犧牲外交方針。日本如是可以援助中國之統一。

華北之排日諸勢力今已除去，則此後該地凡足以妨礙日滿勢力之任何人或團體，恐未許再行存在。然則新的有力政權及繁榮能否因此而生，或與國民政府相對的獨立之地方政權是否出現。余所疑慮者，一切排日雖然取消，人影因此亦杳，欲覓得能維持華北繁榮人物，今後殊不易得。由來中國有相當中日提攜論者，但日本即稱為親日，實則中日提攜論者與親日派之意未便混同。在中日提攜論者之中，在日人視之，仍疑為排日派人物不少。然其中確有為兩國二百年計畫之當代人物。次之，在所謂親日派之中，亦不少欲藉日本一部分勢力之庇護得權勢之小人。吾人欲於此中求得適當人物，是一難事。試觀自民國以來，日本對於所謂親日派之人物一再援助，迄無有一次成功者，雖今日華北之情勢有與從來大異其趣，然大體仍得如是觀。日本諺云：「對惡強，則對善亦強。」今之情勢雖不適切，在中國真為中、日兩國共存共榮之提攜，必要有理解之有能人才，即一時排日的或有與日本方面不能一致之點，然如彼等一旦正真〔真正〕理解日本之時，一至此時，真得為兩者貢獻實力之人。由華北掃除排日之事，固為可喜之事，同時在失去人才及此後難得之困難情勢著想，適足以證明華北事件有失當之處。余之所謂人物，絕非限於已成之人物，即今後有期待的青年、有為之士。在境時華北環境之下，實不宜於此種人才產生，此固日本政治及外交家應加考慮之問題也。

自華北事件解決之後，華北大體表面上已歸平靜，然至八月四日有灤河車站劉保安隊長及日本北村補助憲兵暗殺事件發生。更是此種罪惡行為，根據中日停戰協定存在於非武裝地帶，尤有以該地域為中心之犯罪根源，即所謂鴉片之祕密賣買止盛行於該地。由此可知此後兩國糾紛事件甚易引起，斯固無待於蔣介石氏所謂藍衣社之存在也。吾人假定此後華北一帶得繼續安然無事，此無風地帶亦不限能成為中日提攜之淨土。最近日、滿方面正在研究三國經濟提攜之策，自係屬望之事。然在現時政治環境之下，中國方面果能否如日方所期待者，當是疑問。三國之提攜若限於純粹之經濟問題，而日本方面能支出大部分之資本，問題當然比較單簡〔簡單〕，然若至計畫具體化之時，無強有力之政權存在，則又易起意想外之障礙。刻華北要人一見日人，大唱中日提攜，聲雖高而乏實行力。前次當代理行政院院長孔財政部長與日本記者會見之際，引中國諺語「和氣生財」四字以譬兩國民眾情感之融和及共榮之根本真理，實則先決問題厥在雙方得指導之人，為得真實協力而確立新政權。所謂新政權者，絕非中、日、滿一部分人民所要之反對國民政府之獨立政權，如現時西南政權之地位者頗不相宜。何則為日、滿及為華北著想，眼前最所必要者為華北和平。若有反中央之政權存在，必繼續與中央政府發生緊張關係，不僅和平即將不絕受其威脅而無安定之時，更因觀乎今日中國之一般情勢尤在華北，如此地方政權之出現為不自然，不自然所發生者絕無好結果。要之，由大局觀之認為最適當者，在華北設一強度自治權之地方政權，適當的特殊設施而有比較與日、「滿」兩國地理的、政治的、經濟的特殊環境之自然要求相適合者，同時又必須與國民政府國內統一方針一致。近年國民政府之外交，常作一定限度之犧牲，而熱烈努力圖國內之統一，在情勢上有漸次增大其可能性之可能。中國之和平統一，日本認為中、日兩國恆久的利益與東亞和平大局之必要，應有予中國統一方針之好意及援助，並期待新華北政權帶有上述之性質而實現。如國民政府決定其對新華北政權之根本方針，移轉於新方針之實行而不至妨礙，則華北新人物之移來，將變為創造新華北活氣及繁榮之貢獻。因此，日本對華之態度，非改變從來日本一部分人所持之頑固的對華北意見，而為清濁混合之大方態度不可。排日行為之絕滅，自為最所屬望之事，然今日中日關係與未入秩序之中國現狀言之，排日之事任當局如何努力絕滅，非假以時日不可。又華北方面之和平及繁榮之根本，實非日本之大陸的大國的外交政策不可。

八、日人心願中之華北政權論第三

原名〈「華北」與「滿洲國」有內面不可離的親屬性〉，《國際經濟週報》第八〇三號時評

摘要：希望樹立為日人作傀儡新獨立的政權。若我國派殺身成仁之當事者，則有經濟與國際問題之困難，難達其原來之目的。

華北與滿洲國，不但地理的相鄰接，自社會的與內面的關係觀之，完全有血族的親密關係。從前滿洲，實為華北地方之殖民地與人民之謀生處，故滿洲國所有官商生活之根據，皆在河北與山東地方，不過為謀生而去者多。且山東之苦力，有每年大舉出關悠久歷史的背景，華北與滿洲國間，實有不可離內面的親密。因有此種親密之歷史的與地理的背景，故在華北非有親滿、親日的政權確立後，則滿洲國不能安全發展，所慮者是在南京政府與華北新政權之關係。若與南京政府絕緣，出現對立的華北獨自新政權，第一必須有相當強力之政治的與經濟的實力。此種有力之候補者，果在何處覓求，在日、「滿」方面必痛覺有援助此種新政權成立之責務，但同時必須有過重負擔之覺悟，且不可忽略有與南京政府親善關係之決裂與國際的責難。

故目前最所希望之善後策，是在務必要求南京政府之澈底的親日化，由其內部特派親日派之政治家，充華北之實質的支配者，並與其相當有力之獨裁權，作擔任提攜工作之對手。

呈閱

（一）日本在華北之經濟工作
（二）日本無力對華經濟活動

職傅銳謹呈

（一）日人之華北經濟工作，是謀使華北獨立之根本政策論

原名〈華北問題與南京政府〉，日本《改造》雜誌九月號，《東京日日新聞》支那課長吉岡文久原著

摘要：今日華北之經濟，尚在南京政府掌握中時，華北之南京政治勢力仍然留在。若任其自然，新樹政權，固不可能。即聯省自治，因地理、人文、經濟的條件，亦不可能。現在華北各軍閥深知底細，絕不敢有所作為，尚在南京政府懷中。關東軍現在華北，亦深知不能如在滿洲有滿鐵中心之日本政治、經濟勢力。一旦逐了上層政治勢力，得以自由造成其獨立政權，故對於華北政權之首領，不取積極行動，儘作消極的監視。最後結論今後之華北之重大問題，即華北政權之獨立問題，非在上層政治之色彩及性質問題，而在政治所依據基礎問題之經濟力，即日本向華北進出之資本力與中國在華北資本國鬥爭之結果。若日本勝，則獨立政權即可成立。若合作，則成為混雜之政權。若敗，則中國繼續抗日。

黃郛、何應欽二氏被逐於華北，國民黨支部雖已取消，此不能謂南京政府勢力被逐出也。因浙江財閥依然以天津為中心，在華北仍占有其勢力，蔣介石尚能指揮華北各將領。雖有關東軍之威力，早晚亦難除去其

勢，亦即此後華北政權產生之難題也。且同時黨部雖取消，憲兵第三團雖撤退，尚有種種不斷的可維持其勢力之理由。

華北之南京政治家已被逐，南京政治機關之一部已經撤退，然如前所言，南京之勢力依然留存於華北，故華北欲樹立一與南京政權分離之政權，顯係難事。試一觀老倫閻錫山及韓復榘、傅作義等北方軍閥之態度，已可明瞭。閻錫山一方想改善山西財政經濟，有期待於浙江財閥，故山西與上海之間已為改良金融交易事，向浙江財閥提議。一面閻氏為共同防止蘇俄赤化計，而對日本軍部陳述其事必要。果欲改善山西財政經濟，誰亦知道閻氏必須來平，使北京、天津與山西相結合。然閻氏即此目前之大利益，亦不著手者，實為避開南京政府與日本間之態度，固知可知華北一帶尚留有南京政府之勢力，即如韓復榘、傅作義輩亦只恐被蔣氏之疑惑。

目下所謂華北政權者，不外如貓頭鷹之王克敏、鮑文樾等，既可迎合南京又可迎合日本之中間的人物存在而已。此次華北事件以後，盛傳有華北自治政權、華北五省之聯省自治及華北獨立政權之出現等事，若任其置於如今日自然情勢之下，是屬不可能之事。關東軍方面固然了解此種形勢，即拉攏舊軍閥出任，因有南京政府之基礎勢力，亦無法久長。因此關東軍對華北政權之首領誰屬，未敢取積極的行動，僅作消極的監視。

所謂華北五省聯省自治者，實不過一願望，難能實現。試一顧民國以來之軍閥興亡史，北京幾為軍閥之地獄，即凡軍閥一入北京掌握政權，即招顛覆。其故何在？皆因如前述與資本家之關係思想、組織，全然無關之軍閥難可存在。然其重大原因，在當時所謂華北八省，既於地理、人文未曾相結一團，又持有不能明白分裂之宿命。此種關係現在亦毫無差異，即將來，在較遠之將來亦不易有所變化。如北美合眾國得為理想的聯省自治邦者，以合於地理的、人文的、經濟的條件。華北五省既無有如北美聯省自治之根本條件，而現在五省之人文的根蒂上，皆在南京政府勢力籠罩之下，故華北五省聯省自治集團不能實現也。

次之，論華北之獨立政權，即日本以積極的手段進行，亦有難可成立之種種條件，如滿州〔洲〕在南京勢力未侵入以前，日本已使之與滿州〔洲〕各相隔絕，並以滿鐵為中心之日本勢力，雖儘在滿鐵沿線而極具強固，張學良政權寧亦依據此處反得強固，然學良欲棄此而迎南京勢力，故日本逐了學良等之上層政治勢力，其後所成立之政權，不能任其選擇，祇得依附日本之勢力外，別無他途。故其能獨立者，因其有容易成立之要素。然在華北，以此次華北事件已使南京政治家後退，南京政府政治機關之一部撤退，然此等所依據之南京的勢力仍未有動搖。故華北之後來政權，非依據此勢力之外，殊無他途。既依據南京政府在華北勢力，何能樹立顯與南京政府相獨立之政權，在現狀之下，為樹立反南京政權困難之根本理由，此即可證明日本在華北之勢力，不能如在滿洲事變前之在滿洲者，而可與南京的勢力相比較。日本在華北所有者，以停戰協定及駐兵權……為主。在他國之政治的勢力，有武力不及經濟勢力為強之事。經濟勢力與政治勢力結合之後，始克成偉大之根深底〔蒂〕固之力。日本在華北尚無此力，故以後之華北政權不論其反南京之勢力與否，不得不仍依附於殘存的南京政府勢力，而一味來拜倒於日本武力的威脅，此是現在之華北政權。華北軍閥如閻錫山、韓復榘、萬福麟、商震等，雖努力向關東軍求好，然絕不敢積極的投身於關東軍之態度。在關東軍中非莽漢，亦不至推荐如斯狡猾之舊式軍閥收拾華北之理。華北軍閥所以出此態度者，亦如在日本武力的勢力之下，非其求保身之途。因彼等所欲利賴之勢力，是無危險的、安定的、永久的、平和的勢力。華北既無如此理想的勢力，彼等之不向南京政府加以白眼之態度，亦如反抗華北在南京政府勢力之危險在焉。

綜上觀之，日本所想像之華北五省聯盟、自治政權、獨立政權等，實無發生之可能。故今後華北之重大問題，非上層政治之色彩及性質問題，而在政權所依據之經濟基礎問題，即南京政府的勢力與日本的勢力之競爭問題，即日本經濟的進出華北程度之問題。換言之，日本在滿洲所投之資本，究竟有若干可以執華北之牛耳，與在華北之中國新興資本團（浙江財閥）勢力成為如何關係之問題。如日本資本力及經濟力在華北能逐出浙江財閥勢力，華北獨立政權瞬間亦有樹立之可能性矣。

有人以今日華北為日本之特殊地域，觀念甚是。日本國境已由鴨綠江移至萬里長城，然在華北之日本權益，經濟的、政治的勢力尚無昔日東三省之有底力，此即華北政權尚不能如日本所願而成立之原因也。

故華北政權之決定問題，是在日本由滿洲向華北經濟進出，即日本之資本力與浙江財閥在華北支配力鬥爭之結果。日本若勝，則獨立政權即可成立；若合作，則成為混雜之政權；日本若敗，則繼續抗日。

（二）日本無力對華資本活動，祇得利用滿鐵發社債一千萬以充應用之實情

日本《改造》雜誌九月號　菱田友三原著

日本對華之活動，雖於灤州事件不無發生波紋，當今皆可告無事。一時日本陸軍與外務省方面對華政策意見相背，然對上海不敬事件，外務省加緊努力以來，得以漸次消滅。至對於蔣介石氏政權如何處置之事，視蔣氏之態度，即或再起相異意見，而尖銳之情勢已經消解，因外務省已深感覺不論何事，須與軍部相談，方才進行之故。

大體今日握日本外務省之牛耳者，為以重光次官為中心之被尊稱為東亞主義派，如有吉大使、桑島主計局長、栗山條約局長、天羽情報部長等屬之。焦土外交派之勢力於今日外務省中已無留存，歐美局長似站在可笑的立場之上，即今日外務省東亞主義派之堅城，亦不能如意，實唯有資本家與軍部。根據東亞主義派之意，

對受共匪脅迫之今日中國，應澈底援助蔣介石政權，藉此恢復正常中日關係，趁英、美資本在中國被驅逐之機會，能保證英國之印度與美國之菲律賓安全，中國問題已可不生問題。

此外與重臣意願相同之出淵、永井、吉田等大使組，主張日本應與英、美等堅結三角關係以確保世界和平。廣田固手執上述二派政策之外相也。

惟困難之事，殊為因此而使軍部及外務省之對華活動，未為東京、大阪資本家所贊同。即平日對華資本進出甚努力之資本家，亦已受痛苦袖手不前。但關西資本家所望於對華資本進出者，在於發展對華之商品，東京者在於想收回過去對華舊借款。一言蔽之，今日再對中國之進出實覺困難者，東西資本團心腹內之真情，即開發華北資源資本團，亦意外之意氣消沉，祇得利用滿鐵發社債，充作正在計劃中興中公司之資本金一千萬圓，亦不過先從鐵道及棉花二項著手之，則日本對華經濟活動雖雄心勃勃而力不足之實情，於此可見矣。

002-080103-00001-004

■ 1935 年 10 月 3 日

楊杰熊斌電蔣中正據蕭叔宣稱日軍部態度強硬恐華北有損請由華北方面與日方軍部多取聯絡等文電日報表

來電號次：9264

姓名或機關：楊杰、熊斌

地址：南京

來電日期：覺

來電摘要：

頃據駐日武官蕭叔宣陷電稱：岡村部長（參部第二部長）十月十日赴華視察，經臺灣返日，本日與其交換意見，據云：

（一）黨部存在，無法親善。

（二）經濟協會委員由政府任命，非民間組織，與中日經濟提攜主旨不符，表示反對。

（三）岡村與外務省守島預算赴華視察而已，談不到與議。

（四）雖與廣田會談，但無結果。

（五）新疆將為外蒙之續，最為注重，故防止赤化事，可以與議。

（六）攫取華北，絕無其事。

等語。查軍部態度仍極強硬，雖不攫取華北，而重大損失恐速不免。其發動仍為關東軍，中央部則在某程度止，予以默認。其發動期在五中全會以後，以職判斷至明春止，須預防，因其發動在關東軍方面，此間不易詳悉，請由華北方面與日方軍部多取聯絡等語，除另抄轉汪兼部長外，謹電奉聞。

擬辦：

擬覆悉。

002-080200-00458-166

■ 1935 年 10 月 4 日

何應欽電蔣中正轉報日方最近對於華北陰謀之要點五項

24 10 4

南京

9331

急。成都委員長蔣：

〇密。極秘。某新由平、察、綏歸來，據談從商、宋、蕭、秦口中獲知日方最近對於華北之陰謀，其要點如下：（一）日方以鈞座對日仍採二重政策，故對鈞座不諒解。（二）因此日方擬在華北組織新政權，但其方式、內容尚未知定。（三）此種組織預定於本年十一月內實現（首要在使華北經濟獨立，脫離中央）。（四）多田發表對華基礎觀念，小冊子本為多田起草，聞其原稿措詞比較和平，嗣經東京軍部修改始行發布，但原意僅係發給日本軍人作為宣傳參考之用，而日本記者遽以公諸報紙，實非軍部本意，惟不能謂軍部不知耳。

（五）華北新政權之組織第一即肅清中央官吏（似指海關、鹽務機關而言），又聞此次土肥原赴張家口，曾語紹文、仙閣謂華北各省如有辦法脫離中央固好，否則日本辦法甚多等語，謹聞。

職應欽。支申秘印。

002-080200-00254-005-002a~003a

■ 1935 年 10 月 7 日

調查統計局電蔣中正日對全國運動會之搗亂計畫及日向閻錫山提議派兵剿共促組織華北國等文電日報表

來電號次：9780

姓名或機關：調查統計局

地址：南京

來電日期：虞（未）

來電摘要：

（一）日方對全國運動會預定搗亂計畫：

1. 全會若有東北四省選手代表參加，日人即出而干涉阻止開會。

2. 全會若有國際選手代表參加表演或比賽，日人即派偽滿代表參加（一處上海訊）。

（二）關東軍高岡參謀永澤日前來平，向閻提議：

1. 日派兵兩師團，由晉、綏密赴陝北剿共。

2. 促閻領銜通電脫離中央，組織華北國（一處石家莊訊）。

（三）鄭州日領館，即將恢復新任鄭州日領佐佐木高義及警署長平山勇冬日到漢，當電鄭州領館華人保管員羅發森，從速赴漢，面詢鄭州近狀，該領二、三日赴鄭（二處漢口訊）。

擬辦：

擬存。

批示：

存。培德代十・廿一。

002-080200-00458-249

■ 1935 年 10 月 7 日

何應欽電蔣中正據唐有壬言日正積極進行華北政權獨立運動及東京急激派氣燄增加等文電日報表

來電號次：9996

姓名或機關：何應欽

地址：南京

來電日期：虞（酉祕）

來電摘要：

頃有壬來談，謂華北問題表面上雖告一段落，而實際日方正積極進行，其初彼方以為我方經此創痛，必能事事就其範圍，政委會亦必可事事代表中央，與彼方接洽一切，而因聯航問題之決裂，及政委會之依然無力，而至於撤消，彼方認為我方一意規避對於華北有關之問題，與中央即國民黨已無商談之餘地，因之遂積極進行華北政權獨立運動，派人與合肥接洽，經合肥拒絕，乃謀擁立曹錕，或於閻、韓二人之中擇一為之，惟聞似皆不願。上月在東京方面，統制運動表面雖告成功，而因永田被刺、林陸相下臺，急激派之氣焰暗中有增無已，益以義阿風雲更予以刺激興奮，聞岡村、坂〔板〕垣、多田、磯谷四人將在天津祕密會商。壬昨晨送達銓〔詮〕等晤磯谷於上海丸，渠謂壬相違久矣，豈真無話可談乎？壬以他語亂之，聞其即於是日下午赴津。似此情形，恐不久華北又將發生變化。

擬辦：

擬存。

002-080200-00458-252

■ 1935 年 10 月 9 日

楊永泰電蔣中正據商震抵津後觀察舊直系與日人接近企圖組織華北五省自治政府及石友三川島芳子等聯絡浪人謀破壞交通恣意暴動及西南方面有代表來津接洽希聯合推倒現中央政府等

24 年 10 月 10 日

自成都發

號次：10

即到。西安、洛陽委員長蔣鈞鑒：

〇。頃接天津商主席齊、酉亥兩電稱：「（1）震抵津後連日觀察，各方情形極為複雜，茲謹分析如下：一、舊直系軍人、政客勾結在滿之劉夢庚，以與日人接近，企圖利用時機擁曹、吳組織華北五省自治政府。二、石友三及川島芳子等四處聯絡浪人、土匪，以謀破壞交通，恣意暴動。三、西南方面有代表陳仲孚、任源道專來津與各方接洽，希望南北聯合一致，以推倒現中央政府及最高軍事領袖。四、明軒本人態度尚穩，惟其部下二、三人極欲乘時活動，且向日人自告奮勇，以圖攫取中央機關截留稅款，再與安福分子近來奔走各方，亦頗活動。五、日人方面，高橋主張華北不必脫離中央，然必使成為親日地帶；酒井方在病中，其態度近較和緩，意見亦與高橋相近。惟坂〔板〕垣來津後，近日召開會議，極為祕密。震昨與晤談，其口氣與多田類似，對我中央及軍事領袖頗表不滿，並顧慮共黨猖獗，希望華北各省自成團體，與日共同防共，惟尚無具體辦法。綜上各項，日人確欲乘此意、亞開戰期間對華北有所策動，惟方法似正在研究中。至其他方面，如直系等乘機謀亂，實力微薄，尚無關重要。不過明軒部下數人行動不檢，不無可慮耳。震除隨時向明軒誠懇協商應付方法外，務迅示方針，以便遵行。（2）今晨德駐津總領事貝斯來談，據其所聞較確消息，多田發表之小冊子，東京方面完全同意，決對華北五省造成一特殊局面，方法及人選正在研究中。津日駐屯軍部中井參謀頃來晤談，據所表示亦與貝斯略同，惟對華北組織作何方式似尚未確定，而磯谷、岡村、坂〔板〕垣、多田等均至多二、三日預定在大連會議云，外務省亦派守島課長同時在上海召集領事會議，傳遞政府意旨。似此日人紛紛活動，其欲乘此時機改變華北局面，殆無異議。震謬承重寄，際此危局，惟有勉力支持，以圖報稱。彼方果以職權以外之事相脅迫，定即嚴予拒絕。不過華北現狀僅於延宕狀態中，希冀維持，事實必不可能。竊意與其坐待彼方發動，我處處陷於被動地位，似不如早定方針，相機作切實之交涉，或吃虧較小。至此項方針關係極巨，仍乞統籌兼顧，預以見示，俾便遵循」等語，特轉陳。對商應如何指示方針，及應如何相機作切實之交涉？敬請逕行復商為禱。

職楊永泰叩。佳亥蓉印。

002-090200-00016-117

■ 1935 年 10 月 10 日

袁良電蔣中正日方醞釀在華北地方恢復十三年國會以王揖唐為議長選曹錕為總統另仍由華北當局成立五省聯合自治並由石友三劉桂堂組織華北護國軍擾亂平津

24 年 10 月 10 日

自北平發

號次：9771

成都探呈蔣委員長鈞鑒：

卂密。日來天津方面謠言有二說：一恢復十三年國會，以王揖唐為議長，選曹錕為總統。已由某方先付數十萬為活動費，偽政府成立後貸款一千萬，並由日、滿首先承認；二仍由華北五省當局成立五省聯合自治。此種消息似因日方已定對華國策而醞釀甚亟，石友三、劉桂堂等組織華北護國軍圖擾平津，以達到混亂，為轉移政權之過程。謹此奉報，乞參考注意。

袁良叩。灰印。

002-090200-00019-038

■ 1935 年 10 月 11 日

何應欽電蔣中正接商震電稱與多田駿等晤談中日應共同防共並截留中央在華北稅款以充防共費用等五點意見究竟如何須俟大連會議後決定

24 年 10 月 11 日

自南京發

號次：10002

即到。洛陽委員長蔣：

渤密。極密。頃接啟予兄蒸酉電稱：「震昨與多田晤談，其意見亦與板垣類似，約分數項如下：『（1）中、日兩國亟應共同防共，惟以中央政府之不能合作，故必先使華北各省自治，俾得與彼方共同進行，並截留中央在華北稅款以充防共費用。（2）我國軍事領袖如能放棄以往黨的主張，彼方亦可相與合作，否則絕對不能接近。（3）晉閻之土地國有主張，彼方極為反對，認為係與共產黨聯合。（4）華北各省自治應如何產生，彼方仍希望各省聯合研究。（5）渠一、二日內赴大連開會，於本月十五日返津』各等語。按多田對此問題公開談話，毫無避忌，則彼方決心策動似已無疑。震當時以種種理由反駁，渠亦頗能動聽。惟究竟如何？須俟大連會議後始能決定」等語，謹聞。

職應欽。真申秘印。

002-090200-00017-034

■ 1935 年 10 月 11 日

何應欽電蔣中正日本鼓動內蒙獨立並大力宣傳推動華北五省自治係中國已採聯俄聯共政策及大連會議決定擬由華北五省共組防共委員會等

24 10 11

南京

4624

洛陽委員長蔣：

○密。極秘。頃接啟予兄蒸亥電：「（1）日方現正鼓動內蒙，欲造成一獨立國，定國名為大元。（2）日方宣傳此次欲華北五省自治之原因，係為我軍事領袖已採聯俄聯共政策，於本年七月一日與俄訂立一西北協定。今日各反動報紙均登載，共有六條，並謂晉閻之土地國有主張，即係迎合此意。（3）有人謂此次大連會議，擬由華北五省共組一防共委員會，指揮各省市，並截留中央稅款，發行建設公債，以備修築由綏遠、包頭穿過晉、陝至四川之鐵道。（4）多田、板垣對華北自治之主張，係代表關東軍及駐屯軍之意見，至其國內當局是否全部贊成，尚不可知。以上四項，均係由日人方面得來消息」等語。

職應欽。真申秘二印。

002-080200-00256-002-002a~003a

■ 1935 年 10 月 12 日

北平軍分會電蔣中正等關東軍代表長嶺偕奉天特務機關職員佐佐木等十月一日抵津後動向等情

武昌委員長行營、南京軍事委員會、行政院、參謀本部：

據密報：（1）關東軍代表長嶺偕奉天特務機關職員佐佐木等十月一日抵津。（2）長嶺代表多田司令官、川越領事、池上憲兵隊長並各重要參謀官等於三日晚在海光寺會議，討論事項如下：①禁止各雜色司令旅長等在租界內活動，並逐出租界，此事著池上憲兵隊長全權處理。②已有組織之各部並確有成績者，應酌予補助，由日軍部不時派員抽查有無不法行動。③凡藉日人勢力所集成之一切不合法組織團體一律清除，以整頓租界秩序。④關於侵略華北以不顯露日本暴力為原則，遵照政府訓令行之。（3）長嶺於四日夜間召集反動首領白堅武、劉桂堂、石友三、郝鵬、鄭燕侯等訓示，略謂希望各實力派努力互相團結，誠意與日、「滿」親善，嚴整頓所部，不可虛報人數，務求實在力量之充實，待機而動，日方絕盡力助爾等成功。（4）各反動分子現正在準備一切暴動實力，待機起事，聞有在雙十節發動之消息。（5）石友三在承德組有華北軍團部，因其行動多逾越日方所指範圍之外，致遭不滿，將被驅逐出境。（6）中華國社民眾黨在華北甚為活躍，茲覓得該社入黨志願書一紙，藉供參考等情。謹聞。

軍事委員會北平分會。文令總。

李雲漢，《抗戰前華北政局史料》，頁333。

■ 1935 年 10 月 12 日

何應欽電蔣中正在野軍閥政客醞釀改造華北政局重現五色旗及民主同盟會擬在天津市須磨街義德里舉行示威運動等文電日報表等二則

來電號次：10025

姓名或機關：何應欽

地址：南京

來電日期：文

來電摘要：

據報：（一）在野軍閥政客，如孫傳芳、齊燮元及馮之代表劉某等在津與反動勢力派聯合，並與某方交換意見，醞釀改造華北政局。刻已商得具體辦法，使五色國旗重現於華北，近更在曹錕公館祕密研究事變計畫，由民主同盟會員王揖唐、沈同午、曹汝霖等專向某方接洽。（二）民主同盟會現在須磨街義德里辦事處製造五色國旗數千付，分送戰區各縣懸掛，並舉行示威運動，此種運動聞擬在某方對華會議後實行。

擬辦：

擬覆悉。

批示：

如擬。　　培德代。十・廿一。

002-080200-00458-257

■ 1935 年 10 月 12 日

商震電蔣中正日方極肆抨擊抗日反滿策動機關可由何應欽以整理改組軍分會名義北旋主持以安華北等意見

24 年 10 月 13 日

自天津發

號次：10048

即到。成都、開封委員長蔣鈞鑒：

菱密。真亥機電計達。極密。吳達銓〔詮〕昨由東京致《大公報》張季鸞灰電稱：「此間閣議，目前並不主張多事，已分派人員向關東軍及駐華文武傳達旨諭，並徵詢意見，當不致遽有行動」等語。按此推測，彼方國內意見似不積極，則大連會議或不至遽有激烈策動。惟彼方在華軍人常不受國內指揮，類如華北事件即係彼輩自由造成，故此次演變如何，仍堪顧慮。最好乘此時機，我自動籌定辦法。愚見以為，日本近來對於軍分會指為係抗日反滿策動機關，極肆抨擊，可否即由何部長以整理或改組軍分會為名，即日北旋主持一切。如彼方以後對我緩和，則一切自無問題。縱使迫華北五省自治，亦以何部長領導應付較為妥當。蓋無論未來變化如何，我內部總期趨於一致，且免形勢緊張之際，而有行動困難之慮也。是否有當，仍祈鈞裁為禱。

商震叩。文亥印。

002-090200-00017-054

■ 1935 年 10 月 15 日

劉峙電蔣中正日本極力提倡華北聯省自治主張由曹錕主政並派板垣征四郎與商震接洽但被其拒絕等情

24 10 15

開封

4667

南京委員長蔣：

漫密。頃商主席啟予派員到汴，據稱：「現日人極力提倡華北聯省自治，主張推倒委座，推出曹錕主政，並曾兩次派板垣與啟予接洽，要求贊成。啟予當鑒以中國赤匪尚極囂張，行將打通國際路線，如一旦委座下野，不惟剿匪無負責之人，即委座指揮下之數百萬大軍亦將頓失統帥，領導無人。自由行動，勢必兵匪連結，與蘇俄打成一片，擾亂東亞大局，與日本未必有利。即聯省自治脫離中央，亦因華北國稅多有對外借款關係，恐引起各國干涉，故啟予不敢苟同。此後日人亦未再與啟予接談，但關於宋明軒、韓向方、閻百川等均有接洽。宋個人尚有國患意識，而其所屬如秦德純、蕭振瀛、陳覺生等則力主與日人合作。韓為保全個人地位，深恐自治成功於己不利，故極力與閻聯絡，增己聲援。閻意在毀黨，反對委座，惟不欲親自出面，似欲得一中央名義，以便私圖。因此，日人方面現正忙於會議，不久似將有所動作。至兩廣方面，現亦派有陳、方兩人在平津接洽，彼等意在擁胡，北方諸人並不重視。啟予之意，擬不待日人動作，我國應先有辦法，即：（1）促何部長迅速北上，改組軍分會。（2）利用閻或韓給予名義，令改造華北局面，未知是否可行，請代呈委座核奪，並乞委座指示啟予應付辦法，以資遵循。刻啟予擬先將所部集結於雄縣、保定一帶，萬一無支持，則移至石（家）莊、順德，最後則移至豫北，總以始終追隨委座，絕不辜負黨國」等語。謹聞。

職劉峙呈。刪戌印。

002-080200-00256-043-003a~005a

■ 1935 年 10 月 15 日

商震電蔣中正日本於大連會議決定排除國民政府對日一面交涉一面抵抗態度並在華北實現經濟特殊地帶等

24 10 16

天津

4696

限即刻到。南京委員長蔣鈞鑒：

謹密。今日日人方面消息，大連會議討論結果，僉以國民政府為已受日本及其他各國承認之政府，故第一目的置重於國民政府，對於政府親日政策中所隱含之一面交涉、一面抵抗之態度，須澈底與以排除，以圖真正之中日提攜。一方面在華北依據《塘沽協定》及其他中日協定，使其實現為中日經濟提攜之特殊地帶，要求我政府除去現在華北一切不安分子之存在，若不應許此種要求，則再使華北置於脫離中央之新情勢下，即係撤退中央軍以外，並斷絕財政關係，以造成華北新形勢為第二目標云云。謹聞。

商震叩。刪亥印。

002-080200-00256-038-002a

■ 1935 年 10 月 16 日

商震電蔣中正已知日方仍有鼓動華北另謀組織企圖及大連會議情形

號次：4700

姓名或機關名：商震

來處：天津

銑午電

10 月 17 日到 10 月 17 日送出

摘要：

今晨晤多田，所談大連會議情形如下：「（1）各武官均希望中、日共同防赤，及救濟華北民眾。（2）蓋赤匪由川而甘而陝，若至晉，則華北即難收拾。（3）欲經濟提攜，必先改善華北政治組織。至應如何改善，在華北有實力者自動聯合籌劃，俾速達到目的。（4）華北收入，希望留用於華北。（5）此種辦法，並非使華北違抗中央，而係共同防赤，倘中央不諒解，而以武力制裁，日本即不能坐視。（6）希望冀省府嚴辦華北藍衣社等不安分子」各等語。綜合談話情形，似仍有鼓動華北實力者，另謀組織之企圖。祈鈞座加以注意，並謀應付。又據多田云：「岡村今晚赴滬召集各處武官開會」云云，謹以併聞。

銑機　銑午電□

甚〇。巧機□。

復悉。

002-070100-00042-021

■ 1935 年 10 月 25 日

北平軍分會電外交部報告香河事件情形

南京外交部勛鑒：

敬電奉悉。（〇密）。謹將香河事件情形電陳如下：（1）據香河縣長趙鐘璞馬電稱：本縣巨紳武某集眾千餘，內有日人特務勝見、福田霞等四人從中指揮，藉口反對隨糧附加，希圖占據縣城。縣長得報，嚴行武備。本日暴民等擁至東溯，見有準備，即派代表入城提出推翻現有制度、罷免所有官吏等多條，並迫縣長獻出縣城。縣長守土有責，嚴詞拒絕。該暴民由日人領導意圖攻城，經飭警擊退，現仍盤踞城外，勾結匪徒，背景複雜，情勢異常嚴重。（2）保安第一總隊長張慶餘養代電稱：香河事變，當即派員前往調查，（同時駐平日軍第二中隊步兵中尉大木寬次帶載重汽車二輛、日憲兵廿餘名亦赴香河調查。）即晤縣府俞科長，據云，（事變起因與情形，大致與趙縣長馬電同。）惟民眾傷四名，代表曹桂芸等三名被縣府扣留。旋由日憲兵提詢，曹云願與日本經濟合作，辦理地方自治。縣府令每畝加捐一角七分一厘，今歲年景不佳，無力繳納，請減地畝加捐，以免民眾痛苦，並反對土地公有等語。日憲兵隊遂協同曹等出見民眾，見雜有日人四名，略詞後，即由日憲兵將武宜亭、曹某並日人二名一同帶赴北平，其餘二日人當隨民眾內。詢及該日人之來歷，據武宜亭稱係由天津來香河與我辦理經濟合作事宜，正在接洽中等語。

現縣長已不知去向，公安局長被監視。（3）商主席漾電稱：香河事件已飭殷專員查明辦理，並令保安第一總隊隊長張慶餘派一大隊馳往，會同縣長將集眾和平解散。（4）保安第一總隊長張慶餘敬午電稱：我第五中隊已到達香河，縣府人員走避一空，只有前祕書錫仁一人接見。現民眾提出：1. 要求實行自治。2. 反對附加捐稅。3. 由民選官吏云云。至日憲兵入城，因事前接專署電話謂調查有無日人參加，令歡迎入城，而民眾亦即隨入，由武宜亭招集民眾三百餘人在縣府開自治大會。觀其情形，表面上係因農村破產，不勝重賦，實際上似有重大背景，並印有傳單及對華基礎的觀念。省府參議劉耀東養午到香河，尚未接篆。又敬未電稱，據派赴香河之保安第五中隊長丁行坦敬早電話報告：梗廿三夜十時，有某國人槍擊劉縣長隨從，同時將劉縣長留於公安局內，並迫令職即刻率隊離去香河，因恐惹出外交，故即率隊回防各等情。特復。

北平軍分會。有（廿五）令戰印。

李雲漢，《抗戰前華北政局史料》，頁566-568。

■ 1935 年 10 月 26 日

外交部駐平特派員程錫庚電外交部報告「香河事件」情形

南京外交部部、次長鈞鑒：

密。河北省香河縣民變，事屬內政範圍，本無外交意味。但《塘沽協定》所規定之撤兵線經過香河，該縣縣城是否在所謂「非戰區」以內，本處無案可稽，多方調查，亦俱真相不明。本月二十一日民變後，駐平日憲兵隊，派人往香河調查，據稱有日人數名在城內，當經常回送津。惟據本處密查，二十三日晚河北省政府參議劉耀東進城，與現在城內維持治安之人員進膳時，有日人在座，膳後劉參議被拘。開往該縣之三十二軍，因城內人員謂軍隊開至附近，不能談判，遂又撤回。現該縣城門關閉，非得城內負責人之允許，行人、車輛不能出入。民眾請願，占據縣城，本可就地解決，惟河北省處現有環境之下，各縣久感不安，據有發生事變之可能，香河事變如不迅速解決，則其他各縣難免不為響應，尤恐牽動外交，故事態愈趨嚴重。除由本處軍分會、河北省政府隨時接洽外，謹將香河縣事變時所發傳單二件抄呈鈞閱，統祈鑒核示遵。

錫庚印。寢印。

李雲漢，《抗戰前華北政局史料》，頁568。

■ 1935 年 10 月 26 日

商震呈報香河事件情形

密。香河民變經飭廳派員往查，據電報稱，該縣暴動由縣民武宜亭主持，其民選縣長安厚齋已到縣，委定科員、公安局長實行辦公，警團被脅叛附，沿街布崗，情勢洶洶，省委新縣長劉耀東漾廿三晚被毆押等情。並據保安隊長張慶餘電，以轉據派赴香河之五中隊長在三河屬黃莊電話報稱，梗廿三夜十時有某國人擊劉縣長隨從，同時將劉羈留公安局內，並迫令職即刻率隊離去香河，職恐惹出外交，故即率隊回防等語。報告前來，綜查各方先後報告，事前由暴徒散放各種傳單，或藉口隨糧附征，實行反對抗拒；或倡言自決自救，預防土地公有；更或主張罷免，另舉官吏及開設民生錢行辦法，光怪陸離，荒誕不經。其步驟係先以危詞聳聽，聚合民眾，繼以挾眾恃強，驅逐官吏，終則倒行逆施，便利私圖，並行勾結外人，企作護符後盾，自必與白堅之同盟軍暗相策應，情形極為複雜，事態日趨險惡，勢非酌調軍隊前往，端恐冥資鎮攝，滋蔓難圖。而格於停戰協定，復慮或生阻礙，現惟速行設法商得外交諒解，以謀釜底抽薪，至相當時期再行遣隊赴縣相機處理，以期早日就範。而況益形擴大，正電陳間，復據武清縣敬電報告，迭有日人時勝見率香河人民六人到河西塢詢問縣境有無駐軍及民眾請願情事，日人島崎毅、林昌清、東山明三人到縣，據稱日軍將來縣演習，日人關東軍司令部囑託愛澤誠一名至縣詢及有無民眾運動。又日人海正躲茲敬姓二名乘汽車由津到縣，少留旋即馳去等語到府。當已電飭該縣嚴密防範，並通飭附近戰區各縣一體切實注意，除嗣後詳情容另續陳外，謹特一併陳明，伏乞鑒核示遵。

李雲漢，《抗戰前華北政局史料》，頁569-570。

■ 1935 年 10 月 26 日

商震電蔣中正日方預備迫使我方承認華北自治並扣留中央稅款主持者為多田駿及大迫通貞又殷汝耕與日方暗中勾結意在藉以要求擴大戰區增厚勢力擬與多田商談後再籌根本解決

24 年 10 月 27 日

自天津發（有線）

號次：5066

南京委員長蔣鈞鑒：

有亥機電計達。蒆密。極秘。震抵津後，觀察情形並綜合各方密報，究其癥結，厥有二因：（1）日方此次策動目的，即係預備迫使我方承認華北自治，並扣留中央稅款，其主持者為多田駿及大迫通貞。在酒井隆及駐屯軍部各參謀之意，並不贊同此種做法。酒井因病已於今早返國。（2）殷專員汝耕聞與彼方暗中勾結，意在藉此要求擴大戰區，增厚勢力。殷現已祕密赴滿，尚未返津。但因背景關係，亦不便圖之過急，故擬與多田作數次之商談後，再籌根本解決也。謹聞。

商震叩。宥亥機印。

002-090200-00019-019

■ 1935 年 10 月 27 日

商震電蔣中正天津日軍謂中國抗日用意與行為明顯擬使華北脫離中央聯合自治截留稅款共同防共向中國採敵對態度請籌定應付方針

24 10 28

天津

5086

特急。京委員長蔣鈞鑒：

謹密。極密。昨晚美國記者談云，據津日本駐屯軍部參謀石井談稱：「（1）中國最高軍事當局確已實行聯俄容共，其目的係使共黨由西北入晉，以制日本。（2）中國國民黨及藍衣社人員近在華北活動益力，實違背當時何部長與梅津之協定，所謂『二重政策』愈形積極。（3）此次李滋羅斯來華，聞中國當局曾與之接洽，以全國鐵道為擔保作伍萬萬元至八萬萬元之借款，成立後即以關鹽擔保借款先例，設置稽核處以為監督。基於以上種種，是中國方面抗日用意及行為已屬顯著。彼方為應付起見，不能坐視，第一步擬先使華北五省脫離中央，聯合自治，並截留稅款，作共同防共之用；第二步即向中國政府及軍事當局實行敵對，誓不並立。在六中全會時，彼方將有一種要求向中央提出」等語。當時美記者將筆錄談話請石井覆閱，該石井公然加以簽字。按此情形，再證以近來多田、大迫等之談話，亦大都類此，則彼最近又欲有所策動，似無疑義，尚祈鈞座籌定應付方針，預為指示，是所至禱。

商震叩。沁亥機印。

002-080103-00001-005-002a~003a

■ 1935 年 10 月 28 日

商震等呈蔣中正華北局勢及日方陰謀策動

照抄天津來密報：

土肥原僱便衣民眾六千人，原定養（二十二日）晨在津市商會集合，赴市府請願實行自治。號（二十日）夜，經程克、劉玉書與多田交涉，臨時制止。馬晨，僅十數人到商會報到，途中被警察驅散，市區戒備甚嚴，秩序安定。殷汝耕聘日浪人十二人任戰區各縣顧問，將來增至廿人。土肥原與蕭甚消極。北方輿論對蕭、殷如此妄為而中央不加懲辦，均表失望。

照抄北平來密報：

蕭自日前召集報界宣布時局經過，並痛詆中央後，效日復邀各大學校院長等宴會報告三點：一、謂宋長城抗日有功之人，不接濟不援助，反將其免職。二、日捕華人之在名單者約百餘人，經其說項後可停止。三、備述外交經過並中央不負責，經六十餘次電報哀求，仍一味不理，並始終令其苦撐。現日方壓迫益亟，惟有自主自治乃能苟全云云。胡適、梅貽琦起立相繼痛斥，傅斯年更指摘備至，謂其為叛臣賊子。蕭大窘急，雷繼尚慮起衝突，乃起而辯護，仍歸咎蔣公，一場風波始得過去。謹聞。

祕密情報　天津來：

（一）日方逼宋限三日返平，宋決留津。（二）戰區殷汝耕宣言戰區自治獨立。（三）深夜十一時許，公安局接報告謂日界藏有六、七百人，各領有與警察服裝相同之衣帽一身將暴動，公安局除密令所屬深夜出動時，臨時一體改變裝束外，並嚴重戒備，一夜平安渡過。今午華界發現普安協會發散之擁護自治傳單，並貼標語，警察並干涉。（四）土肥原利用中華民主同盟會名義電東京，請停止與政府交涉。

002-080103-00010-003-009a~011a

■ 1935 年 10 月 29 日

商震呈報香河事件推測似確有日方背景

密。今晨七時據香河電話報告，該縣事變雖稍平息，惟因有日本浪人數名居中攪亂，昨日午後十時竟與省府派往澈查之參議劉耀東跟隨人等發生衝突，開槍轟擊，並將劉參議架往暴民占據之公安局拘押，而通州派往之特警亦被該日本浪人迫令退出城外，故形勢仍甚嚴重等情。震當即酌調部隊前往彈壓，正辦理間，適日本使館武官晴氣慶胤、小尾哲三等來晤，堅請對於香河之事不必調派部隊，以免發生兵事誤會云云，按此推測，似香河之事確依日方作背景，除俟高橋武官今晚返平即與交涉辦理外，謹先電聞。

李雲漢，《抗戰前華北政局史料》，頁575。

■ 1935 年 11 月

外交部致有吉明大使轉電日本政府制止日軍人擬醞釀華北自治運動之非法行為

致日本有吉大使照會

為照會事。查中國政府對於北方情勢久在熟慮之中，輒欲本友好之精神，就外交正軌謀妥善之解決。近以少數不良分子受三數日本軍人之策動，假借民意，有所謂「華北自治運動」之醞釀，中國政府深恐因此引起嚴重之局勢，曾迭經本部將上述旨趣向貴大使館懇切說明，希望由中、日兩方各加裁抑，俾免華北情形更臻險惡，中日關係再趨逆轉，則兩國間一切待決問題不難順利進行。乃最近迭接報告，本月廿一日，天津日本駐屯軍參謀中井向我河北省當局催逼參加自治運動；又本月廿四日，天津有所謂請願團者自日租界出動，由日人參加及指揮，尤以日本現役軍官土肥原少將更奔走平津，公然策動各等情。查所謂「自治運動」，乃出於少數不良分子勾結三數日本軍人之所為，絕非華北人民之公意。證以北平教育界之宣言，早為全中國人民所深惡痛絕。此種不法行為，足以破壞中國統一，危及中國領土主權，中國政府與人民絕難容忍，固不待言。而事態演變所及，將使中、日兩國之間隔閡更深，危及東亞和平，其結果恐亦無所利於日本。且此等策動之不良分子久為人民所共棄，一旦奸謀得逞，則人民痛苦不知將伊于胡底。乃三數日本軍人竟違情背理，從中誘脅，其為促成內亂，破壞國交，彰彰昭甚。茲特提出抗議，應請迅即轉電貴國政府，力持正義，對於此等日本軍人之非法行為，立予嚴切制止，並飭令土肥原等即日離境，以遏亂源。中日邦交、東亞和平，同深利賴。現中國政府以最人之決心，對中、日兩國關係之全面正謀根本的好轉，對於北方局面亦同時作有效之處理，尤望貴國政府本互助之精神，解除一切障礙之根源，俾得迅速解決。相應照會，即希查照辦理，見復為荷。須至照會者。

002-020200-00025-097

■ 1935 年 11 月 3 日

唐有壬與須磨祕書談話紀錄

時間：民國廿四年十一月三日下午四時〇分

地點：本部

事由：華北情形

須磨：本人此次赴平、津一行，有二事為閣下報告，但絕非干涉內政，特作為本人視聽所得之意見對閣下一談。第一、華北之機構過於複雜，惟其複雜而欠單純，故遇事無明確負責機關，彼此意見亦不易於疏通。此次華北我方之抗議事項，即純因此機構複雜所致，否則抗議事項數月以來，早應肅清糾正，而絕無庸此次舊話重提。我方希望貴方或將華北問題全部歸中央辦理，或另派大員負責辦理，如此有裨於華北政局必非淺鮮。

唐次長：中央亦甚注意華北行政機關，且亦有意使之更趨於單純，如撤消北平政務委員會，即其一例。不過貴方意見過於複雜紛紜，遇事橫生異議，我方反不易有所措施，即如何部長本為軍分會代委員長，中央欲其北上負責，但日方對此亦有意見表示，故其本人頗為不滿而不欲前往，倘仍如此下去，任何人均不願到華北去。即如本人，如中央讓本人赴華北去，本人亦絕不願前往。故甚希望貴方勿多發類似雜音的意見，讓我方得以從容妥為處置。

須磨：其次關於華北之財政，實嫌所養中央機關太多，地方負擔太重，致地方應辦之建設卻無力舉辦，似應改善。

唐次長：財政情形，係本一定系統，即中央有中央之收入，地方有地方之財源，二者各不相混。如關稅、鹽稅、印花菸酒稅以及統稅為中央之收入，其餘田賦、房稅、屠宰等則為地方收入，各省系統均屬一致，而不容紊亂。倘地方財政困難，由中央酌予補助，但亦係由整個國庫補助之，而非撥讓某一種稅收與地方。反是，地方如有存餘，亦應呈解中央，此之呈解亦係由省庫統解，而非單解某一種稅收也。

須磨：但兩市政府係中央機關，似應由中央開支。

唐次長：市政府之財政係獨立的，有其獨立之財源。

須磨：河北地方仍須供給張學良、于學忠等款項，又保安隊亦係中央機關，似不應由地方負擔其經費。

唐次長：關於供給張、于等款項事，本人毫無所聞。至保安隊地方機關，自應由地方負擔。至於整理地方之財政，中央夙所注意，河北財政，中央亦在謀其整理，惟此絕非以其為華北地方之故，乃中央整個的方針。聞商主席對此，亦在銳意整頓中，但此純為我國內政問題，本人與足下談及此事，亦完全係以個人資格而言也。

須磨：甚冀中央對此事予以十分注意。

《中日外交史料叢編》第五編《日本製造偽組織與國聯的制裁侵略》，頁352-354。

■ 1935年11月9日

外交部致日本照會抗議日本憲兵特務隊在南市會賓樓將天津商會委員年光堯捕去等情

為照會事，據確實報告，上月廿二日晚天津日本憲兵特務隊，在南市會賓樓將天津商會委員年光堯捕去，迄今尚未釋放；又是月廿八日下午八時，天津日本憲兵多人帶領翻譯一名，乘汽車三輛，突至天津新聞檢查所，將所員王一凡等六人帶去，廿九日晚始釋回；又天津市政府社會局主任李銘於十月卅日下午在天津被日警捕送日本憲兵司令部，迄未釋放等情。查此等在中國領土逮捕中國官民之舉動，實屬侵犯我國主權，違反國際公法，殊難容認，茲特提出嚴重抗議，照會貴大使查照，請即轉飭將李銘、年光堯立即釋回；對於不法官兵嚴切告誡，予以有效之制止，嗣後不得再有此類舉動，並希見復為荷。須至照會者。

《中日外交史料叢編》第五編《日本製造偽組織與國聯的制裁侵略》，頁392。

■ 1935年11月9日

商震等呈蔣中正華北局勢及日方陰謀策動

24年11月10日
自北平發
總譯字第11790號
南京鬥雞閘部長何：
〇密。極密。據報，土肥原等陽、庚兩度集議，要點如下：「（1）仍必扶植素若無依之某分子動向與志念，使其逐步滿意，企達滅絕華北統制機能，俾便軍方工作。（2）維持親日自立分子，期其達到實現自治運動。（3）懷柔工作漸收效果，到必要時或嚴厲威行。（4）南京政府輒圖牽制華北將領之行動，軍方為減少障礙起見，亦必籌對策。（5）華方如係單獨向外借款，無論由何國行之，軍方斷乎反對，華、滿各官須一致注意，俾其白銀國有政策發生危殆。（6）防赤問題，關東軍雖已特加策備，然華方剿共趨向仍必詳加注視」等語，謹聞。

職寬叩。佳未印。

002-080103-00018-003-005a~006a

■ 1935 年 11 月 15 日

北平軍分會電外交部報告香河事件後續情形

南京外交部：

茲將香河情形續告於下：密據張總隊長慶餘元電稱，據報現香河偽縣長保衛團及負責人等均已逃匿，下落不明，僅商會會長未去，惟日人時有尚在城內，我保安第一大隊已全部入城分駐四街，刻地方安靖等情。謹聞。

北平軍分會。翰代戰。

李雲漢，《抗戰前華北政局史料》，頁575-576。

■ 1935 年 11 月 19 日

唐有壬會晤日使館雨宮武官談話紀錄

時間：民國二十四年十一月十九日上午十時〇分

地點：外交部

事由：關於中、日兩國間之空氣問題

雨宮：近來外方謠言甚多，據聞參謀本部楊次長對人宣稱蔣委員長已將剿匪軍隊調回，準備對日作戰。又北平某大學校長亦對人聲言，此次蔣委員長提前返京，即專為對日準備開戰云云。如此人言紛紛，大有滿城風雨之概。為糾正此空氣計，本人希望下列三事：第一、請貴方設法防止謠言，本人擬請晉謁何部長，請其最好接見日本新聞記者發表談話，以釋群疑。第二、請蔣委員長宣明態度。聞本月十六日蔣委員長在中央黨部演說，外方對此觀感甚佳，何不對外發表其內容，藉以安定人心。第三、希望貴方有事實的表現，此際將擱淺之中日航空問題開始談判，有此事實的表現，亦息謠之一道也。

唐次長：既知外方種種謠言之無根，儘可置之不理，似亦無特予以更正之必要。貴意各點，本人只能代達尊意，不能負責答覆。

《中日外交史料叢編》第五編《日本製造偽組織與國聯的制裁侵略》，頁348-349。

■ 1935年11月21日

日本對華提出十三條要求

（一）停止現在英國經濟顧問羅司進行一切談判。
（二）華北區之魯、晉、綏、察、河北五省財政獨立。
（三）中國脫離國聯。
（四）承認「滿洲國」。
（五）中、日、「滿」三國合作創遠東經濟集團。
（六）須將粵、閩、浙、蘇、魯五省武裝解除。

（七）設立滿洲各地與揚子江流域各地間之客貨輸運便利機關，華北所有鐵道皆由滿鐵經營。

（八）軍事委員會取消軍權集中於何應欽領導之軍政部，但軍權仍須集中於行政院。

（九）停止中國反日運動。

（十）免張學良職，並將其軍隊撤退於陝西及西北各地。

（十一）對於剿共匪事宜，尤以西北各省，中、日兩國坦白合作。

（十二）日本觀察家日後得參加國民黨大會，以窺中國是否誠意。

（十三）中國對於政治、經濟、財政上，應完全放棄英、美之援助。

《中日外交史料叢編》第五編《日本製造偽組織與國聯的制裁侵略》，頁349。

■ 1935年11月23日

商震等呈蔣中正華北局勢及日方陰謀策動

24年11月24日

自保定發

總譯字第12015號

794

商震漾亥機電

急話。南京。〇密。頃據密報：（1）華北新組織停頓後，土肥原因羞成怒，有日內回奉鼓動關東軍以實力對華北威脅擾亂之說。（2）連日日飛機到達榆關者三、四十架。（3）多田、土肥原等擬改變方法，利用新起之各反動團體如普安會及各縣人民自治協會等，使之增加力量，另作企圖。（4）傳石友三宅昨有密會，對擾亂華北，當推舉軍事委員石友三、白堅武等九人，政治委員殷汝耕、郝鵬、王建中等九人，此外又有經濟委員及外交委員尚未完全推定。（5）塘沽、大沽一帶昨有日人、韓人率領我國流氓張貼標語，散放傳單反對白銀國有，當由我軍會同公安局查拿銷毀。（6）蕭某昨、今兩日在津，對新組織之活動仍甚積極等語，謹聞。

商震叩。漾亥機印。

呈委員長鈞閱。

職應欽呈。廿四・十一・廿五。

002-080103-00018-003-004a

■ 1935 年 11 月 24 日

商震等呈蔣中正華北局勢及日方陰謀策動

11 月 24 日

自北平發

總譯字第 12011 號

嚴寬廻午電

南京部長何：

◯密。極密。據吳某漾專函密報，謂時局又轉緊急。土肥原又聳湧〔慫恿〕高凌霨、齊燮元、吳毓麟、張英華、邊潔清等，又組織華北政府為委員制，仍擁護吳佩孚為領袖。土因宋、蕭等刻取暫觀態度，故一度利用彼輩之活動，因宗輿、李廷玉等均與宋、蕭取一致靜候，高等不行後繼續接辦，仍用全民字樣，取消自治會，一作即為政府。土肥原候中央交涉破裂，即實行擾亂平、津，一面助高、齊、吳等出首組織一切。現日軍飛機已抵天津四隊，每隊六架，尚續派四隊來津，本月內即集中天津，並聞派兵一師團由青島登陸，以備萬一，並由天津普安協會、青幫徒弟兩萬餘人各發槍枝暴動，以作導火線。詳細情形尚多，實難全報，先請速轉報，由中央速速拿定方針處理，萬勿再事因循，免使地方糜爛。如我公能克來津當面一談為最好，來時可住法界六國飯店，預先來信通知為要。上項情形故難得逞，但如此動向務須轉報，前途特別注意為要等語，謹報。

職寬叩。迴午印。

002-080103-00018-003-016a~017a

■ 1935 年 11 月 25 日

沈鴻烈電蔣中正本日松井石根來府晤談渠言華北自治乃華北當局所自願倘華北自治實現中央軍加以威脅該國以實力援助亦所不惜等及蔣中正復電已悉

24 11 26

青島

6268

南京蔣委員長鈞鑒：

◯密。日松井大將昨由濟抵青，本日來府晤譚〔談〕。渠言：華北自治乃華北當局所自願。土肥原在平津接洽一切並非個人行動，實係日政府之命令。有吉雖曾赴南京與國民政府交涉，但因黨部牽制，恐難有圓滿結果。又謂：倘華北自治實現，中央軍加以威脅，該國以實力援助，亦所不惜。所言頗多悖謬，經一再質詢，渠亦無言回復。聞渠定昨日赴滬，在滬作兩日勾留即返國報告一切云。又據密報：松井曾對本市日僑談話，謂我國內部日漸團結，使日本非常不安，現時日人應注意者有三：（一）中國空軍發展甚速；（二）中國富有作戰經驗之軍人較日本約多三倍；（三）中國改定幣制，集中現金，財政既有轉機，軍火即可定購。中日戰事如能在目前開始，日本尚有兩種優點：（一）中國目前尚未真正統一；（二）中國外交仍係孤立無援。倘遲至明年開戰，殊無確實把握。總之，中日如可避免戰爭則已，否則以愈速愈宜云云。謹電馳陳，藉供參考。

職沈鴻烈叩。有亥印。

002-080200-00259-080-002a~003a

■ 1935 年 11 月 26 日

商震電蔣中正言殷汝耕等二十五日宣布冀東獨立自治通電應撤職拿辦

24 11 26

清苑

6341

分送京蔣委員長、孔代院長、何部長鈞鑒：

據殷汝耕等有日通電稱：「五全大會業已閉幕，對於宋、孫和公真、元兩電置若罔聞。瞻念前途，彌深悚懼。夫還政於民，已為四萬萬民眾一致之要求，而南京政府竟以朝三暮四之手段，肆行其獨裁禍國之陰謀，人民水深火熱，將何以脫其突阨。彼昏不悟，言之痛心。汝耕等服務邊隅，人微言輕，舉動固無足輕重。然外察大勢，內迫輿情，非澈底政治，絕難圖存。爰自十一月二十五日起統率冀東二十二縣，在通縣宣布自治，使政府之覺悟，以冀挽回危局。惟諸公華北柱石，民眾領袖，值此危急存亡之秋，亟望早定大計，拯人民於水火，奠國家於磐石。國家前途，實利賴之。冀東防共自治委員會委員長殷汝耕、委員池宗墨、王廈材、張慶餘、張硯田、李海天、趙雷、李允聲、殷體新叩。有印」等語。該殷汝耕假藉民意，宣布自治，實屬背叛國家，逆跡昭著，應即撤職拿辦，以肅紀綱。除通飭所屬一體嚴緝外，理合電請呈核。

河北省政府主席商震叩。宥戌省秘印。

002-020200-00025-094-003a~004a

■ 1935 年 11 月 26 日

商震電外交部報告應付殷汝耕叛變後緊急應付措置等情

南京外交部勛鑒：

密。查殷汝耕叛國行為業經證實，震為應付此緊急情形，措置如下：（一）請軍分會及廿九軍飭令駐通部隊就近設法制止。（二）通電戰區各縣與省府密切聯絡，勿受亂命。（三）通電戰區各保安總隊，曉以大義，使勿為奸人利用。日來平、津方面內外搗亂分子並極活動，務望中央與日使交涉時，對華北近狀一併作適當之解決，藉資挽救，是所盼禱。

商震叩。有（廿五）申省機印。

《中日外交史料叢編》第五編《日本製造偽組織與國聯的制裁侵略》，頁 427。

■ 1935年11月26日

國民政府頒令灤榆薊密兩區行政督察專員著即撤消並嚴行緝拿殷汝耕依法懲辦

近年以來，國家多難，憂患頻仍，所恃全國人心一致團結，含辛茹苦，共濟艱難，凡屬血氣之倫，無不深明大義。河北為形勝之區，關繫尤重，各界人士均能堅忍自持，力謀支拄。風聲所樹，動繫安危，矧在公務人員職有專屬，更宜如何激發天良，竭智效忠，共圖捍衛。乃查有河北省灤榆區行政督察專員殷汝耕於本月二十五日，妄自宣言組織冀東防共自治委員會，自為委員長，勾結奸徒，企圖叛國，於國家危難之中，為乘機擾亂之舉，喪心病狂，自絕人類，一至於此。該逆殷汝耕著行政院迅飭河北省政府即予免職，嚴行緝拿，依法懲辦，所有灤榆、薊密兩區行政督察專員著即撤消，其一切職務由河北省政府直接處理，迅遏亂萌，以固群志。此令。

李雲漢，《抗戰前華北政局史料》，頁591。

■ 1935 年 11 月 28 日

閻錫山電蔣中正頃致徐永昌電云中央會議決定對日親善絕對剷赤防共北部邊境必要時亦願與日方協商共同防止赤化辦法等及希望日本放棄華北自治運動等

24 11 29

陽曲

6430

南京蔣委員長鈞鑒：

義密。勘、亥二電諒達。頃致次辰一電文曰：「此次中央會議決定對日親善：一、蔣委員長之宣言即大家共同意思，今後必能照此宣言進行，華北經濟提攜定可順利實現；二、絕對剷赤防共，北部邊境到必要時，亦願與日方協商共同防止赤化辦法；三、希望日方放棄華北自治運動，以緩和兩國感情，以期走上協商之途徑；四、若華北自治發現時，中央決用武力討伐，屆時必兩國親善將無從說起矣。執事趕回省以前，務必見見明軒，看看日方能否拋棄自治運動，有無和平的希望」等語，轉陳。

山叩。勘亥三印。

002-080200-00259-113-002a

■ 1935年11月29日

外交部關於殷汝耕企圖叛國事致日本外交照會

為照會事，查河北省灤榆區行政督察專員殷汝耕企圖叛國，業經本國政府明令免職，拿辦在案。所有該殷汝耕在河北省灤榆區與薊密區督察專員任內之一切行為，其未經前行政院請示政務整理委員會、前軍事委員會北平分會暨河北省政府許可者，及其背叛後之一切行為，均應認為無效。相應照會貴大使、公使代辦，即希查照為荷。須至照會者。

《中日外交史料叢編》第五編《日本製造偽組織與國聯的制裁侵略》，頁428。

■ 1935年11月30日

孔祥熙電蔣中正昨日晤日海軍武官據談日政府對華北絕無野心現局全係中國人勾結所為

24 11 30

上海

6473

特急。南京蔣委員長鈞鑒：

啜密。手書敬悉。所示一節，自當遵辦。昨日日海軍武官訪晤，據談日政府對華北絕無野心，現局全係中國人勾結所為，最好南京快想辦法。只要中國人不被利用，絕不會出事。今晨晤有吉，亦稱現局出諸華北官民之勾結，甚盼我政府有適當處置，以事消弭。謹電密陳。

弟熙叩。豔三滬處印。

002-080200-00259-133-002a

■ 1935 年 11 月 30 日

閻錫山電蔣中正前令傅作義轉告日武官今後必當照委員長宣言進行華北經濟提攜必能順利實現並願與日共同防赤剿共另希日放棄華北自治運動緩和兩國感情等請鑒核

24 年 11 月 30 日

自陽曲發

號次：6524

南京蔣委員長鈞鑒：

義密。傅主席來晉，據稱駐綏遠日本武官羽山面稱：閻主任新從南京返晉，政府對日本真意極願聞知大概。當令其致該武官一電文曰：「一、委員長之宣言即大家共同意思，今後必能照此宣言進行，華北經濟提攜定可順利實現。二、絕對剿赤防共。北部邊境到必要時，亦願與日方協商共同防止赤化辦法。三、希望日方放棄華北自治運動，緩和兩國感情，期走上協商之途徑」等語，頃據報告該武官接電後立即馳赴平、津矣，謹電奉聞。

山叩。卅印。

002-090200-00015-462

■ 1935 年 12 月 1 日

商震電蔣中正行政院據靜海縣長稱便衣日軍沿途誘勸鄉民參加自治

24 12 1

清苑

6613

南京軍事委員會蔣委員長、行政院鈞鑒：

攝密。據靜海縣長報稱：「豔日下午，有日人天步武雄等十五名，均外著便衣，內著黃呢軍服，暗藏手槍，到獨流鎮沿河測量，並集合鄉民演說，大意說偽國如何好，南京政府如何不好，及要求各鄉長在其所持冊上蓋章，經縣長交涉始止。該日人等豔晚宿於該鎮，陷早起行赴大城之王口鎮，沿途誘勸鄉民參加自治運動，亦經婉拒」等情。除電飭該縣仍行隨時注意查報外，謹請鑒核。再該日人等到大城之情形，業經另電陳報，合併呈明。

河北省政府主席商震叩。東申省秘印。

002-080200-00260-012-002a

■ 1935 年 12 月 4 日

李擇一電蔣中正北方群龍無首造成日方乘隙利用應付方策宜認定多田駿為交涉對手土肥原賢二為策動自治主腦宜留予臺階調整內部意見使當地人士倚藉中央等

來電第 488 號

來自何人：李擇一

來自何處：北平

發電：24 年 12 月 4 日 22 時 30 分

收電：24 年 12 月 5 日 8 時 00 分

江電計達。數月來北方群龍無首，魔障騷動，無所忌憚，緊張情狀亦多由此造成。對方遂得乘隙利用，並達對我聲東擊西之策。弟昨盡一日觀察結果，以為應付方策：（一）對日交涉宜認定駐屯軍多田為對手，蓋此番事態係接上次敬公與酒井所交涉之下文而來。（二）土君為策動所謂自治之主腦，在此雖無實力，亦未可一味抹煞，成其老羞之怒，宜留與臺階，以為收帆地步。（三）調整內部意見，冀當地人士明了利害，解除本身捲入濁流，倚藉中央處置一切，俾中央增加威信與其發言權。（四）解消若輩無聊之舉，宜取寬大態度，以正本清源。以上建議頗承諸公稱許，今日與土君、高橋談話，據云前政委會本已失策，何公此來又是該會換相，當此民意澎湃之時不足應付，轉恐徒滋糾紛云云。多田曾與公洽兄見面，對敬公則推諉不見。截至今日，對方深閉固拒，並未絲毫放鬆。鄙意中央應此潮流，宜因勢利導，速決定策，就可能範圍內求全萬一，不宜俟要挾僵持時，再與周旋。總之，此間表面安詳，內幕重重，絕不容樂觀，弟承命北來，不得不躬冒矢石，冀可打通難關。惟錯節盤根，孤撐殊苦，餘情再達。

擇。支。

002-080103-00019-013

■ 1935 年 12 月 4 日

楊永泰電何應欽據報關東軍收買不良分子驅使華北軍事當局宣告獨立以便實行經濟上之支配

特急。北平居仁堂何部長敬之兄勛鑒：

渝密。敬兄江電、翼兄冬電均敬悉。頃據丁參事紹伋三日電稱：「據密報，關東軍、駐屯軍將以占領滿洲之耗費五萬萬餘元取償於華北，故收買不良分子供其駐使，誘脅軍事當局宣告獨立，以便在華北實行經濟上之支配，至於協同防共乃其附帶之目的。近因華北當局不為所動，又因英、美關係不便用武，其策動未能成功，甚為懊惱，而所以不肯罷休者，則因不欲棄其經濟欲望及欲維持其面子耳。日來東京軍部認為日本對於華北宜暫觀國際形勢，目下不可妄動，而欲將彼等之不馴者陸續加以撤換。若中國此時對於華北與滿洲之經濟關係有妥善之處置，而又對於不良分子並用懷柔、買收兩策，則日軍即無所施其技矣」等語，特轉參考。洽、翼兩兄統此致意。

弟泰叩。支午機□。

002-080103-00019-084

■ 1935 年 12 月 9 日

丁紹伋電蔣中正據確報日本政府及軍部對於駐華武官在華北之策動甚不以為然正設法制止最好將彼等在華之種種策動向東京提出抗議得有確據較易制止

24 12 9

東京

7017

南京委員長蔣：

〇密。並祈轉蔣大使。極密。據日人確報，日政府及軍部首腦顧慮列強態度，無意使華北獨立，對於駐華武官在華北之策動甚不謂然，正極力設法制止其妄動。此次喜多等赴華，即係傳達此旨。此時中國政府對於彼等之要求，不必過於顧慮。即令彼等尋釁生事，兵力不過三中隊，日政府決不增兵使事態擴大，且將設法制止。倘中國畏縮，對於彼等之要求遽行退讓，容納其大部或一部分，彼等趾高氣揚，得進就要求無饜，必再為愈不合理之策動，日政府對於彼等愈無法取締，今後在南京之交涉，亦絕不能得彼等之滿意。最好中國今後彼等在華之種種策動提出抗議，東京得有確據，較易設法制止。因東京以前所得之報告皆係彼等捏造，不能得華之真相云。謹聞。

丁紹伋叩。佳。

002-080103-00019-042-002a~003a

■ 1935 年 12 月 10 日

唐有壬與須磨祕書談話紀錄

時間：民國廿四年十二月十日下午四時〇分

地點：本部

事由：關於華北機構財政等問題

須磨：華北自治機構問題，希望中央速將人員發表，早日成立，免因遷延發生意外之糾紛，且中央對宋司令之職權應明白予以規定，此節有吉大使亦曾談及。

唐次長：余甫自滬返京，詳情尚未得悉，在滬已晤有吉大使，並將有吉大使之意電陳中央。關於華北組織之人選及詳情，迄現在止尚未確定，因手續上須經行政院會議通過，現新行政院尚未成立，自不能不稍待，正如無母體不能產生子體，但此係事實問題。

須磨：我方希望其及早決定，早日發表，否則諸事不能進行。

唐次長：余以為有許多問題，仍可向中央談商。

須磨：但余以為就地解決，亦良有其便利也。

須磨：華北重要問題仍為財政問題，如舊日張漢卿時代之辦法，或現在西南之辦法，豈不甚好？地方收入留作地方之用，可促進地方之發展也。

唐次長：如閣下所提雖係事實，但以法律關係言之，當時河北地方之中央稅收，留供中央軍隊之開支，此不過轉帳而已。張之軍隊仍為中央軍隊，其經費依法應由中央負擔。換言之，此仍為以中央之收入作中央之支出，西南方面亦有同樣情形，如關稅一項從無分離之事，此點亦希望閣下注意及之。

《中日外交史料叢編》第五編《日本製造偽組織與國聯的制裁侵略》，頁354-356。

■ 1935 年 12 月 13 日

林定平會晤須磨彌吉郎質問關於天津日憲兵逮捕年光堯等案並口頭抗議關於塘沽日憲兵扣留塘大公安局長吳隆復事

時間：民國廿四月十二月十三日下午三時〇分

地點：日本大使館

事由：質問關於天津日憲兵逮捕年光堯等案，並口頭抗議關於塘沽日憲兵扣留塘大公安局長吳隆復事。

林：十一月十五日午，塘大公安局長吳隆復被塘沽日憲兵隊扣留，經河北省政府派員再三交涉後，雖已釋放，但該憲兵隊在中國領土內逮捕中國現任官吏，侵犯我國主權，違反國際公法，茲特提出口頭抗議，請貴大使館轉飭將該憲兵隊不法官兵嚴切告誡，並希嗣後不得再有此項舉動。

須磨：此事完全不知，當即電天津憲兵隊查明制止。

林：關於天津日本憲兵扣留天津商會委員年光堯及天津市政府社會局主任李銘等一事，曾經敝部於十一月九日提出抗議照會貴大使館，至今尚未接准貴大使館覆書，不知何故？

須磨：此事本已早得駐北平日本大使館覆函，謂：完全係自由出面，並非逮捕扣留。

林：拘束個人自由，何謂自由出面？

須磨：總之，華北糾紛整個解決後，此種事件當然消滅。關於上項事件，未用書面答覆實無他故，不過免彼此發生不愉快之感，致妨中、日親善也。

《中日外交史料叢編》第五編《日本製造偽組織與國聯的制裁侵略》，頁392-393。

■ 1935年12月15日

丁紹伋電蔣中正據報土肥原賢二建議日本政府可藉《庚子條約》最終議定書增加駐軍及關東軍已在滿洲增兵等文電日報表

姓名或機關：丁紹伋

地址：東京

來文日期：十五日（外部來）

來文摘要：

據密報：日本駐華武官本欲增兵河北，強迫五省獨立，因內閣軍首腦部不同意而止。土肥原近又建議《庚子條約》最終議定書「平、榆間外國可駐軍隊」，日本可借此添兵，此計大受軍部急進派贊〔讚〕揚。政府則以此舉惹出列強猜忌，且需費浩繁，在華策動只能以軍事祕密費開支，不允另支軍費，雙方意見不同。然關東軍則已開始在滿洲增兵，就近移駐關內。近來滿洲新兵入伍，老兵不即撤回，即係實行此策之預備，若天津駐華武官會議喜多等之工作不能奏效，則華北添兵將成事實云云。

擬辦：

擬存。

批示：

抄發行政院蔣政務處長凡閱乎？日本情報應皆抄一份送彼。中正。已抄送。

十二．十八

002-080200-00459-172

■ 1935 年 12 月 19 日

丁紹伋電蔣中正英國大使探詢日本對華北自治運動態度及重光葵詢英國對於中國改革幣制意向等文電日報表

姓名或機關：丁紹伋
地址：東京
來文摘要：
英大使昨訪廣田、重光，探詢日本對於華北自治運動之態度，重光答此係中國民眾之要求，絕非日本唆使，但日本希望華北與滿洲之關係圓滿，故極為關心。至援助此新政與否，則視其態度如何。重光詢英國對於中國幣制改革之意向，英大使答英國無蔑視日本而為援助之意。重光又謂中國改革幣制，在欲脫離美國銀政策之壓迫，現美國銀政策已稍有變更，中國遽行改革未免太急，日本惟有觀望而已。
擬辦：
擬存。

002-080200-00459-184

■ 1935 年 12 月 24 日

駐平外交特派員程錫庚呈外交部報告華北情形

部、次長鈞鑒：
敬密呈者，華北外交狀況自上次密呈後，雖經香河之事變、各縣之自治鼓動與冀東防共自治委負會之設立，一時訛言朋興，人心為之不安，不良分子群思乘機起事，但日方自始至終迄未有大舉用兵、占我領土之準備。果我方內外一致堅持到底，則略事更張本可應付環境。現冀察政務委員會業經成立，日方在平、津一帶所增加之兵力數百人，及錦州以西、山海關以東所調集之五千人均已陸續撤退。宋委員長以冀察兵權、政權既經統一，自信有維持地方、應付日方之能力。

查日方近在華北，或以日本財政之困難，或以歐美顧忌之深切，專避免正面的軍事侵略，而注重於利用我國不良分子乘機暴動，且使該分子等矯造民意，自稱與日方無關。殷汝耕在通縣屢稱其舉動為反黨而不叛國，並謂其所有日籍顧問均居於客卿地位，絕不干涉行政，渠個人更不受日方指示操縱等語。然在冀東防共自治委員會成立後，我方在通縣之駐軍固經高橋武官之請求而撤退，現在如對該委員會實行免職查辦，日方又必以保護戰區為名加以阻止。

日方恃其優越之兵力，並採取擾亂之手腕，對我步步威逼，原不須以條約或協定或成例為根據。然日方對我方談判時，必謂其種種舉動，皆在條約或協定或成例範圍以內。《辛丑和約》對於各國駐軍人數未經規定，北平至山海關間，日軍遂隨時隨地任意增防。《塘沽協定》僅謂我軍退至延慶、昌平、高麗營、順義、通州、香河、寶坻、寧河、蘆臺線之西南，究竟在各該縣城內，我方駐軍應否退出並無規定，日方必謂我方軍隊不能開入。本年六月間梅津司令所提覺書雖未簽署，但日方飛機之任意飛行、憲兵任意捕人，與對於地方官之任意指摘，皆謂係行使覺書第二部之權利，而監視、糾正二項則又語意含混，範圍無定。

華北雖暫時苟安，但危機四伏。學潮如不早日結束，則日方以防共為名，直接、間接不免干涉，而華北現有之政治制度能否應付環境，則視日方對我中央政府最近之談判有無進行之誠意。

以上各節，敬祈鑒核示遵。肅此。敬請鈞安

駐平特派員程錫庚。十二月二十一日。

020 010102 0252

■ 1935 年 12 月

河北設置行政院駐平辦事特授該長官下列六項職權一為防共二幣制改革施行結果尚未能便民宜加修正三關內外人民交通素繁自當謀聯絡四斟酌財政狀況提撥專款於生產建設等

（全銜） 訓令 字第 號

令

為訓令事，河北地處衝要，政務繁劇，經設置行政院駐平辦事長官，統轄北方軍、民兩政，涉外事件亦得負責處理，其任務重大，特授該長官以左列之職權：

一、北方目前當務之急，厥為防共。緣共匪經國軍兜剿後，主力雖已挫敗，而餘孽竄擾，已及陝、甘，萬一滋蔓及於滿、蒙邊境，則施剿益形困難。應有協同防衛之策，以收澈底肅清之功。

二、自幣制改革以來，河北人民以為現銀悉移京、滬，其實我國幅員至廣，絕無集中現銀於一地區之必要。故政府已有令就各重要地區設立分庫，以為各該地方鈔、幣之準備。且中央、中國、交通各銀行在北方設置未遍，遽令一時責以實行，事實上亦或有未便之處。因地制宜，責在政府，如試行結果果有未能便民者，自無妨適宜，加以修正。

三、關內外人民交通素繁，經濟關係極為密切，自當視事實之需要，謀圓滿之聯絡。

四、年來民生凋敝，產業衰落，扶植啟發，刻不容緩。得斟酌財政狀況，從事於生產建設，以裕民生。

五、當地對外懸案在合理條件之下，得謀就地解決，以杜糾紛。

六、地方應興應革之事，應盡量容納民意，遴才選能，隨時舉辦，以期建設合理之政治，增進人民之福祉。

該長官在所授職權之內得便宜行事，仰即審度時勢，妥為設施，以收安內輯外之效。此令。

002-080103-00019-120

民國史料 05

近代中日關係史料彙編：一九三〇年代的華北特殊化（一）

Historical Documents on Modern Sino-Japanese Relations: The Decentralization of North China During the 1930s Section I

主　　編　黃自進、陳佑慎、蘇聖雄
總 編 輯　陳新林、呂芳上
執行編輯　林育薇
文字編輯　林弘毅、宋彥陞、陳佑羽
封面設計　溫心忻
排　　版　溫心忻、盤惠秦

出 版 者　開源書局出版有限公司
香港金鐘夏慤道 18 號海富中心
1 座 26 樓 06 室
TEL：+852-35860995

民國歷史文化學社
10646 台北市大安區羅斯福路三段
37 號 7 樓之 1
TEL：+886-2-2369-6912
FAX：+886-2-2369-6990

銷 售 處　源流成文化股份有限公司
10646 台北市大安區羅斯福路三段
37 號 7 樓之 1
TEL：+886-2-2369-6912
FAX：+886-2-2369-6990

初版一刷　2019 年 9 月 30 日
定　　價　新台幣 450 元
港　幣 120 元
美　元 18 元
I S B N　978-988-8637-22-5
印　　刷　長達印刷有限公司
台北市西園路二段 50 巷 4 弄 21 號
TEL：+886-2-2304-0488